Schmieder · Das wohltemperierte Klaviertrio

Hans-Heinrich Schmieder

Das wohltemperierte Klaviertrio

Ein Leitfaden für Freunde der
Hausmusik mit Klavier

Atlantis Musikbuch-Verlag
Zürich und Mainz

© der 3. Auflage Atlantis Musikbuch-Verlag, Zürich und Mainz
Einbandgestaltung: Jörg Richter, Emstal-Sand, unter Verwendung
des Gemäldes »Sommerliche Kammermusik« von E.-A. Durenne
(Photo: Archiv für Kunst und Geschichte, Berlin)
Buchbinderische Verarbeitung: C. Fikentscher, Darmstadt
Printed in Germany
ISBN 3-254-00202-4

Inhalt

Statt eines Vorworts

Wer Hausmusik macht, kennt seinen Heimeran. Nicht nur als Spielgenosse eines »stillvergnügten Streichquartetts«, sondern auch als Klavierspieler hat er in diesem Büchlein oft mit Schmunzeln gelesen, kennt es halb auswendig und hat ihm mindestens die ersten Weihen in seinem Kammermusikleben zu verdanken.

Ein wenig betrübt ist der Klavierfreund nur darüber, daß sein Instrument im illustren Kreise der Streicher anscheinend mit so viel Argwohn und Abneigung betrachtet wird. Er besitzt noch eine der ersten Auflagen auf angegilbtem Kriegspapier und liest da Schlimmes über »Fälle und Unfälle mit Klavier«, wobei ihn das sichere Gefühl beschleicht, dies sei doch nicht die ganze Wahrheit. Unverdrossen sucht und findet er streichende und blasende Hausmusikfreunde, mit denen er sich von Duo bis Quintett quer durch die Kammermusikliteratur spielt. Er stellt fest, daß es gerade mit Klavier besonders viele lohnende, zum Teil auch aus den Konzertsälen weniger bekannte Sachen gibt, und meint, dies könne doch eigentlich kein böser Zufall sein. So reift mit den Jahren der kühne Entschluß, für sich und Gleichgesinnte eine Art stillvergnügter Tastenkunde speziell für Hausmusik mit Klavier zu schreiben, einen »Anti-Heimeran« sozusagen.

Natürlich will er nicht wiederholen, was im »Stillvergnügten Streichquartett« über Wesen und Charakter von Geige, Bratsche und Cello schon treffend gesagt ist. Auch das Kunstlied mit Klavierbegleitung und das vierhändige Klavierspiel sollen hier nicht behandelt werden, obwohl beides früher ganz selbstverständlich zur Hausmusik gehörte und auch heute wieder regere Pflege verdiente; denn darüber gibt es bereits einschlägigen Lesestoff. Schließlich soll auch das »Clavicymbal« als Generalbaßinstrument im wesentlichen ausgeklammert bleiben und die Barockmusik daher nur ausnahmsweise berücksichtigt werden, soweit sich das obligate Cembalo sinnvoll und musikalisch vertretbar durch ein modernes Klavier ersetzen läßt.

Auch sonst wird keine Vollständigkeit angestrebt, sondern der Versuch gewagt, eine weitgehend aus der praktischen Erfahrung gewonnene Blütenlese für den Hausgebrauch weiterzugeben. Daß eine solche beschränkende Auswahl immer höchst subjektiv und lückenhaft ausfallen muß, dafür sei von vornherein um Einsicht und Nachsicht gebeten.

Moritz von Schwind: Das Concert in Krähwinkel

Der Klavierist

Schon mit dem Namen fängt es an. Der klavierspielende Hausmusikfreund hat Hemmungen, sich als »Pianist« zu bezeichnen; denn das klingt erstens zu professionell und zweitens nach solistischem Auftreten. Als Kind hat er, anfangs sehr zu seinem Leidwesen, regelmäßig Klavierunterricht gehabt, hat dank der Beharrlichkeit seiner Eltern mehr oder weniger fleißig seine wochentägliche Übestunde absolviert, hat von »Bienchen, summ herum« über »melodische Übungsstücke«, Clementi-Sonatinen, Bach-Inventionen und Schumanns »Wilden Reiter« bis zu den leichteren Schubert-Impromptus, zu Mozartsonaten, Beethovens (technisch notgedrungen etwas gebremster) »Wut über den verlorenen Groschen«, ja selbst bis hin zu Brahms, Reger, sogar Bartók und Hindemith unleugbar gewisse Fortschritte gemacht – und da war dann so etwa mit fünfzehn, sechzehn Jahren der Knoten geplatzt und aus dem lästigen Zwang eine schöne Liebhaberei geworden.

Vorgespielt hat er nie sehr gerne, auch wenn es bei manchen Tanten und Familienfestivitäten unvermeidlich war. Nach der Schule hat er ganz was anderes studiert, für die Musikausübung als Beruf reichte es nicht; gar »Pianist« zu werden, wäre ihm nie ernsthaft in den Sinn gekommen. Von Zeit zu Zeit spielt er noch sozusagen als Ausgleichssport die früher geübten Sachen, aber nur für sich oder die jeweils Angebetete, die sich die Mondscheinsonate wünscht, oder auch für den alten Freund aus Jugendtagen, der die Marcia funebre aus Opus 26 nicht oft genug hören kann.

Eines Tages nun ergibt sich Gelegenheit zu einem Trio. Der Klavierfreund hat das ihm vorher fremde Schlüsselerlebnis, wie sich verschiedene Stimmen und Klangfarben unter seiner Mitwirkung zu einem überraschend vollendeten Ganzen vereinen. Er findet diese Art des Musizierens im Grunde reizvoller als das einsame Getön, und so wird fortan mehr oder weniger regelmäßig Kammermusik gemacht. Soweit er Zeit hat, übt er auch wieder dafür, ein bißchen Ehrgeiz und Freude am besseren Gelingen kommen hinzu, bei

seltenen Anlässen läßt man sich sogar vor größerem Publikum hören, sei es
zu Hause (so man Platz hat), sei es im Gemeindesaal oder – noch stimmungs-
voller – unter barocken Stukkaturen, wenn jemand ein geeignetes Schlöß-
chen aufgetan hat. Aber ein »Pianist« ist er deswegen nach seinem Selbstver-
ständnis noch lange nicht geworden. Darunter versteht er eher einen studier-
ten Tastenlöwen, der gern mit Liszt und Busoni brilliert und jegliche Konkurrenz am liebsten an die Wand spielen würde.

Genau dies aber will und darf der klavieristische Kammermusikus auf
keinen Fall sein. Er muß auf seine Mitspieler *hören*, was er ja von Hause aus
nicht gelernt hat, und gerade dieses Manko macht das Vierhändigspiel be-
mühter Dilettanten oft so schwer erträglich. Er muß sich ein- und streckenweise unterordnen können, solange ein anderes Instrument die Führung hat,
und darf dann seine Begleitfiguren trotzdem nicht schludrig und seelenlos
abspulen. Dieses Miteinander, ein dem Gesamtklang *dienendes* Spiel setzt
viel Einfühlungsvermögen und Anpassungsbereitschaft voraus. Es darf andererseits nicht zur charakterlosen Selbstaufgabe führen: An den richtigen
Stellen sind »Biß« und Temperament durchaus angebracht, wenn das musikalische Gleichgewicht nicht leiden soll. Außerdem ist die Kammermusik mit
Klavier häufig so komponiert, daß dem Klavierpart eine gewisse Führungs-
rolle zukommt, was besonders den Streichern diese Art des Musizierens
manchmal verleidet. Aber der gewissenhafte Klavierspieler weiß, daß er sein
Instrument nicht als Schlagzeug mißbrauchen darf – wozu er an sich beide
Hände frei hat –, daß nicht alle Modulationen im (rechten) Pedal ertrinken
dürfen und daß er sich vielmehr gelegentlich auch des zweiten Pedals zur
Dämpfung des Klangs erinnern sollte, selbst wenn es nicht ausdrücklich im
Notentext steht.

All dies ist freilich auch eine Frage der Technik, nicht nur des guten
Willens. Leider ist es auf dem Klavier leichter, laut zu spielen als leise. Wenn
das Notenbild schwärzer und unübersichtlicher wird, wächst die Lautstärke
auch des wohlgesinnten Dilettanten meist überproportional zur Anzahl der
angeschlagenen Tasten pro Zeiteinheit. Da ist es dann im Interesse eines
erspießlichen Zusammenklangs weit besser, einiges von den Tontrauben

und -girlanden wegzulassen; aber auch das will gelernt sein und gelingt häufig nicht »prima vista«. Überhaupt ist nun mal ein bestimmtes, nicht zu niedriges technisches Niveau gerade für den Klavierspieler unabdingbar, wenn die Sache allen Beteiligten Spaß machen soll. Ein gutes Quantum sicherer Geläufigkeit und das routinemäßige Vertrautsein mit den in Klassik und Romantik üblichen harmonischen Wendungen und Begleitfiguren gehören einfach zum unentbehrlichen Rüstzeug, sonst wird jedenfalls das Vom-Blatt-Spiel zur Qual, und mit vertretbarem Aufwand für sein Hobby kann man bei allem Fleiß nicht jeden Takt vorher geübt haben.

Sehr wichtig ist fürs Zusammenspiel auch eine möglichst unerschütterliche Taktfestigkeit – bekanntlich auch nicht die stärkste Seite des Klavierspielers, der früher seine ganz persönlichen Rubati straflos auszuleben gewohnt war, nun aber zeitlich-rhythmisch in strenge Zucht genommen wird. Das Mitzählen in den Pausen kann er sich zwar, worum ihn seine Spielgenossen glühend beneiden, im allgemeinen schenken, weil er ja in aller Regel die anderen Stimmen vor Augen hat und bis zu seinem nächsten Einsatz verfolgen kann. Es gibt allerdings ältere Ausgaben, die keine Partitur enthalten, und da sieht man dann einen ziemlich unruhigen Klavieristen, wie er die sechseinhalb Pausentakte in seiner Stimme verzweifelt an den Fingern abzählt, während die Streicher oder Bläser sich heimlich ins Fäustchen lachen, besonders wenn der Einsatz dann trotzdem danebengeht und der »Schmiß« unvermeidlich geworden ist.

In alten Einzelstimmen finden sich auch heimtückische Vereinfachungen der Notation, und zwar nicht nur die bekannten »Faulenzer« (d. h. Repetitionszeichen für gleichlautende Begleitfiguren), sondern z. B. auch gepunktete Einklammerungen einer kurzen Taktfolge, die dann als genau gleiche Sequenz zu wiederholen ist, auch wenn die anderen Instrumente keine entsprechende Wiederholung haben. Solche ungewohnten Papiersparkünste früherer Zeiten führen heutzutage unweigerlich zu erstaunlich modern anmutenden Kakophonien und reihum zu erschrockenen Unschuldsbeteuerungen, bis nach mehrfach scheiterndem Neubeginn endlich ein kluger Kopf des Rätsels Lösung findet.

Das Spiel ohne Partitur hat auch den Nachteil, daß vom Klavier aus den anderen Instrumenten keine Einsätze gegeben werden können, was manchmal doch recht nützlich ist und jedenfalls im Notfall des verlorenen Fadens als selbstverständlich erwartet wird, noch bevor ein anderer als letzte Rettung eine Positionsmeldung wie »Dora« oder »Siegfried« schreien kann. Auch das betonte Mitspielen der vermißten Stimme hilft mitunter – aber Vorsicht beim Bratschenschlüssel und den transponierenden Bläsern! Da geht es meistens schief, weil unser Klavierspieler halt nur seine Notierung im Violin- und Baßschlüssel kennt und kein ausgebildeter Dirigent ist, der das Partiturspiel gelernt hat.

Noch eins sollte der Klavierist können: Affenartig umblättern. Während in der Geigenstimme meist ein ganzer Satz bequem auf eine Seite geht, sind es z. B. beim Klavierquintett oft nur zwei bis drei Dutzend Takte, die eine Doppelseite der Partitur füllen, und schon nähern sich die notenverschlingenden Blicke wieder dem Ende. Jedesmal abzubrechen, wäre höchst unerfreulich; aber nicht alle Klavierspieler sind geborene Improvisationstalente. Zum Glück gibt es gute Ausgaben (man sollte beim Kauf darauf achten!), bei denen Notenstecher und Metteur sich bemüht haben, die Umwendestelle dahin zu legen, wo wenigstens eine Hand lange genug pausiert. Aber nicht immer sind die Komponisten so entgegenkommend, dies zu ermöglichen. In einer Bachsonate mit obligatem Cembalopart beispielsweise sind beide Hände fast ununterbrochen mit der thematischen Linie oder dem Kontrapunkt beschäftigt. Da hilft das beste Eselsohr nichts – das beim Umblättern entstehende Loch ist selbst für das Ohr eines musikalischen Esels unüberhörbar. Gelegentlich schafft der Trick mit der quer zerschnittenen Seite Abhilfe: Man kann dann den oberen Teil schon vor der kritischen Stelle umblättern und holt das Umwenden der unteren Hälfte bei passender »Handlungsfreiheit« später nach. Sind die Noten nur ausgeliehen, kann man sie natürlich schlecht derart malträtieren; eine danebengelegte Xerokopie der folgenden Seite erfüllt den gleichen Zweck, und für den privaten Hausgebrauch sollten auch die hehren Gralshüter des Urheberrechts nicht viel dagegen einzuwenden haben.

Ein Spezialproblem bilden die in Einzelblättern kopierten alten Noten, soweit es keine modernen Ausgaben gibt und die Bibliotheken sie als wertvolle Rarissima nicht ins traute Heim ausleihen. Der technisch interessierte Klavierist verfolgt ständig die Patentveröffentlichungen, ob nicht endlich jemand eine wenigstens dafür brauchbare Umblättermaschine erfunden hat, macht sich selber Gedanken darüber und schnippelt und klebt dann doch zum Spott seiner Familie an lauen Sommerabenden zu Radioübertragungen aus Ludwigsburg, Montepulciano oder Lockenhaus eifrig die stattlichen Stapel von Notenseiten, sei's mühsam Rücken an Rücken (mit Heftrand) zu einer möglichst leicht handhabbaren Rekonstruktion der kopierten Ausgabe, sei's leporelloartig aneinander, was zwar schneller geht, aber für den Einzelkämpfer weniger praktisch ist, weil diese labile Ziehharmonika auf dem Notenpult kaum willig stehen bleibt, wenn er sie in unsanfter Eile weiter aufschlagen will.

Die eleganteste Methode, mit dem leidigen Problem des Umblätterns fertig zu werden, besteht immer noch darin, eine liebreizende Dame aus dem Publikum um freundliche Assistenz zu bitten. Doch darüber mehr in einem späteren Kapitel.

Das Klavier

Schon bei Heimeran steht geschrieben, daß das Klavier in den Augen der Streicher ein sperriges Möbel ist, das ständig abgestaubt werden muß und immer zu tief gestimmt ist. Wie wahr! Allein den klavierspielenden Hausmusikfreund bekümmert am meisten, daß er nur auf eigenem Platz sein gewohntes Instrument hat und überall sonst mit dem vorliebnehmen muß, was er vorfindet. Er kann großes Glück haben und auf einen alten Blüthner stoßen, der mit seinem warmen, weichen Ton jedenfalls für häusliche Kammermusik mit Streichinstrumenten aus dem Bereich der Klassik und der frühen Romantik wohl am besten geeignet ist. Wenn er Pech hat, mutet man ihm einen vergammelten alten Kasten zu, der nicht nur heillos verstimmt, sondern auch in seiner Mechanik nicht mehr in Ordnung ist. Relativ harmlos ist es noch, wenn die lieben Kinderlein des gastlichen Cellisten die Elfenbeinbeläge der weißen Tasten teilweise demontiert und zum Dominospielen benutzt haben. Auch der Übertragungsstab vom Pedal auf die Dämpfungsmechanik läßt sich wieder einsetzen und das quietschende Gelenk mit etwas Nähmaschinenöl beruhigen, während der Geiger vielsagend grinst. Schlimmer ist es schon, wenn einige Töne klirren und bestimmte Tasten nicht richtig repetieren oder sogar ganz hängenbleiben, d. h. nach einmaligem Niederdrücken für den Rest des Abends unten verharren, wenn man sie nicht wieder hochzieht.

Sofern sich derartige Indispositionen auf die Subkontraoktave und vielleicht noch aufs große Fis und das kleine e beschränken, kann man versuchen, ein Stück in Es-Dur zu spielen und auf diese Weise einigermaßen über die Runden zu kommen. Aber schon Klassiker wie Haydn oder Mozart modulieren erstaunlich gern in recht entlegene Tonarten, und spätestens bei Trillern und Vorschlägen hört dann der Spaß endgültig auf. Da unser Klavierfreund kein gelernter Stimmer und Mechaniker ist, muß er in solchen Extremsituationen resignieren und das Feld gegebenenfalls einem stillvergnügten Streichtrio überlassen.

Fürs gemeinsame Musizieren eignet sich ein frei im Raum stehender Flügel besser als ein der Wand zugewandtes Klavier, weil sich der Kontakt zu den Mitspielern leichter herstellt, wenn nicht alle anderen im Rücken des Klavierpartners sitzen müssen. Das größere Klangvolumen des Flügels läßt sich dämpfen, indem man den Deckel halb oder ganz geschlossen läßt. Bei den kleineren Stutzflügeln ist es oft nicht einmal nötig, ihren Tönen derart die Flügel zu stutzen. Und einen großen Steinway oder Boesendorfer hat ohnehin schon aus Platzgründen kaum jemand in seiner guten Stube stehen: ein solcher Konzertflügel-Riese wäre auch für Hausmusikzwecke sicher nicht optimal.

Sehr schön kann ein Tafelklavier oder ein alter Hammerflügel klingen, besonders für die Kammermusik der Klassik und frühen Romantik, vorausgesetzt, seine bejahrte Mechanik hat keine schwerwiegenden Tücken. Die seitlich vom Notenpult zum Draufstellen der Kerzenleuchter herausklappbaren Podeste lassen sich stillos mißbrauchen, indem man sie als Abstelltischchen für Biergläser benutzt.

An sich ist natürlich jedes moderne Klavier ein Hammerklavier, weil seine Saiten bekanntlich durch Hämmerchen angeschlagen und nicht wie beim Cembalo durch Federkiele angerissen werden. Der Begriff »Hammerklavier« im engeren Sinne, nach dem auch Beethovens berühmte Sonate benannt ist, meint jedoch nur die in der zweiten Hälfte des 18. Jahrhunderts aufkommende Vorform unseres heutigen Instruments mit geringerem Klangvolumen und einer etwas primitiveren Mechanik, die vor allem sehr rasche Repetitionen desselben Tones noch nicht zuließ. Dafür waren die Tasten weniger tief niederzudrücken, so daß der Anschlag etwas bequemer war als auf einem heutigen Flügel. Dies erklärt einmal die Beliebtheit der raschen Tonleitern und sonstigen ausschmückenden Figuren in kleinen und kleinsten Notenwerten, die im Klaviersatz bis etwa 1830/40 üblich waren und dem braven Dilettanten von heute – im richtigen Tempo! – kaum so mühelos (wie es klingen müßte) darstellbar sind. Zum anderen war durch diese Leichtgängigkeit des Instruments auch eine zartere Spielweise möglich. Wenn es also beim klassischen Klaviertrio so oft an der klanglichen Ausgeglichenheit fehlt und die Streicher sich vom Klavier förmlich erschlagen fühlen, so liegt das zum Teil sicher auch an der schwerfälligeren, auf füllige Klangbildung abgestellten Anschlagmechanik unserer modernen Klaviere.

Auch der kreuzsaitige Bezug der heutigen Flügel bedingt in den Bässen eine größere Klangfülle, die bei dichteren Akkorden leicht »mulmig« werden kann. Für die Musik der klassischen Zeit ist es daher oft besser, bei Dreiklängen in tiefer Lage die Terz und die Quint wegzulassen.

Für die Barockmusik ist selbstverständlich, so man hat, ein (nicht zu kleines) Cembalo vorzuziehen; jedoch verlangt die Anreißmechanik dieses Instruments einen etwas anderen, weniger flexiblen als präzisen Anschlag, so daß, wer ausschließlich an das moderne Klavier gewöhnt ist, gewisse Umstellungsschwierigkeiten überwinden muß. Ganz ungeeignet für jegliche Kammermusik sind Klavichord und Spinett, weil sie zu leise und nur als intime Soloinstrumente gedacht sind.

Geht man in der historischen Instrumentenkunde noch weiter zurück, so stammt das Klavier letzten Endes vom Hackbrett (Cymbalon) ab, das auch heute noch z. B. in der alpenländischen und ungarischen Volksmusik verbreitet ist und sich als »Czimbal« in Zigeunerkapellen findet. Diese Reminiszenz benutzen manche Streicher höchst heimtückisch, um das Klavierspielen assoziativ in die Nähe des Holzhackens zu rücken, wofür sie Anhaltspunkte zu haben meinen.

Natürlich ist dies in jedem Fall eine bösartige Verleumdung. Der Klavierist ist in der Regel zu vornehm, darauf einen groben Keil in Gestalt des berühmten Kinderwitzes zu setzen, daß das Konzert wohl beendet sei, wenn der Geiger seine Violine durchgesägt habe. Man unterhält sich, um die musikalische Harmonie nicht zu stören, also besser über Fragen der Intonation.

Bei den Streichern ist die Intonation nicht selten ein Synonym für Unreinheit, beim Klavier eine Sache der Stimmung, also nicht vom Spieler, wohl aber vom Besitzer des Instruments zu beeinflussen. Ein Klavier sollte je nach Standort mindestens ein- bis zweimal jährlich gestimmt werden, am besten jeweils kurz nach Beginn und nach dem Auslaufen der Heizperiode. Intonation meint in diesem Zusammenhang das sorgfältige Abstimmen des Klangcharakters der einzelnen Klaviertöne untereinander, was in den mittleren und oberen Lagen manchmal sogar ein fast unmerkliches *Ver*stimmen einzelner Saiten des mehrfachen Bezuges bedingt. Ein guter Stimmer kann durch geschickte Intonation manche Kinder- oder Alterskrankheit eines Klaviers beheben oder zumindest mildern.

Ob und wie lange ein Klavier seine Stimmung hält, hängt zu einem sehr wesentlichen Teil davon ab, wo es im Raum steht und wie dieser Raum beschaffen ist. Zugluft und starke Temperaturschwankungen bekommen ihm nicht gut, feuchte Kellerräume sind ebenfalls Gift. Sehr entscheidend für sein Wohlergehen ist vor allem die Luftfeuchtigkeit. Sie soll allgemein für Musikinstrumente ein bestimmtes Maß weder über- noch unterschreiten (40 bis 70% relative Luftfeuchtigkeit) und ist besonders auch für jedes Klavier von so lebenswichtiger Bedeutung, daß ein kleines Hygrometer als Wandschmuck zu empfehlen ist, an dem sie ständig abgelesen werden kann.

Zu der Jahreszeit, die in Mitteleuropa Sommer genannt wird, ist die Luftfeuchtigkeit in der Regel kein Problem, wohl aber im Winter wegen der alles austrocknenden Heizungsluft. Die kleinen Verdunster helfen nicht viel; besser ist ein elektrischer Luftbefeuchter, den man in der kritischen Zeit täglich ein paar Stunden laufen lassen muß.

Schwierigkeiten bereitet dem Klavierspieler nicht selten auch eine vernünftige Beleuchtung seines Notenpults. Beim Pianino ist eine oben drauf gestellte, nach unten strahlende Soffittenlampe die beste und unproblematische Lösung. Beim Flügel wäre Oberlicht am einfachsten, es ist aber oft zu schwach, wirkt für Hausmusikabende ungemütlich und trägt auch nicht zur Konzentration bei. Kleine, sehr helle Tischlampen mit schwerem Fuß und giraffenartig auskragendem, ausziehbarem Stiel lassen sich seitlich aufstellen, blenden aber manchmal die Mitspieler und werden beim hastigen Umblättern mindestens einmal am Abend zu Boden gerissen, was einen ganz ähnlich überraschenden Paukenschlageffekt wie in Haydns berühmter Symphonie hervorbringt, aber bei mehrfacher Wiederholung doch an künstlerischer Plausibilität verliert. Am sichersten ist entweder eine Wandlampe, die von schräg hinten strahlt, oder eine entsprechend aufgestellte Stehlampe, wenn ihr Schirm nicht zuviel Licht absorbiert. Im übrigen ist der Klavierist Kummer gewohnt und für eine Ausrede dankbar, wenn er beim Wechsel von Cis-Dur nach b-Moll endgültig die Übersicht verloren hat.

Schließlich noch ein Wort zu dem nicht ganz unwichtigen Akzessorium jedes Tasteninstruments: dem Klavierstuhl. Die sogenannte »Beethoven-Bank« ist nicht, wie der Uneingeweihte annehmen könnte, ein Kreditinstitut für Musikfreunde, sondern der geschmacksverirrte Handelsname eines verstellbaren Sitzmöbels für Pianisten. Der gute alte Drehschemel tut es für Hausmusikzwecke natürlich auch, nur quietscht er gern, wenn ihn bereits mehrere Kindergenerationen als Karussell benutzt haben. Für den Klavieristen sollte man notfalls lieber einen schlichten Stuhl (ohne Armlehnen) und Telefonbücher bereithalten, wenn er ein Sitzzwerg ist. Hat er dafür lange Beine, muß der Flügel möglichst auf dicken Glasuntersetzern stehen, sonst bleibt für die Knie zu wenig Platz unter der Klaviatur.

Die Literatur

Was man spielt, ist zunächst natürlich eine Frage der Besetzung. Da das Klavier – das können seine ärgsten Feinde nicht bestreiten – sich zur harmonischen Stütze und als in der Klangfarbe kontrastierender Kontrapunkt für jedes Melodieinstrument nicht nur gut eignet, sondern vielfach geradezu unentbehrlich ist, gibt es quer durch die neuere Musikgeschichte eine Fülle von *Duo*-Sonaten vor allem mit Violine und Violoncello. Mit Bratsche und Kontrabaß sowie mit Flöte, Klarinette und anderen Blasinstrumenten ist die Literatur nicht ganz so reichhaltig, es sei denn, man rechnet die Konzerte hinzu. Aber einen Orchestersatz als Klavierauszug zu spielen, der miserabel klingt und meist eine unangenehme Kombination sowohl fingerverhakender wie -spreizender Technik voraussetzt, ist keine reine Freude, so daß der Klavierist da gerne streikt und seinen ambitionierten Konzertsolisten lieber auf die Schallplattenbegleitung verweist (Music Minus One macht's möglich!).

Der Geiger oder Cellist spielt sich gern mit etwas Barockem ein. Meist hat er da so einen Buxtehude, Händel, Corelli oder Vivaldi auf Lager, den er auf Geläufigkeit und Wohlklang geübt hat und mit dem er sich öfters hören läßt. Das Klavier hat selten mehr als ein paar Akkorde dabei verloren und ist zu äußerster Zurückhaltung verdammt, was ihm bekanntlich schwerfällt. Es könnte sich rächen, indem es dem Geiger als nächsten Programmpunkt eine der frühen klassischen Sonaten z. B. von Haydn oder Mozart vorschlägt, in denen die Streicherstimme fast nur begleitende Funktion hat. Solche Klaviersonaten »avec accompagnement d'un violon« liebt wiederum der Geiger aus verständlichen Gründen nicht sehr. Es empfiehlt sich daher, doch lieber gleich ein Stück zu wählen, in dem ein echtes, gleichberechtigtes Duettieren zwischen Melodieinstrument und Klavier stattfindet.

Also holt man eine der Barocksonaten mit obligatem Cembalopart hervor (Bach, Händel), oder man spielt die mittleren und späten Violinsonaten von

Mozart, danach die technisch ungleich anspruchsvolleren von Beethoven, zwischendurch auch die Sonatinen und sonstigen Duosachen von Schubert und Dvořák. Die drei herrlichen Brahms-Sonaten muß man sich schon recht mühsam erarbeiten, und vielleicht reicht es auch gerade noch für César Franck und Reger, dessen zwei »Kleine Sonaten« op. 103 für Liebhaber am ehesten in Frage kommen. Der Stoff geht einem gut eingespielten Duo hier so leicht nicht aus, denn fast alle bekannten Komponisten haben auch Violinsonaten geschrieben; erwähnt seien noch Mendelssohn, Schumann, Grieg, Saint-Saëns, Fauré und Richard Strauß.

In die neuere und neueste Moderne wagt sich der Dilettant kaum jemals vor, weniger aus Abneigung als deswegen, weil er diese Sachen in der Regel nicht einfach mal zum ersten Kennenlernen »angeübt« durchspielen und dabei schon erste Erfolgserlebnisse haben kann. Jeder Akkord, fast jede Note muß umständlich entziffert und jeder Takt einzeln geübt werden; auch das Zusammenspiel ist ähnlich vertrackt, weil das stützende Korsett der routinemäßig erlernten Harmoniebeziehungen fehlt, oft auch noch rhythmische »Verwerfungen« als zusätzliche Schwierigkeit hinzutreten. Da bleiben für den nicht-professionellen Musikfreund nur Resignation und Schallplatte, falls er sich überhaupt für diese Weiterentwicklungen interessiert (und das sollte er eigentlich schon). Es gibt freilich weniger bekannte »gemäßigt moderne« Komponisten wie Grabner, Martinu oder Hessenberg, die auch für Dilettanten spielbare und selbst überzeugte Avantgarde-Muffel oft durchaus ansprechende Musik geschrieben haben. Ganz allgemein gilt: Wer »poly-« oder gar »atonale« Musik – durch intensive Beschäftigung mit ihr – sich selbst allmählich aneignet und versteht, wird sie auch gutwilligen Hörern nahebringen können. Jedenfalls läßt sich da mit vorurteilsloser Entdeckerfreude mancher lohnende Fund machen. Trotzdem: Die dankbarste Spielwiese für Hausmusikanten, die das Klavier nicht verachten, sind und bleiben nun einmal Klassik und Romantik.

Mit *Violoncello* fängt die ernstzunehmende Duo-Literatur im Original erst bei Beethoven an, wenn man von einigen schönen Barocksonaten z. B. von Marcello und de Fesch absieht, die auch für den Klavierspieler nicht langweilig sind. Beethoven aber fordert gleich in seinen frühen Sonaten technisch ziemlich viel, erst recht in seiner großen A-Dur-Sonate und in den beiden Spätwerken op. 102, die sich in ihrer ungeglätteten Widerborstigkeit dem Dilettanten nur langsam erschließen. Hinzu kommen noch drei Variationenwerke, von denen besonders die beiden späteren über Themen aus Mozartschen Opern wahre Kabinettstücke heiterer Variierungskunst und bedeutungsvollen Wechselspiels darstellen. Von den beiden Brahms-Sonaten ist die zweite in F-Dur technisch und im Zusammenspiel ungleich schwerer als die frühere in e-Moll, obwohl es auch hier der spröde Schlußsatz (im richtigen Tempo!) mit seinen Fugato-Triolenketten ganz schön in sich hat. Lohnend sind auch Schumanns »Stücke im Volkston«, die wenig bekannte g-Moll-Sonate von Chopin und das hinreißende Frühwerk op. 6 von Richard Strauß. Gerade den Romantikern stand das Violoncello mit seinem warmen, sinnlichen Klang und dem weiten, vielseitigen Tonumfang als Soloinstrument besonders nahe, und die Literatur ist an Cellosonaten berühmter Komponisten fast ebenso reich wie für die Besetzung mit Geige und Klavier. Liebhaber mögen sich noch mit Mendelssohn, Grieg und Saint-Saëns anfreunden; Fauré, Rubinstein, Pfitzner und Reger liegen meist allzusehr jenseits ihrer technischen Möglichkeiten.

Für *Querflöte* und Klavier ist das Repertoire vergleichsweise klein, wenn man die zahlreichen Barocksonaten mit Cembalo für den ausgeschmückten »Basso continuo« beiseite läßt, weil sie dem Klavierspieler wenig bieten. Es gibt drei gewichtige Sonaten von Bach, sehr viel mehr von Händel, königlich preußisches Rokoko von Friedrich dem Großen, ein paar hübsche, spielfreudige Flötensonaten des jungen Mozart (der die Flöte angeblich nicht mochte) und späte, fürs Klavier unangenehm schwere Volksliedvariationen von Beethoven, bei denen aber die Flötenstimme mehr zur Hervorhebung des Klavierdiskants dient und wenig selbständig geführt ist. Viel mehr Freude machen dagegen die Variationen von Schubert über sein eigenes Lied »Trockne Blumen« (»Ihr Blümlein alle . . . « aus den Müller-Liedern). Allerdings sind beide Instrumentalstimmen ausgesprochen virtuos behandelt und verlangen entsprechendes Können bzw. Übezeit und -intensität. Ähnliches gilt für die sehr beachtlichen Variationen von Kuhlau über ein Thema aus Webers »Euryanthe« und für dessen große konzertante Sonaten, deren Brillanz freilich oft mangelnde Tiefe verdeckt. Schließlich gibt es noch ein paar Sonaten von Ignaz Pleyel, Anton Reicha und Johann Nepomuk Hummel, je eine von Conradin Kreutzer und dem Beethoven-Schüler Ferdinand Ries, zwei Sonatinen von Franz Danzi sowie eine durchaus lohnende, »Undine« genannte Sonate des zu Unrecht fast vergessenen Carl Reinecke – doch damit ist die unbearbeitete, dem Dilettanten erreichbare Literatur aus Klassik und Romantik auch schon weitgehend erschöpft.

Ähnlich begrenzt sind die Möglichkeiten für Klavier mit *Klarinette*, zumal dieses Instrument bekanntlich erst seit Mozarts Zeit in Gebrauch ist. Einzelne hübsche Sonaten von Johann Baptist Wanhal, Franz Anton Hoffmeister, Ries, Hummel, François-Adrien Boieldieu, Erzherzog Rudolph von Österreich, einige recht virtuose Sachen von Carl Maria von Weber, die »Fantasiestücke« und die »Romanzen« von Schumann (auch mit Oboe zu spielen), ebenfalls Fantasiestücke des soeben erwähnten Reinecke sowie von Niels W. Gade und je eine Sonate von Saint-Saëns und Rheinberger sind neben den sehr anspruchsvollen Klarinettensonaten von Brahms und Reger so ziemlich das einzige, was sich in dieser Besetzung anbietet.

Von den sonstigen Duo-Kombinationen seien noch die beiden Sonaten mit Oboe von Händel, Chopins Variationen über ein Thema aus Rossinis Cenerentola sowie eine Oboensonate von Saint-Saëns erwähnt, außerdem die Hornsonate op. 17 von Beethoven und – ebenfalls mit Horn – ein Konzertino von Weber, ein Adagio und Allegro von Schumann sowie ein nachgelassenes Andante von Richard Strauß. Findige Hornisten werden noch Danzi, Hummel, Rossini und Rheinberger ausprobieren wollen. Sogar mit Kontrabaß gibt es einige Originalliteratur, so drei Stücke und eine Sonate des Spätromantikers Robert Fuchs, der es mit seinen feinsinnigen Kammermusikwerken ebenfalls verdienen würde, der Vergessenheit entrissen zu werden.

Ansonsten finden sich natürlich Transkriptionen und Bearbeitungen zuhauf, von denen sich der musikalische Reinheitsapostel schaudernd abwendet, die man aber nicht grundsätzlich und ausnahmslos verdammen sollte. Wer die Musikgeschichte, was die Aufführungspraxis angeht, bis zu Barock und Frühklassik zurückverfolgt, wird feststellen, daß Komponisten und Interpreten früher in diesen Dingen weniger heikel waren; und selbst Schönberg hat es nicht verschmäht, Strauß-Walzer zu besonderen Aufführungszwecken – und zur Verdeutlichung ihrer Struktur – für recht ausgefallene Kammerbesetzungen, z. B. mit Klavier oder Harmonium (!), Flöte, Klarinette und Streichquartett, zu bearbeiten.

Wer spielt schon heute noch die sechssaitige, in Quarten gestimmte Viola da gamba, außer ganz wenigen Spezialisten, die mit Harnoncourt und ähnlichen Musica-antiqua-Ensembles ständig auf Tournee und für private Hausmusik sowieso nicht zu haben sind? So wurden die drei Gambensonaten von Bach schon immer mit Cello und Klavier gespielt, so auch von Casals und Baumgartner bei den Festspielen in Prades. Empfehlenswert ist auch die Transkription für Bratsche, weil auf diesem Instrument die höheren Lagen der Gambenstimme leichter herauskommen und besser klingen, während sich der Cellist da ziemlich abquälen muß.

Überhaupt gibt es für die als Soloinstrument ohnehin stiefmütterlich behandelte *Viola* verhältnismäßig wenig originale Duo-Literatur mit Klavier, außer der c-Moll-Sonate von Mendelssohn, den bekannten »Märchenbildern« von Schumann, einem Sonatenfragment von Glinka und einigen Stükken von »Kleinmeistern« wie Friedrich Kiel, Carl Reinecke, Anton Rubinstein, Ernst Naumann, Max Bruch, Robert Fuchs, Heinrich von Herzogenberg und Philipp Scharwenka. Da lohnt es sich durchaus, auch einmal auf die erst unlängst aus verschiedenen Originalfragmenten Mozarts zusammengesetzte und zu einer etwas künstlichen Einheit ergänzte Viola-Sonate oder auf das als op. 42 erschienene »Notturno« von Beethoven zurückzugreifen, das zwar nur eine Schülerbearbeitung der frühen Serenade für Streichtrio op. 8 darstellt, vom Komponisten aber immerhin redigiert und autorisiert wurde und jedenfalls hübsch klingt. Brahms hat seine Klarinettensonaten op. 120 ausdrücklich auch für Viola herausgegeben, und es ist besonders interessant und reizvoll, hier beide Besetzungen auszuprobieren, mit denen sich die

Werke – trotz fast identischen Notentextes – durch den unterschiedlichen Klang- und Spielcharakter der Melodieinstrumente in ganz verschiedener Richtung ausloten lassen.

Noch bevor unser Klavierfreund alle Möglichkeiten musikalischer Zweisamkeit ausgeschöpft hat, strebt er zum *Trio*. Das Klaviertrio ist sicher die beliebteste Form der Hausmusik mit Klavier und hat daher auch diesem Buch den Namen gegeben. Für manche beginnt erst mit der Dreierbesetzung überhaupt die Kammermusik im echten Sinne, wohl weniger gemäß dem alten Satz des Hochschulrechts »Tres faciunt collegium«, als vielmehr, weil drei Instrumente einfach mehr Farbigkeit und Abwechslung bringen und weil es dafür auch eine schier unerschöpfliche Literatur gibt.

»Trio« schlechthin ist also das Klaviertrio mit Geige und Cello. Es reicht von der Frühklassik bis in die späteste Romantik und ist auch im Konzertsaal neben dem Streichquartett wieder zunehmend »gleichberechtigt« vertreten. Die Hausmusikfreunde beginnen meist bei Haydn und Mozart, wobei es dem Cellisten auf die Dauer nicht behagt, daß er nur die linke Hand des Klavierspielers verstärken darf und kaum selbständige Kantilenen hat. Nur mit Mühe und vorübergehend läßt er sich überzeugen, daß auch die Unterstreichung und Intensivierung der Baßlinie durch den sonoren Streicherklang in diesen Werken eine wichtige, ja mitentscheidende musikalische Funktion hat. Also spielt man hauptsächlich Beethoven von den drei Werken op. 1 über »Geister«- und »Erzherzog«-Trio bis zu den »Schneider-Kakadu«-Variationen, versucht sich mit wechselndem Erfolg an den beiden großen Schubert-Trios, probiert auch Mendelssohn und Schumann, wagt sich sogar an Brahms, Dvořák und Smetana.

Freilich wird dem Klavieristen rasch klar, daß sein Part mit fortschreitender Musikgeschichte immer vollgriffiger und »prima vista« undurchsichtiger wird und daß er sehr viel üben muß, um noch einigermaßen über die Runden zu kommen. Die Schwierigkeiten der beiden Streicher wachsen – so will es ihm scheinen – nicht ganz im selben Ausmaß, und so stellt sich bei den Romantikern, deutlich schon bei Mendelssohn, ein gewisses Ungleichgewicht der Instrumente und ihres spieltechnischen Aufwands ein. Nur ein wirklich exzellenter Klavierspieler könnte hier noch mithalten, ohne daß sich die Streicher auf ungemütlich verlorenem Posten vorkommen müßten, zu weitgehend unhörbaren Freiübungen verdammt neben notdürftig überpedalisierten Akkordketten eines Klavierpartners, der ums Überleben ringt.

In solchen Momenten der Verzweiflung beschließt man entweder, zu Beethoven oder dem seinerzeit ziemlich »unvollendeten« Schubert zurückzukehren, oder man entsinnt sich anderer Besetzungen wie des Klavierquartetts oder -quintetts, so man einen Bratschisten hinzugewinnen oder gar ein ganzes Streichquartett zusammenstellen kann. Hier können die Streicher auch einem romantisch volltönenden Klavier gemeinsam Widerpart leisten, und der geplagte Klavierspieler darf gelegentlich pausierend sich erholen. Allerdings wird die ganze Sache laut und lauter, und es entstehen auch Raumprobleme, weil der soziale Wohnungsbau solche ausschweifenden Hausmusikbedürfnisse nicht berücksichtigt und die Hausfrau wenig entzückt ist, wenn die Polstermöbel schon wieder in die Garage geräumt werden müssen.

Als Klavier*quartett* spielt man vor allem Mozart, Beethoven und Schumann, vielleicht noch Webers op. 8, Mendelssohns Frühwerke und Schuberts Adagio und Rondo; aber da beginnen schon wieder die Klavierkonzerte mit Streicherbegleitung, von denen beide Seiten nicht so recht erbaut sind. Brahms und Dvořák würde man sich gern erarbeiten, doch es schrecken zusätzliche Tücken des Zusammenspiels. Unter solchen Umständen gelingt es nur selten, so viele Streicher – die viel lieber unter sich bleiben – auf die Dauer mit dem Klavier zu versöhnen und wenigstens für eine Saison unter einen Hut zu bringen.

Dies gilt vollends für das Klavier*quintett* oder gar -*sextett* (hier gibt es z. B. ein im Klavier recht virtuoses, nachgelassenes Jugendwerk mit 2 Bratschen von Mendelssohn). Solche Besetzungen bringt meist nur der glückliche Zufall für einen Abend zusammen, wenn musikalische Verwandtschaft mit entsprechendem Anhang auf der Durchreise ist.

Mit Streichquartett spielt der Klavierfreund am liebsten Schumann oder Dvořák, auch Brahms, Boccherini, Spohr und César Franck kommen in

Betracht. Läßt sich statt der zweiten Geige ein Kontrabaß auftreiben, so bieten sich neben Schuberts Forellenquintett in derselben Besetzung Quintette von Johann Nepomuk Hummel, Johann Ladislaus Dussek, Georges Onslow, Hermann Goetz und Joseph Labor an – heute weniger oder kaum noch bekannte Komponisten, deren Werke aber vielfach zu Unrecht vergessen sind.

Überhaupt ist das mit den weithin unbekannten »Kleinmeistern« so eine Sache: In den Konzertsälen werden sie kaum jemals gespielt, weil die Interpreten und deren Agenturen wenig risikofreudig sind. Infolgedessen kennt auch in Dilettantenkreisen kaum jemand ihre Werke. Forscht ein Hausmusikfreund in alten Bibliotheksbeständen oder Antiquariaten und gräbt er einen Prinzen Louis Ferdinand oder Ignaz Lachner aus, der ihm spielbar und lohnend scheint, so findet er bei seinen Spielgenossen oft wenig Gegenliebe. Aus Höflichkeit wird das neu entdeckte Opus aufgelegt, aber man spielt es natürlich auf Anhieb mehr schlecht als recht, weil das Eingangsallegro nicht gerade kinderleicht ist und keiner es geübt hat. Schon beim ersten Wiederholungszeichen ruft der Cellist mit einer Mischung aus Überdruß und Überforderung sehr bestimmt: »Weiter!«, die Schlußstretta des ersten Satzes wird bereits geschmissen, weil dem Klavierspieler allzu schwarz vor Augen wurde, und den Rest schenkt man sich ganz, nachdem der Anfang des zweiten Satzes nach einer überwiegend beifällig aufgenommenen Meinung »verdammt nach Kaffeehaus klingt«.

Gibt es keine modernen Ausgaben, so kommt oft noch die schlechte Lesbarkeit alter Notendrucke als Abschreckungsgrund hinzu. Erst schimpfen die Streicher im Kanon der Oktave auf die miserable, kontrastschwache Qualität der Fotokopie, bei der obendrein von der untersten Zeile hie und da einige Notenhälse abgeschnitten sind, so daß ihre Kombinationsgabe auf eine harte Probe gestellt wird. Dann vermißt die Geigerin hörbar die heute übliche Wiederholung der Vorzeichen am Beginn jeder Zeile, der Cellist wundert sich über die ungewohnten Pausenbezeichnungen und verwechselt ständig die Viertel- mit der Achtelpause. Der Klavierist schließlich merkt auch erst beim allerletzten Dakapo, daß bestimmte Akkorde schräg durchstrichen, also arpeggiert (harfenartig gebrochen) zu spielen sind, und kann sich nur schwer daran gewöhnen, daß im Baß die ganztaktigen »Pfundsnoten« nicht am Anfang, sondern schön symmetrisch in der Mitte des Taktes stehen, wo er sie regelmäßig zu spät bemerkt und dann verschämt aufs zweite Viertel nachliefern muß.

Auf diese und ähnliche Weise ist unter Hausmusikanten gewiß schon manche vielversprechende Wiederentdeckung im Sande verlaufen. Mit fliegenden Fahnen kehrt man zu seinen vielgeliebten Notenschätzen von Bach, Mozart und Beethoven zurück, deren Werke anscheinend kraft ihrer dichteren musikalischen Substanz eine unvollkommene Wiedergabe leichter vertragen, vielleicht aber auch nur vor dem inneren Ohr vollkommener klingen, weil jeder sie und ihren Stil so gut kennt, daß er unbewußt das Fehlende ergänzen und Mißlungenes zurechtrücken kann.

Wie dem auch sei: Man sollte gerade als Freund der Hausmusik immer wieder Neues probieren, soweit es technisch nicht zu schwer ist, und auch vor den im öffentlichen Musikbetrieb heute unbekannten Namen nicht zurückschrecken, sich vor allem vom ersten oberflächlichen Eindruck nicht gleich negativ bestimmen und entmutigen lassen. Auch zum Vorspielen eignen sich weniger bekannte Sachen viel besser, weil dabei hochnotpeinliche Vergleichsmaßstäbe fehlen und nicht der Eindruck eines ohnehin für Laienmusikanten aussichtslosen Wettbewerbs mit den hochtrainierten Starensembles aus Konzertsaal, von Rundfunk und Schallplatte aufkommen kann. Im übrigen scheint sich in neuester Zeit – vielleicht im Zeichen der Nostalgie – eine Entwicklung anzubahnen, nach der einzelne Unternehmen der Schallplattenindustrie auch Werke kaum bekannter Komponisten einspielen lassen, sofern sie von der Besetzung her reizvoll sind oder von daher jedenfalls zu vielgefragten Meisterwerken gut auf die B-Seite passen. Möglich, daß sich auf diesem Wege wie auch durch das Mitschneiden nächtlicher Rundfunksendungen und durch aufgelockerte Programme sogenannter »Klassischer Musikwirtschaften«, wo man zu Würstel und Bier ernsthafte Kammermusik hören kann, für den Hausmusikliebhaber eine Chance ergibt, auch manches interessante Werk heute vergessener Komponisten wieder kennen und schätzen zu lernen. Auch der vorliegende Ratgeber möchte dazu beitragen, indem er sich nicht auf die gängigen Werke der ganz großen Meister beschränkt. Im Grunde läßt sich nämlich der herausragende musikgeschichtliche Rang eines Ludwig van Beethoven erst dann richtig ermessen, wenn man weiß, wie zu seiner Zeit – und noch lange nach ihm – andere, auch nicht ganz unbegabte Leute wie Joseph Woelfl, Johann Nepomuk Hummel oder Ferdinand Ries ihre Trios komponiert haben.

Im Werkverzeichnis sollen dazu einige Anregungen gegeben werden, auch zu den weniger geläufigen Besetzungen wie z. B. Klaviertrio mit Geige und Bratsche, mit Flöte und Cello, mit Klarinette und Bratsche oder Cello. Mit größeren Bläserensembles zu musizieren, überschreitet schon akustisch den üblichen Rahmen einer Hausmusik. Es gehört auch viel Glück und Findigkeit dazu, Oboe, Klarinette, Horn und Fagott z. B. für die beiden herrlichen Klavierquintette in Es-Dur von Mozart und Beethoven zusammenzubekommen. Man spielt sie also meist in der Fassung als Klavierquartette mit Streichern. Trotzdem wird der Leser auch aus diesem Bereich die wichtigsten Werke im Register verzeichnet finden.

Der Hausmusikabend

Hat sich ein fester Kreis von Musikanten gefunden, so trifft man sich regelmäßig alle zwei bis drei Wochen reihum, am besten immer am gleichen Tag, damit die Termine langfristig besser freigehalten werden können. Auch die Uhrzeit zu wechseln, ist nicht ratsam, denn einer verschwitzt es bestimmt, wenn das Treffen um eine Stunde vorverlegt wurde.

Man hat vorher ausgemacht, was gespielt werden soll, damit sich jeder seine Stimme zu Hause wenigstens ein bißchen ansehen konnte. Es kann immerhin nichts schaden, sich an kritischen Stellen ein paar Fingersätze zu notieren (oder die notierten, natürlich »unmöglichen«, nach eigenem Gusto abzuändern), sich da und dort den Rhythmus oder den Modulationsverlauf klarzumachen und im voraus zu wissen, in welcher schwindelnden Höhe der Sechzehntellauf endet.

Ob daraus ein regelrechtes Üben wird, ist nicht nur eine Zeitfrage, sondern auch eine Frage des Könnens und der grundsätzlichen Einstellung zur Hausmusik. Wer vom Blatt weit unter seinem eigentlichen technischen Niveau spielt, tut dies natürlich nicht gern und legt Wert auf solide Vorbereitung unter zwei Ohren. Es gibt freilich auch den eher wurschtigen Typ, der sich auf seine Eingebung, auf die Gunst der Sekunde und auf seine angeborene Musikalität verläßt, manchmal durchaus mit Erfolg. Auf der anderen Seite stehen die besonders kritischen und ehrgeizigen Leute, geradezu verhinderte Berufsmusiker, die sich ständig wie auf dem Konzertpodium vorkommen und eine Perfektion anstreben, wie sie unter Laienbrüdern nun mal nicht zu erreichen ist.

Für den Hausmusikliebhaber, der hauptsächlich zu seiner eigenen Freude spielt, ist das eine wie das andere Extrem von Übel. Oberflächliche Schlampigkeit befriedigt auf die Dauer keinen, und übertriebener Perfektionismus kann einem den Spaß ebenso vergällen. In erster Linie möchte man im Spiel die Musikwerke kennenlernen, und zwar so gut und »von Grund auf« ken-

nenlernen, wie das beim bloßen Hören nicht möglich ist. Die Hausmusik ist
außerdem eine reizvolle, gepflegte Form der Konversation unter Gleichge-
sinnten, die von »small talk« nichts halten, an politischen Themen weniger
interessiert und für größere philosophisch-ästhetische Dialoge zu unbegabt
sind. Darum verträgt auch diese, auf gegenseitiger Achtung basierende musikalische Unterhaltung weder den allzu ängstlichen Konformisten noch den
stets dominierenden Besserwisser – oder, anders herum betrachtet, gewisse
Anlagen und Ansätze dazu lassen sich oft im Zusammenspiel auffangen,
abschleifen und zum gemeinsamen Besten wenden. Voraussetzung ist natürlich ein Mindestmaß an persönlicher Harmonie und gegenseitiger Toleranz,
sonst geht solch ein Hausmusikkreis unweigerlich in die Brüche oder kann
sich gar nicht erst festigen. Auch Dilettanten haben eine verletzliche Seele,
Musikanten sind sogar meist besonders sensibel und sollten es daher an
Taktgefühl untereinander nicht fehlen lassen.

Das Maß der gegenseitigen Höflichkeit ist dabei nicht unbedingt ein sicherer Gradmesser für harmonische Beziehungen. Ein eher rauh-herzlicher Ton
ist unter Musikfreunden zwar nicht die Regel, aber selbst die höflichsten
Belehrungen über »eindeutig« falsche Tempi, ein (»leider schon wieder«)
untergegangenes Pianissimo und »überhaupt« eine grundverkehrte Spieltechnik hört der also Gemeinte auf die Dauer nicht gern. Mit selbstkritischen
Äußerungen gehen viele Dilettanten eher verschwenderisch um; Kritik der
Mitspieler wird oft nur in homöopathischen Dosen verkraftet.

Gemeinsames Musizieren ist nämlich durchaus auch eine Form der Selbst-
bestätigung im spielerischen, aber doch geordneten Regeln unterworfenen
Wettbewerb, sozusagen ein Diskurs mit der Äußerung anderer Meinungen
und Temperamente. Und insofern ist es verständlich, daß auch Hausmusikanten – vielleicht unbewußt – nach einer Art schiedsrichterlicher Instanz
Ausschau halten und es nicht ungern sehen, wenn ihnen jemand zuhört.

Der arme Hörer ist im allgemeinen nicht zu beneiden. Um an einem
normalen Hausmusikabend wirklich zuzuhören, bedürfte es eines schier un-
menschlichen Idealismus oder pädagogischer Ambitionen, die aber hinterher, bei einer möglichen Manöverkritik, gar nicht so sonderlich gefragt sind.

Eugène-Antoine Durenne: Sommerliche Kammermusik

Die Hausfrau des Gastgebers kann sich wenigstens bald unauffällig in die Küche absetzen, um den kleinen Imbiß vorzubereiten und das Bier kaltzustellen, das besonders nach Brahms gern getrunken wird. Die übrigen zum Zuhören verdammten Freunde und Ehegatten greifen zu Vokabelheft, Buch, Nähzeug oder Zeitung, da das Glas mit dem sicherlich gepanschten Rotwein »Pericolo di Castello« aus dem Supermarkt längst leer und ein Nachschenken vor dem Finale nicht zu erwarten ist. Sie tun gut daran, sich in Geduld zu wappnen; denn wenn Musikanten so richtig begeistert und in Fahrt sind, finden sie nur schwer ein Ende. Vorsicht auch mit allzu demonstrativen Beifallskundgebungen: Heftiges Klatschen nach einem mehr als wacklig geschlossenen Vivace assai könnte als blanke Ironie mißverstanden werden. Um der dritten Wiederholung des, ach so schönen langsamen Satzes zu entgehen, empfiehlt sich eher ein diskret bedauernder Hinweis auf die bereits überschrittene Polizeistunde. Denn mit seinen ohnehin durchs Klavierüben geplagten Nachbarn, Ober- und Untermietern will und darf es der Gastgeber keinesfalls verderben, auch wenn er vorsorglich einen Zettel »mit der Bitte um freundliche Nachsicht« an das Schwarze Brett seines hellhörigen Wohnsilos gezweckt hat und der anonyme Telefonanruf um 22.01 Uhr heute ausnahmsweise unterblieben ist.

Das zur Hausmusik mitgebrachte Kleinkind schläft nach einigen eifersüchtigen Störversuchen selig und süß zu Füßen seiner musizierenden Mutti ein. Auch der musikalisch weniger aktive Vater, leider zum Frühaufstehen verpflichtet, schafft es nicht selten, trotz der erheblichen Phonstärken, die an sein Ohr dringen, ein erholsames Nickerchen einzulegen.

Ein Zuhörer kann sich auch erbieten, dem Klavierspieler die Noten umzublättern. Der Klavierist wird dies meist dankbar annehmen, und je nach Veranlagung hat auch der Umblätterer als »Kiebitz« etwas davon, weil er beim Mitlesen die musikalischen Linien besser durchschauen und mit etwas Phantasie die vielen ungespielten, unter den Flügel gefallenen Noten ergänzend »mithören« kann.

Ein wirklich guter, einfühlsamer Umblätterer ist Gold wert, und ihm wird viel zu selten – und wenn, dann nur so leichthin – dafür gedankt. Es genügt nämlich nicht, daß er einigermaßen Noten lesen kann. Er braucht eine Art seherischer Gabe, wieviele Takte oder Taktteile der Spieler am Schluß der Seite noch erfassen kann, bevor das Blatt sich zu wenden hat. Er muß sich mit Wiederholungsstrichen, da-capo-Vorschriften und den besonders tückischen »dal-segno«-Zeichen auskennen, die oft ein Zurückblättern um mehrere Seiten erfordern. Er darf auch bei den schönsten Stellen nicht ins Träumen geraten und beim Scherzo die Coda nicht vergessen. Und schließlich muß er sich oft auch noch körperlich kasteien und »dünn machen«, weil in seinem Viertel-Quadratmeter-Eck kaum Platz für den spartanischen Küchenhocker ist und der Geiger sich dazu noch beschwert, daß er vom Klavierspieler nur den synkopisch bewegten Pedalfuß sieht. Wahrlich, dem Umblätterer wird viel Selbstlosigkeit abverlangt, zumal er doch im Grunde viel lieber mitspielen würde. Auch auf Konzertprogrammen wird er nicht erwähnt – wie ungerecht! Seine Mitwirkung ist nicht weniger wichtig als z.B. beim Theater die unsichtbare Funktion des Bühneninspizienten, dessen Name auf jedem Besetzungszettel prangt.

Vor jedem Neubeginn wird gründlich gestimmt, und zwar notgedrungen nach dem Klavier-A, obwohl es den Streichern natürlich viel zu tief ist, erst recht der Flötistin, die ihr Instrument unter bedauerndem Achselzucken bis zum »Geht-nicht-mehr« auszieht. Mit Engelsgeduld schlägt der Klavierspieler immer wieder den d-Moll-Akkord oder die Quint an, bis der Einklang bei allen Beteiligten so einigermaßen hergestellt ist; er selbst hat dazu keine Meinung, weil bei ihm das Gehör bekanntlich unterentwickelt ist und die Melodieinstrumente sich da höchstens unter ihresgleichen verständigen. Es gibt auch Tage, an denen die Geigerin das richtige A auf ihrer Violine einfach nicht draufhat, wie sie selbst kopfschüttelnd feststellt. Der Cellist stimmt gern besonders ausführlich und verlangt vom Klavier neben dem d-Moll-Dreiklang das untere H als »sixte ajoutée«, weil er das A dann besser hört, und zusätzlich das tiefe C wegen der temperierten Stimmung. Außerdem muß die Runde darauf gefaßt sein, daß der Bratschist schon nach zwanzig Takten wieder abbricht und sagt, er müsse stimmen. Merkwürdigerweise fällt dieses dringende Begehren nicht selten mit einem verpaßten

Einsatz zusammen. Aber alle Beteiligten sind für die Chance dankbar, beim zweiten Anlauf etwas mehr Richtige zu haben; was nicht heißen soll, daß die Trefferquote bei Toto und Pferdewetten mit der Lotterie z. B. einer tollkühn vom Blatt gespielten Spohr'schen Klavier- oder Geigenstimme auch nur entfernt zu vergleichen wäre.

Welche Stücke und in welcher Reihenfolge die ausgewählten Sachen drankommen, bestimmt entweder der Gastgeber, das Geburtstagskind oder (wohl praktisch am häufigsten) der Pianist, der sich in der Regel auch am meisten abplagen und daher selbst beurteilen muß, was er sich wann zutrauen und den anderen zumuten darf. Er kennt die Sachen ohnehin aus seiner Stimme und aus der Partitur im Zweifel am besten, während die anderen von ihren solistischen Vorstudien her nur eine sehr vage Gesamtvorstellung haben können. So gibt er meist auch das Tempo an. Allerdings stellt sich dann gewöhnlich sehr bald heraus, daß es bei diesem Anfangstempo nicht bleibt. Spätestens wenn kurz vor dem ersten Doppelstrich, beim Schlußgedanken des Sonatensatzes, seine Läufe und Arpeggiengirlanden überhandnehmen, kommt er unwillkürlich ins Schleppen, statt »con fuoco« aufzudrehen, und die Streicher finden sowieso kaltlächelnd, daß sich ein Allegro appassionato einfach schneller gehört. Sie haben gut lachen, denn in ihren Stimmen kommen längere Sechzehntelsextolenpassagen nur höchst selten vor. Umgekehrt sieht man manchem Andante nicht gleich an, daß es eine sehr klassisch-ruhige Gangart verträgt und verlangt, schon damit die späteren kleinteiligen Umspielungsfiguren noch mit Anstand untergebracht werden können. Auch diese Ruhe ist musikalisch oft schwer durchzuhalten, zumal jeder Klavierton – was bei falschen Tönen auch sein Gutes hat – in seiner Lebensdauer nun mal begrenzt ist und leider auch mit den raffiniertesten Pedalkünsten nicht nennenswert sanglich entwickelt und verlängert werden kann. Über die richtigen Tempi haben vor allem häufige Radiohörer und Konzertbesucher ihre ganz eigenen Vorstellungen, die von durchschnittlichen Dilettanten schon aus Selbsterhaltungstrieb nur selten geteilt werden. Der echte Liebhaber muß Technik weitgehend durch Seele ersetzen und ist gegenüber den namhaftesten Interpreten, so sehr er ihre Fingerfertigkeit im

Konzertsaal aus intimer Kennerschaft bewundert, in bezug auf musikalische Gestaltungsfragen äußerst kritisch eingestellt.

A propos Konzert: Auch Hausmusikfreunde spielen nicht immer nur für sich und den Kreis der engsten Angehörigen im stillen Kämmerlein, sondern streben gelegentlich auch nach höheren Zielen. Wir sagten es schon: So die Platzverhältnisse es gestatten, bittet man zu besonderen Anlässen, höchstens ein- bis zweimal im Jahr, zu einem Privatkonzert.

Man hat sich bemüht, ein reizvolles Programm aus nicht zu schweren und nicht zu bekannten Werken zusammenzustellen. Vorher wird einige Wochen einzeln und im Ensemble eifrig geübt, man kennt die Werke und ihre gefährlichen Stellen spätestens seit der Stunde der Wahrheit, da man sich und das Ergebnis seiner Künste vom unbarmherzigen Tonband angehört hat. Man ist sich über die richtigen oder jedenfalls die gerade noch machbaren Tempi einig geworden, hat sich über Einzelheiten der Phrasierung und der Ornamentik verständigt und hofft alsdann mit mehr oder weniger ausgeprägtem Lampenfieber auf gutes Gelingen.

Auch entferntere und der Kammermusik nicht besonders nahestehende Bekannte sind eingeladen. Sie haben interessiert zurückgefragt, wo man denn die vier Klaviere für das Klavierquartett aufgetrieben habe, und meinten auf den entsetzten Hinweis, daß natürlich nur *ein* Flügel im Spiel sei, ob es daran zu viert nicht ein bißchen eng würde. Andere wiederum sind selbst musizierende Experten von hohen Graden, deren strenges Urteil man fürchtet und achtet. Dazwischen das Gros der wohlwollenden Sympathisanten, die zwar zu Hause ihre Hi-Fi-Stereoanlage mit einer respektablen Plattensammlung haben und daher in puncto Interpretationskunst recht verwöhnt sind, trotzdem aber daneben den Reiz ursprünglicher Musikausübung im intimen, persönlich vertrauten Kreise bei aller Unvollkommenheit zu schätzen wissen.

Die berühmte GEMA, die immer gern für die Komponisten und Verleger kassiert, wenn irgendwo Musik erklingt, braucht man beim Hauskonzert nicht zu fürchten, auch wenn modernere Sachen oder neue Bearbeitungen alter Musik gespielt werden (die möglicherweise auch urheberrechtlich geschützt sein können). Denn sie darf ihre Tantiemen für die Inhaber der

Aufführungsrechte nur verlangen, wenn es sich um eine öffentliche Darbietung handelt und irgendein Erwerbszweck mitspielt. In Grenzfällen kommt
es darauf an, ob es sich – wie es ein hohes Gericht so schön formuliert hat –
um einen »bestimmt abgegrenzten Personenkreis« handelt, der »durch ge-
genseitige Beziehungen oder durch Beziehung zum Veranstalter persönlich
untereinander verbunden« ist. Das trifft die Sache sehr genau (anscheinend
gibt es auch musizierende Bundesrichter). Beziehungen sind alles, wie man
sieht; hätte man sie nicht, wäre man nicht eingeladen. Plakatwerbung zu
betreiben, käme einem Hausmusikanten sowieso nicht in den Sinn, er ver-
schickt höchstens Programme.

Übrigens: An die Gäste wie im »richtigen« Konzert Programme zu verteilen, ist keine schlechte Sache. Jeder Hörer weiß dann, worauf er sich freuen
kann oder womit er sich abzufinden hat. Mancher pädagogisch Begabte
schreibt sogar kleine Einführungen zu den dargebotenen Werken, was gerade bei weniger bekannten Stücken oder Komponisten recht nützlich und den
Zuhörern willkommen sein kann. So ein mehr theoretischer Exkurs in die
Musikgeschichte kommt nicht selten auch dem eigenen praktischen Ver-
ständnis zugute – aber im allgemeinen sind Hausmusikanten keine Freunde
grauer Theorie und hochwissenschaftlicher Exegesen. Die Sachen sollen
stimmen und möglichst mitreißend klingen: die höheren Ambitionen über-
läßt man lieber den Musik-Professoren und -Professionellen.

Wie der Vorspielabend dann im Ernstfall gelingt, ist nicht nur eine Frage
der Vorbereitung und des schlichten Könnens, sondern natürlich auch der
Konzentrationsfähigkeit und des individuellen Nervenkostüms. Der Klavierist macht am Anfang die erstaunliche Erfahrung, daß bei ihm jeder Finger
auch einzeln zittern kann, nicht etwa nur die ganze Hand. Während er sich
noch einen eitlen Schwächling schilt, merkt er, wie der sonst so selbstbewuß-
te Geiger vor Aufregung auch nicht ganz glockenrein intoniert, und diese
hörbaren Gemeinsamkeiten bessern allmählich und allerseits die psychische
Kondition. Dabei kann ein wirklich souveräner »alter Hase« – das muß gar
kein Berufsmusiker sein – durch seine stoisch ruhige Präsenz sehr viel Sicherheit auf die Mitspieler übertragen. Die geübten Passagen pflegen dann gut

bis leidlich zu gehen; dafür macht jeder ganz dumme Fehler an völlig harmlo-
sen Stellen, wo er nie vorher einen falschen Ton gespielt hat. Auch verpaßte
Einsätze kommen vor, führen aber selten zu einem veritablen »Schmiß«, der
wegen des unvermeidlichen Neubeginns auch dem letzten unmusikalischen
Hinterbänkler unter den Zuhörern nicht entgehen könnte. Wenn natürlich
der Pianist, leichtsinnig geworden und von allen guten Geistern verlassen,
das Schluß-Menuett im $^4/_4$-Takt spielen will, weil ein Finale sonst üblicherweise geradtaktig ist, hilft nichts, als den Fehlstart abzubrechen und nochmal
neu anzufangen. Das zum Hörgenuß entschlossene Auditorium wird's nicht
übelnehmen und so schnell auch nicht merken, wer nun der Schuldige war.

Als ersten Programmpunkt wählt man gern etwas handfest Barockes oder
ein Stück aus der Frühklassik. Mozart ist »zum Einspielen« zu schade und
vor allem zu gefährlich: Seine heikle Durchsichtigkeit verlangt möglichst viel
unbefangene Geistesgegenwart und Freiheit von technischer Erdenschwere,
wenn er nicht nur brav schülerhaft klingen soll. Die größeren romantischen
Brocken folgen meist nach der nicht zu knapp bemessenen Pause, die man
sich und den Hörern gönnen sollte. Wichtige Grundregel: Länger als aller-
höchstens anderthalb Stunden darf das Ganze nicht dauern, sonst wird's für
die lieben Gäste zur Quälerei, und das nächste Mal hagelt es Absagen. Auch
besondere Zugaben einzustudieren, lohnt sich nicht. Der Applaus wird sich
in den durch Notwehr gebotenen Grenzen halten, und »notfalls« kann man
immer noch einen schnellen Satz wiederholen, vielleicht das pfiffige Scherzo
aus dem Lachner, bei dem im Publikum heitere Resonanz zu spüren war.

Danach freue man sich über jedes anerkennende Wort, aber man nehme
überschwängliche Lobsprüche nicht zu ernst. Es ist wie bei Dienstzeugnissen:
Entscheidend ist eher, was *nicht* gesagt wird. Freilich, auch deutliche Kritik
wird einen Dilettanten so leicht nicht entmutigen; dafür liebt er seine Hausmusik viel zu tief und ausdauernd, und er kennt seine Grenzen. Als schönste
Befriedigung wird er es empfinden, wenn er das ehrliche Gefühl haben kann,
mit seiner »Kunst« dem einen oder anderen eine Freude gemacht zu haben.
Auch das soll vorkommen.

Kleines Fachlexikon

Andantino: Um ewigem Streit unter Hausmusikanten neue Nahrung zu geben: Das Allegretto ist bekanntlich etwas langsamer als ein Allegro, ein A. jedoch (als »kleines« Andante) normalerweise rascher im Zeitmaß als das Andante. Ebenso ist das Larghetto ein weniger breites Largo. Bezugspunkt für die Betrachtungsweise ist nämlich nicht die Geschwindigkeit null, sondern genau die Mitte zwischen schnell und langsam. Allerdings zählte in der Barockmusik – im Gegensatz zu Klassik und Romantik – das Andante noch zu den schnellen Tempi, so daß die Steigerung »più andante« zu dieser Zeit eine Beschleunigung meinte. Je nach dem kann also in älteren Werken ein A. auch einmal »langsamer gehen«, womit dann der Streit über die jeweils geltende Grundregel im Einzelfall beliebig fortgesetzt werden kann. In einer Violasonate des Spätromantikers Robert Fuchs findet sich sogar die rätselhafte Kombination einer Satzüberschrift »Andante« in der Partitur mit einem »A.« in der Bratschenstimme. Da soll einer noch draus klug werden!

Brioso, con brio: Italienisch für »sprühend, mit Feuer«. Ein so bezeichnetes Allegro sollte auch von Laienmusikanten unbedingt mit Schwung und etwas Draufgängertum angepackt werden, sonst klingt es zu brav und nicht mitreißend, wie es gedacht ist. Wenn die Technik nicht ganz reicht, läßt man besser ein paar Verzierungen weg oder nimmt zu sonstigen Vereinfachungen Zuflucht. Denn oft ist es – jedenfalls zum eigenen Kennenlernen der Sachen – wichtiger, daß der Gesamteindruck eines Satzes richtig herauskommt, als daß jede Note stimmt. »Feuer« ist allerdings nicht gleichbedeutend mit Fortissimo, was in der Hitze des Gefechts gern vergessen wird (siehe auch → Dynamik).

Con sordino: »Mit Dämpfung« heißt in der Klavierstimme: ohne Pedal, und dies sollte ernst genommen werden. Überhaupt erkennt man den mäßigen und unsicheren Klavierspieler u. a. daran, daß er ständig und zuviel Pedal nimmt, d. h. die Dämpfung aufhebt, um damit vor allem die Schwächen seiner Legato-Technik zu überkleistern. Für die Zeit vor Beethoven ist das absolut tödlich; Bach sollte man grundsätzlich und durchweg »c. s.« spielen.

Dynamik: Ist die Lehre vom richtigen Wechsel der Lautstärke, unter Dilettanten ein trübes Kapitel. Spielt auch nur einer zu laut, meinen alle anderen, sie müßten gleichziehen, und schon wird aus einem Pianissimo ein strammes Mezzoforte. Die häufigen Subito-piano-Stellen bei Beethoven, meist nach einem Crescendo, bleiben leider oft unbeachtet, auch die charakteristische Wirkung eines kurzzeitigen An- und Abschwellens wird gern vernachlässigt. Grundregel: Alle dynamischen Zeichen bewußt und mit Übertreibung befolgen, dann wird es annähernd richtig.

Einsatz: Ist oft Glücksache und wird für den gemeinsamen Beginn meist vom höchsten Melodieinstrument gegeben, nicht vom Klavier. Über das anzuschlagende Tempo sollte vorher Einigkeit bestehen, sonst gibt es gleich am Anfang bestenfalls einen wackligen Tonpudding. Einen oder zwei Takte vorauszuzählen, ist – außer vor geladenen Gästen – bei einer häuslichen Erstaufführung keine Schande. Siehe auch → Kadenz, → Zählen.

Fachsimpelei: Schwer zu ertragende Angewohnheit mancher Hausmusikanten, auch vor und nach dem Musizieren beim gemütlichen Beisammensein über nichts anderes als über Musik zu reden. »Kennen Sie die Sonate von . . . ?« – »Nein, aber haben Sie neulich das X-Trio gehört?« – »Da gibt es übrigens jetzt eine Plattenaufnahme mit . . . « Ein geschickter Gastgeber setzt solche zur F. neigenden Leute von Anfang an isoliert in verschiedene Ecken und fragt nach Freundin respektive Kindern, Urlaubsplänen und gehabten Reiseerlebnissen. Mit länger dauernder Bekanntschaft finden auch Musizierer gelegentlich andere Gesprächsstoffe und benehmen sich dann fast wie normale Menschen.

Generalbaß: In der Barockmusik die – regelmäßig vom Cello gestützte – Baßstimme des Begleitinstruments (Cembalo, Orgel), deren Bezifferung die jeweilige Harmonie angibt und nach der das »Accompagnement« in freier Improvisation mehrstimmig auszuführen war (außer an den mit »tasto solo« bezeichneten Stellen). Eine sehr ins Einzelne gehende Anleitung dazu enthält Carl Philipp Emmanuel Bachs auch sonst lesenswerter »Versuch über die wahre Art das Clavier zu spielen« (im 2. Teil, erstmals erschienen 1762). In modernen Ausgaben ist der G. möglichst stilgetreu ausgesetzt, was dem Klavieristen auch sehr recht ist, weil er das G.spiel meist nicht richtig gelernt hat. Er sollte aber wissen, daß die Begleitung in den Oberstimmen nur ein Vorschlag ist, an den er sich nicht sklavisch zu halten braucht. (Den Verleger schützt jede neue Aussetzung vor Nachdruck, weil er dadurch für das an sich längst gemeinfreie Werk die Urheberrechte des Bearbeiters geltend machen kann.)

Horn: Die moderne Form des Waldhorns mit Ventilen verfügt über die vollständige chromatische Tonskala; der Laie würde nie vermuten, daß zwischen Mundstück und Schalltrichter ungefähr drei Meter Rohr aufgerollt sind. Das H. ist mit seinem warmen, romantisch verträumten Klang auch in der Kammermusik mit Klavier ein sehr dankbares, leider unter Laien viel zu wenig verbreitetes Instrument, das nur recht unvollkommen durch die Bratsche ersetzbar ist (Näheres dazu im Werkverzeichnis unter »Trio mit Viola«), außerdem zum sonntäglichen Wecken mit Choralmelodien bestens geeignet. Der Gastgeber stelle dem Hornisten ein kleines Gefäß zum Ausleeren der Rohrwindungen in erreichbare Nähe, wenn er eine von den Kindern des Hauses womöglich falsch zu deutende Pfütze auf dem Parkettboden vermeiden will.

Introduktion: Relativ kurze, langsamere Einstimmung zu Beginn eines Werkes, die meist ohne eigentlichen Schluß (oft mit der Bezeichnung »attacca«) sofort zum ersten Satz überleitet. Musikgeschichtlich wohl ein Überbleibsel der barocken Satzfolge (langsam – schnell – langsam – schnell), in Klassik und Romantik jedoch zu ganz eigenständiger Form und besonders bei Beethoven, Schubert und Schumann zu herrlicher Blüte entwickelt. Manchmal scheint da in einer I. mehr an musikalisch tiefem Gehalt zu stecken als in dem anschließenden, eher virtuos-spielfreudigen Satz. Für nicht ganz taktfeste Hausmusikanten ist manche I., auch wenn sie technisch gar nicht schwer ist, ein zäher Brocken. Aber man sollte sich auf keinen Fall nur verlegen hindurchmogeln; selbst ein dritter, endlich gelungener Versuch lohnt die aufgewandte Mühe reichlich.

Jackett: Von den oft ziemlich konservativen Musikanten geschätztes, beim Musizieren höchst hinderliches Kleidungsstück, das denn auch im häuslichen Kreise spätestens vor Beethoven abgelegt zu werden pflegt.

Kadenz: In der Kammermusik besonders der Früh- und Hochklassik ein in der Regel nur kurzes und üblicherweise auskomponiertes Solo eines der beteiligten Instrumente zwischen Quartsextakkord und Dominanttriller, bevor der Schlußgedanke auf der Tonika wieder einsetzt. Meist ist es der Klavierspieler, der sich da mit einigen Tonleitern und Arpeggien konzertant austoben, (wenn er will) auch ein bißchen improvisieren darf, während die Mitspieler gespannt auf das endliche Ende seiner Künste warten und dringend auf einen deutlichen Hinweis für ihren →Einsatz angewiesen sind.

Linke: Beim Klavierspieler beileibe keine politische Richtung, sondern sozusagen seine Achillesferse, weil die L., d. h. seine linke Hand, sofern er nicht professionell trainiert ist, in aller Regel nicht ganz die gleiche Fingerfertigkeit aufweist wie die Rechte. Viele Komponisten nehmen zum Glück darauf Rücksicht; andererseits stellt gerade dieser Umstand einen wesentlichen Grund für die geringere Ausbildung der L. dar, also eine Art von Teufelskreis. Der Klavierist hilft sich gelegentlich durch unterstützende Übergriffe der rechten Hand, was aber das Übel auch nicht wirklich beseitigt, sondern eher noch fördert. Besser ist es, ab und zu wieder Czerny, Tonleitern und Arpeggien zu üben, auch wenn's schwerfällt und dem nachbarlichen Frieden auf die Dauer wenig zuträglich ist.

Metronom: Nervtötendes Tick-tack-kling-Schlagwerk, auf verschiedene Geschwindigkeiten und Taktarten einstellbar und daher zum Üben als Tempomesser und Zählhilfe zu gebrauchen (→ Zählen). Wird von allen echten Musikanten als seelenlose Maschine zutiefst verachtet und zur Tempobestimmung sehr selten herangezogen, meist nur um festzustellen, daß die Angabe im Notentext natürlich viel zu schnell ist. M.angaben scheinen in der Tat oft übertrieben angesetzt, sind es aber nicht immer; vor allem bei neueren Werken, Ausgaben und Bearbeitungen geben sie doch einen guten Anhalt, den auch Dilettanten nicht ganz verachten sollten.

Notenständer: Braucht der Klavierspieler nicht, weil bei seinem Instrument schon »eingebaut«, kann also erfahrungsgemäß nicht damit umgehen und hat auch meist nichts Brauchbares vorrätig. Man bringe daher als Streicher oder Bläser zur Hausmusik den eigenen Notenständer nicht nur mit, sondern entfalte ihn tunlichst auch selbst, wenn man ihn noch länger benutzen will und keine besondere Freude an kühn verbogenen Metallplastiken hat.

Orchestermitglieder: In schlichteren Hausmusikkreisen nicht ungern, aber recht selten gesehene Gäste, was man ihnen nicht verdenken kann: Beruf und Hobby decken sich halt nur ausnahmsweise, und das Niveau der Spieler auch. Dilettanten beneiden O. um ihre technische Perfektion und stellen doch manchmal mit einer gewissen Schadenfreude fest, daß auch Berufsmusiker sich verzählen können und anscheinend der gewohnte chorische Drill dem wirklich guten Kammermusikspiel eher im Wege steht. O., die dies lesen sollten, gehören zu den löblichen Ausnahmen.

Phrasierung: Primitiv gesagt, die Lehre von den großen Bindebögen, die eine musikalische Phrase zusammenfassen und den Ablauf der melodischen Linie in kleinere Einheiten gliedern. Solche Bindebögen sind nicht immer angegeben, und wenn, müssen sie nicht immer richtig sein. Sänger und Bläser wissen am ehesten, wo sie absetzen und atmen müssen, andere Musikanten sind da oft im Zweifel, besonders bei Bach. Sofern musizierende Dilettanten überhaupt zu derartigen Feinheiten vorstoßen, kann es gelegentlich zu erbittertem Streit kommen, bis hin zu wechselseitigem Beweisantritt durch Plattenaufnahmen verschiedener Ensembles. Das zeigt dann, daß P. zum Teil auch Auffassungssache und jedenfalls weitgehend von der individuellen musikalischen Erziehung geprägt ist.

Quiz: Englisches Wort für ein Ratespiel von zweifelhaftem Unterhaltungswert, das man dem ohnehin geplagten Hörer bei einer Hausmusik besser nicht zumuten sollte. Man sage den Gästen also in verständlicher Form vorher an, was gespielt wird, vielleicht auch noch die Satzbezeichnungen und sonstige Einzelheiten über das Werk oder den weniger bekannten Komponisten. Ein Musikliebhaber in der Leideform ist für jede Information dankbar und wird dann erst beim vierten Satz und nur ganz heimlich gähnen.

Ritardando, auch ritenuto oder rallentando, ist die Aufforderung des Komponisten, beim Spielen langsamer zu werden, und wird von Hausmusikanten gern, aber oft zu früh und zu ungleichmäßig befolgt. Merke: Die Stelle, an der das Wort »R.« steht, ist noch im bisherigen Tempo zu nehmen, und danach höre man sehr genau auf den, der gerade die »zurückzuhaltende« musikalische Linie hat. Im übrigen ist es eine verbreitete Unsitte, jeden Satz mit einem längeren Schluß-R. zu beenden. Oft genügt ein winziges Hinausschieben nur des allerletzten Akkords, um die erwünschte Abschlußwirkung zu erzielen.

Stichnoten: Freundlicher Service des Herausgebers für die Melodieinstrumente, indem in deren Notentext die charakteristische Wendung einer anderen Stimme in kleinerem Druck angegeben wird, um nach längeren Pausen den → Einsatz und damit das → Zählen zu erleichtern. S. geben natürlich nur einen kleinen Ausschnitt aus dem musikalischen Geschehen wieder; man sei also darauf gefaßt, daß der Klang an der mit S. versehenen Stelle ziemlich anders ausfällt, als nach dem dürftigen Schriftbild zu erwarten wäre.

Terrassendynamik: In der Barockmusik durch die Registertechnik der Tasteninstrumente (Orgel, Cembalo) bedingte Abstufung der Lautstärke, die nur entweder laut oder leise, aber kein An- und Abschwellen des Tones kennt (siehe auch → Dynamik). Entsprechend konnten kurzzeitige Akzente damals nur durch Triller und ähnliche ornamentale »Manieren« gesetzt werden. Auf dem modernen Klavier klingt eine konsequente T. ausgesprochen steril und ist selbst bei mäßigem Temperament kaum durchzuhalten. Gegen vernünftige Crescendi (und Diminuendi!) der Klavierstimme ist also auch bei Bachsonaten sicher nichts einzuwenden. Dafür kann man sich rein akzentuierende Pralltriller und Mordente oft ebenso sparen wie manche schlichten Repetitionstriller über längeren Notenwerten, die lediglich dazu dienen sollten, einen Ton auf dem Cembalo z. B. über einen ganzen Takt hinweg hörbar auszuhalten.

Unterhaltung: Wird als störend stets empfunden, wenn zugleich im selben Raum Hausmusik gemacht wird, und beeinträchtigt selbst im Nebenzimmer bei geöffneter Tür die Konzentration der Spieler nicht unbeträchtlich. Gute

Bücher und Zeitschriften auslegen und in den Pausen darüber meditieren, ob man nicht doch die falsche Frau geheiratet oder die falschen Freunde eingeladen hat!

Verschiebung: Wird durch »una corda« angezeigt und bedeutet, daß Anschlagmechanik samt Tastatur des Flügels mit dem linken Pedal derart verschoben wird, daß die Hämmerchen jeweils nur eine von mehreren gleichgestimmten Saiten anschlagen; der Ton wird dadurch abgeschwächt, manchmal in Richtung auf eine Art silbrigen Harfenklangs. Beim Pianino (vulgo: Klavier) werden mit dem zweiten Pedal die Hämmer in ihrer Ausgangslage näher an die Saiten gerückt, so daß die Anschlagskraft bei unverändertem Klangcharakter geringer wird. Spielt man auf einem Klavier, dessen Mechanik schwer anspricht, kann das zweite Pedal vor allem in den Bässen zu einem behutsameren Pianissimo verhelfen, auch wenn an sich »tre corde« vorgeschrieben sind.

Werktreue: Sollte bei jeder Wiedergabe eines musikalischen Werkes oberste Richtschnur sein, auch im häuslichen Kreise. Nur gehen die Meinungen über W. desto weiter auseinander, je älter die betreffende Musik ist, und für Dilettanten ist wirkliche W. ohnehin nur in Grenzen erreichbar. Wer unter Musikanten Streit anfangen will, findet zum Thema W. unerschöpflichen Stoff; recht hat er immer.

Xylophon: Für die Hausmusik Erwachsener wenig gebräuchliches Instrument, auch »hölzernes Gelächter« genannt.

Yorick: Name des Hofnarren, mit dessen Schädel sich Shakespeares Hamlet in der berühmten Totengräberszene zu Beginn des fünften Aktes unterhält. Narren und Musikanten sind bekanntlich seelenverwandt. Für sonstige musikalische Fachausdrücke ist das Y ein äußerst unergiebiger Buchstabe.

Zählen: Notwendiges Übel zur Bewahrung der Taktfestigkeit, besonders in langsamen Sätzen; sollte möglichst nicht laut geschehen, außer für die Festlegung des Tempos vor Satzbeginn (siehe auch → Einsatz). Auch das Z. mit der Fußspitze ist ein Schönheitsfehler, den sich die davon sehr häufig befallenen Dilettanten abgewöhnen sollten. Nichts wirkt auf distanziertere Hörer so komisch wie das angestrengte Miniballett ständig wippender Füße.

WERKVERZEICHNIS

Zur Einführung

Das folgende Verzeichnis von Kammermusikwerken mit Klavier ist nach Gattungen gegliedert und innerhalb der Gattung nach den Geburtsjahren der Komponisten historisch geordnet. Es erhebt keinen Anspruch auf Vollständigkeit, denn es enthält nur, was der Verfasser aus eigener begrenzter Erfahrung kennt. Natürlich hat er sich bemüht, die einschlägige Kammermusik der ganz großen Meister möglichst vollständig kennenzulernen, und die – vielfach zu Unrecht vernachlässigten – Werke weniger bekannter Komponisten zumindest in charakteristischer Auswahl. Dennoch scheiterte mancher vielversprechende Begegnungsversuch an Problemen der Besetzung, der Notenbeschaffung oder auch schlicht an technischem Unvermögen, an Zeitmangel fürs Üben, an Terminschwierigkeiten oder an vielfältigen Kombinationen all dieser Hindernisse, die jeder Eingeweihte nur zu gut kennt. Soweit dadurch Lücken geblieben sind, deren Ausfüllung für Hausmusikanten nützlich wäre, hofft sie der Verfasser für spätere Neuauflagen dieses Ratgebers vielleicht noch schließen zu können und wäre auch allen kundigen Lesern für diesbezügliche »Fehlanzeigen« dankbar.

Schon aus Raumgründen konnte die schier unendliche Duoliteratur für *ein* Melodieinstrument mit Klavier hier nicht aufgenommen werden. Für sie wäre (mindestens) ein eigener Band nötig, und es gibt dafür teilweise schon speziellere Verzeichnisse, auf die der Hausmusikfreund zurückgreifen kann. Verwiesen sei hierzu besonders auf die Repertoireangaben in Y. Menuhins Musikführern, die jetzt auch auf deutsch erschienen sind (Fischer TB). Streicher und Bläser kennen im übrigen die für sie spielbaren Sonaten und sonstigen »Piècen« mit Klavier meist schon aus ihrem Instrumentalunterricht, jedenfalls besser und vollständiger als die Werke von der Dreierbesetzung an aufwärts.

Auch in der Besetzung von Trio bis Sextett fehlen einige der selteneren Kombinationen, vor allem mit Bläsern und mit Streichern und Bläsern ge-

mischt. Vollständig berücksichtigt sind nur diejenigen Gattungen der Kla-
vier-Kammermusik, die in der klassischen und romantischen Literatur häufiger vorkommen und für die es sich auch praktisch lohnt, ein ständiges
Ensemble zum regelmäßigen häuslichen Musizieren zu bilden. Das sind
neben dem üblichen Klaviertrio (mit Violine und Violoncello) die Trios mit
Bratsche statt Cello, die Flöten- und Klarinettentrios (meist mit Cello, seltener mit Fagott oder Viola), das Klavierquartett (mit Streichtrio), das Klavierquintett (mit Streichquartett), sowie die größeren Besetzungen mit Kontrabaß, sei es als Quintett (mit Streichtrio) oder als Sextett (mit Streichquartett). In der Gruppe »Trio mit Viola« sind außerdem einige Sonderbesetzun-
gen untergebracht, bei denen an sich ein Blasinstrument wie Oboe oder Horn
mitwirkt, das aber auch durch die Violine oder durch die Bratsche ersetzt
werden kann.

Die Barockmusik und die ganz frühe Klassik (vor Haydn) blieben – von
wenigen Ausnahmen abgesehen – im wesentlichen unberücksichtigt; denn
hierzu kann auf das Buch von Bruno Aulich (Alte Musik für Liebhaber,
Artemis-Verlag, 3. Auflage, München 1981) verwiesen werden. Außerdem
läßt sich musikgeschichtlich eine einigermaßen vernünftige Trennungslinie
dort ziehen, wo das Hammerklavier sich gegenüber dem Cembalo durchzu-
setzen beginnt. Bearbeitungen wurden nur ausnahmsweise erfaßt, vor allem
dann, wenn sie vom Komponisten des Originalwerks selbst stammen oder
zumindest autorisiert sind.

Das Verzeichnis endet zeitlich etwa mit Pfitzner und Reger, weil hier meist
das Interesse und vor allem die Fähigkeiten selbst routinierter Laienmusikanten – spätestens – enden und weil sich der Verfasser bisher auch zu wenig
Überblick über die neuere Entwicklung der Kammermusik zutraut. Es ist
aber daran gedacht, das Buch später durch Hinweise auf die »gemäßigte
Moderne« zu erweitern, soweit sie für Hausmusik interessierter Liebhaber in
Betracht kommt.

Die knappen Angaben zu den einzelnen Werken sind durchwegs ebenso
subjektiv wie unwissenschaftlich, und sie sind selbstverständlich nicht als
erschöpfende Würdigungen gedacht. Sie sollen nur kleine Anhaltspunkte

und Hilfen bei der Auswahl bieten. Nicht selten beruhen sie auch auf ganz spontan geäußerten Einsichten und Meinungen der befreundeten Mitspieler oder Zuhörer, denen der Verfasser ohnehin für sehr viele Hinweise und Anregungen zu großem Dank verpflichtet ist.

Gelegentlich wurden auch die – seit langem vergriffenen – Handbücher für Klaviertrio-, -quartett- und -quintettspieler von Wilhelm Altmann (Wolfenbüttel 1934–37) zu Rate gezogen. Wer Auskunft über das nahezu vollständige ältere Repertoire und inzwischen ganz unbekannte Namen der Kammermusikgeschichte sucht, wird bei Altmann meist fündig, wenn auch seine Wertungen uns heute vielfach überholt erscheinen. Speziell »zur Geschichte des Klavierquartetts bis in die Romantik« gibt es eine vor allem bibliographisch wertvolle Monographie von Joseph Saam (Baden-Baden 1977).

Für modernere Werke, besonders aus dem anglo-amerikanischen Bereich, ist ergänzend auf den umfangreichen, auf Vollständigkeit angelegten Katalog von Maurice Hinson (The Piano in Chamber Ensemble, Hassocks/Sussex 1978) zu verweisen, der auch die Duoliteratur berücksichtigt und dabei kurze, stichwortartige Bemerkungen über die meisten Werke (aus rein pianistischer Sicht) und Angaben über das im Handel befindliche Notenmaterial bringt. Für das Gebiet der deutschen Spätromantik enthält er erhebliche Lücken, wahrscheinlich weil Noten aus dieser Zeit, soweit sie nicht wieder neu aufgelegt wurden, nur noch in wenigen Bibliotheken vorhanden sind.

Die beiden derzeit in Deutschland verbreiteten Kammermusikführer von Hans Renner u. a. (bei Reclam, Stuttgart 1959) und Otto Schumann (Wilhelmshaven 1956) wenden sich in erster Linie an den Konzertbesucher, gehen also auf die weniger bekannten, in öffentlichen Aufführungen selten oder nie vertretenen »Kleinmeister«, wenn überhaupt, nicht sehr gründlich ein. Der neugierige Dilettant begnügt sich nicht gern mit dem gängigen Spielplan der Veranstalter; hie und da kann er sich aber zumindest in älteren Nachschlagewerken dieser Art wie z. B. in Kretzschmars ausführlichem »Führer durch den Konzertsaal« (Die Kammermusik, Bd. I–IV, zuletzt bearbeitet von Hans Mersmann, Leipzig 1930–33) manche ergänzende Information holen.

Wer eine möglichst vollständige Übersicht darüber sucht, was die in dem folgenden Verzeichnis berücksichtigten Komponisten sonst noch an Kammermusik mit Klavier geschrieben haben, findet sie im alphabetischen Register am Schluß des Buches. Dieses Register soll bewußt dazu anregen, auch selbst noch dies oder jenes auszuprobieren, was dem Verfasser bisher nicht zugänglich war, und dabei vielleicht lohnende Entdeckungen zu machen. Die dortigen Angaben beruhen meist auf den Werkzusammenstellungen in den beiden großen Enzyklopädien »Musik in Geschichte und Gegenwart« (MGG, herausgegeben von Friedrich Blume, Kassel/Basel 1949–79) und »The New Grove Dictionary of Music and Musicians« (Herausgeber: Stanley Sadie, London 1980). Bei den – hierzulande oder überhaupt – weniger bekannten Komponisten sind einige biographische Stichworte und musikgeschichtliche Notizen hinzugefügt, freilich auch dies ohne wissenschaftlichen Forscherehrgeiz, sondern im wesentlichen fußend auf den gängigen Nachschlagewerken (MGG, Grove, Riemann).

Im übrigen sei auf den – in älteren Auflagen antiquarisch noch gelegentlich angebotenen – Kammermusik-Katalog von W. Altmann (6. Auflage, ergänzt bis 1944, Nachdruck o. J.) hingewiesen, der – nach Gattungen geordnet – eine sehr zuverlässige Zusammenstellung aller bis dahin und seit 1841 veröffentlichten Kammermusikwerke (einschließlich der Duosachen, ohne nähere Beschreibung) enthält. Der Katalog ist später noch von Joh. Fr. Richter bis in die fünziger Jahre fortgeführt worden (Leipzig 1960). Als interessante Fundgrube aus neuerer Zeit erweist sich auch der reichhaltige Chamber Music Catalogue des Britischen Rundfunks (London 1965), der nur einen Ausschnitt aus der enorm umfangreichen BBC Music Library bildet und manche Rarität besonders westeuropäischen Ursprungs verzeichnet.

TRIO

Joseph Haydn (*1732–1809*)

Nach den neuesten Forschungsergebnissen hat Haydn insgesamt 45 Klaviertrios geschrieben, von denen zwei verlorengegangen sind (Hob. XV: 33 und
D 1) und eines der frühesten nicht einmal im Hoboken-Katalog verzeichnet
ist (in der neuen kritischen Gesamtausgabe von H. C. Robbins Landon bei
Doblinger die Nr. 15, D-Dur). Zwei Trios (Hob. XV: 3 und 4) sind fälschli-
cherweise unter Haydns Namen veröffentlicht worden; sie stammen in
Wahrheit von seinem Schüler Ignaz Pleyel (siehe Seite 63). Etwa zwei Drittel
der Trios, zumeist die aus den späteren Jahren 1784 bis 1796, sind in den
gängigen Ausgaben enthalten und gehören zum wertvollsten Besitz aller
triobegeisterten Hausmusikanten, besonders wenn zu ihnen ein gutwilliger
Cellist gehört, der sich mit seinem technisch nicht sehr anspruchsvollen Part
wenigstens zum Einspielen begnügt. Der Pianist ist vergleichsweise am meisten gefordert, aber auch der Geiger muß ihm guten Widerpart leisten
können. Wie herrlich inspiriert man diese Musik spielen kann, läßt sich aus
der Gesamtaufnahme mit dem Beaux-Arts-Trio (von Philips) erlauschen.
Die schnellen Sätze braucht man aber nicht unbedingt alle mit so atemberau-
bender Virtuosität »hinzulegen« – damit trösten sich jedenfalls selbstbewuß-
te Dilettanten, deren Geläufigkeit ihre Grenzen hat.

Eine gesonderte Herausstellung jedes einzelnen Werkes würde zu weit
führen und ist schon aus Raumgründen nicht möglich. Man kann aber stilistisch und zeitlich mit einiger Sicherheit drei Gruppen von Trios unterschei-
den, die hier jeweils zusammenfassend aufgeführt werden sollen; dabei folgen wir der (im Entstehen begriffenen) Urtextveröffentlichung von Wolfgang Stockmeier im Rahmen der neuen Haydn-Gesamtausgabe des Henle-
Verlages bzw. der bereits erwähnten Ausgabe von H. C. R. Landon bei
Doblinger. Zum leichteren Zurechtfinden ist eine Konkordanz der verbreite-

ten praktischen Ausgaben (von Friedrich Hermann bei Peters und Ferdinand David bei Breitkopf & Härtel) hinzugefügt.

Hob.-Verz.	Tonart	Henle	Doblinger	Peters	B & H
XV: 36	Es	XVII/1, 1	12	–	–
C 1	C	13	2	–	–
37	F	31	1	–	–
38	B	45	13	–	–
34	E	57	11	–	–
f 1	f	67	14	–	–
41	G	81	7	–	–
40	F	97	6	–	–
1	g	109	5	XIX	16
35	A	123	10	–	–
2	F	141	17	XXVI	25
39	F	–	4	–	–
–	D	–	15	–	–
XIV: C 1	C	–	16	–	–
(XVI) 6	G	–	3	–	–

Es handelt sich bei diesen ersten Trios, zumeist um 1760 oder früher entstanden, im wesentlichen um begleitete Klaviersonaten, gelegentlich »Divertimenti« genannt, die als Tasteninstrument noch das Cembalo voraussetzen und zum Teil auch ohne Cellostimme überliefert sind; in Hob. XV: 36 (Es-Dur) ist der Klavierpart sogar stellenweise nach alter Art der Barockmusik als Generalbaß notiert. Das Trio in A-Dur (Hob. XV: 35) wird, wohl nach dem charakteristischen Passagenwerk des Kopfsatzes, in zeitgenössischen Abschriften auch als »Capriccio« bezeichnet und scheint bei den auffälligen Modulationen im Finale von Georg Christoph Wagenseil beeinflußt, dem der junge Haydn wichtige Anregungen verdankte. Die drei Sätze des E-Dur-Trios (Hob. XV: 34) hat Haydn auch in einer Bläser-Serenade verwendet. Ein Trio in C-Dur (Hob. XV: C 1) gibt es auch in einer Quartettfassung (mit 2 V, Vc) und das in F-Dur Hob. XV: 40 ebenso als »Concerto«, jedoch mit einem anderen Mittelsatz (Hob. XVIII: 7). Als frühes Meisterwerk, das Haydn bezeichnenderweise selbst für wert hielt, in seine »Œuvres complètes« aufgenommen zu werden, gilt das Trio in g-Moll (Hob. XV: 1); hier sind die zahlreichen Verzierungen sicherlich noch im Sinne der umständlich barocken »Manieren« gemeint, auch wenn man vielleicht manche – auf dem modernen Klavier als zu aufdringlich empfunden – besser wegläßt. Das F-Dur-Trio (Hob. XV: 2) ist die späte Bearbeitung einer früheren, um 1772 veröffentlichten Sonate für Cembalo und Baryton, einem damals verbreiteten Streichinstrument mit Resonanzsaiten (die man auch mit dem Daumen anreißen konnte). Im Finale empfiehlt es sich, das Adagio-Thema nach der Schlußvariation zu wiederholen, um den Satz mit diesem Dakapo – wie damals weithin üblich – besser abzurunden.

Hob.-Verz.	Tonart	Henle	Doblinger	Peters	B & H
XV: 5	G	XVII/2, 1	18	XXVIII	28
6	F	22	19	XXV	23
7	D	39	20	X	21
8	B	55	21	XXIV	22
9	A	73	22	XV	9
10	Es	88	23	XX	17
11	Es	106	24	XVI	11
12	e	124	25	VII	10
13	c	148	26	XIV	8
14	As	169	27	XI	24
16	D	195	28	XXX	30
15	G	220	29	XXXI	31
17	F	245	30	XXIX	29

Diese Trios der mittleren Schaffensperiode sind zwischen 1784 und 1790 entstanden. Sie zeigen ebenfalls eine bemerkenswerte Freiheit in der Satzfolge ohne strengen Formenkanon und bestehen häufig überhaupt nur aus zwei Sätzen. Anscheinend sind sie damals schon vorwiegend für Liebhaberkreise auf Bestellung geschrieben und von den Verlegern (z. B. Artaria, Wien; Forster, London) für damalige Verhältnisse nicht schlecht honoriert worden;

TRIO pour le Clavecin ou Piano-Forte avec Accompagnement d'un Violon et Violoncelle — Composé — par JOSEPH HAYDN. Oeuvre 80. A Vienne chez Artaria et Compagnie.

ihre große Popularität läßt sich an mancherlei zeitgenössischen Bearbeitungen ablesen (z. B. des Es-Dur-Trios Hob. XV: 10 als Streichquartett, des Menuetts aus dem F-Dur-Trio Hob. XV: 6 für Singstimme und Klavier). Im A-Dur-Trio (Hob. XV: 9) wird die Cellostimme erstmals an einigen Stellen abweichend vom Klavierbaß gemeinsam mit der Violine selbständig geführt. In dieser Zeit scheint sich Haydn mehr und mehr dem Hammerklavier zugewandt zu haben, auch wenn die Bezeichnung »(Clavi-)Cembalo« immer noch vorherrscht. Jedenfalls die drei Trios Hob. XV: 11 bis 13 sind bereits eindeutig für das modernere Klavier, nämlich an einem neuen Hammerflügel von Wenzel Schanz komponiert (Haydn schreibt darüber an seinen Verleger). Das wegen seiner seltenen Tonart As-Dur und der verwegenen, schon fast romantisch anmutenden Modulationen in abgelegene Tonarten reizvolle Trio Hob. XV: 14 ist wohl der musikalische Höhepunkt dieser Werkgruppe; bei einer Aufführung im April 1792 in London spielte übrigens der damals dreizehnjährige Johann Nepomuk Hummel den Klavierpart. Wahlweise für

Hob.-Verz.	Tonart	Henle	Doblinger	Peters	B & H
XV: 32	G	–	31	–	–
18	A	–	32	XIII	7
19	g	–	33	XVII	14
20	B	–	34	IX	13
21	C	–	35	XXI	18
22	Es	–	36	XXIII	20
23	d	–	37	XXII	19
24	D	–	38	VI	6
25	G	–	39	I	1
26	fis	–	40	II	2
31	es	–	41	XVIII	15
30	Es	–	42	VIII	12
27	C	–	43	III	3
28	E	–	44	IV	4
29	Es	–	45	V	5

Flöte statt Violine sind die drei – im musikalischen Gehalt eher harm-
losen – Trios Hob. XV: 15 bis 17 gedacht (vgl. dazu unter »Trio mit Flöte«,
Seite 122).

Diese letzte Gruppe umfaßt die sogenannten »Londoner Trios«, die Haydn
etwa um die Zeit seines zweiten Aufenthalts in London zwischen 1793/94
und 1796 komponiert hat. Darunter befinden sich die bekanntesten, die auch
gelegentlich im Konzertsaal zu hören sind, so das besonders populäre G-
Dur-Trio Hob. XV: 25 mit seinem mitreißenden Rondo all'ongarese, dem
aber z. B. das in Es-Dur (Hob. XV: 29) mit seiner rhythmisch vertrackten
Presto-Allemande als Finale an Brillanz (und Schwierigkeit für den Pianisten
wie im Zusammenspiel!) in nichts nachsteht. Gewagte Modulationen,
Schein-Reprisen in abseitigen Durchführungs-Tonarten, sehr freie Satzzu-
sammenstellungen und eine zunehmend selbständigere Behandlung auch des
Celloparts charakterisieren einen Großteil dieser reifen Meisterwerke, die
zum bloßen Durchspielen eigentlich zu schade sind, vielmehr in ihren Feinheiten intensiv studiert sein wollen. Wichtig sind möglichst schwerelose
Spielfreude, rhythmische Präzision und dynamische Flexibilität, wobei die
Angaben dazu in den älteren praktischen Ausgaben oft recht unzulänglich
sind und nicht unkritisch übernommen werden sollten. Ähnlich wie »stillver-
gnügte Streichquartette« mit ihrem Haydn nie zu Ende kommen, wird auch
ein wohltemperiertes Klaviertrio – wenn es so lange beisammen bleibt – von
diesen Werken sicher ein Leben lang zehren. Es kann bei »Papa Haydn«
(wie er zuweilen immer noch – unsinnigerweise – genannt wird) stets neue
Entdeckungen machen und findet vielfach eine erstaunlich revolutionäre, oft
an den mittleren Beethoven erinnernde Harmonik, dazu einen melodischen
Erfindungsreichtum sondergleichen und besonders in den raschen Schlußsätzen eine motivische Spitzbübigkeit, die einfach unendlichen Spaß macht.

Johann Baptist Wanhal (*1739–1813*)

Thema mit Variationen A-Dur
Andante – Adagio – Allegro

Ein kleines, hauptsächlich für den Klavierspieler dankbares Variationenwerk der Frühklassik, das 1969 in Prag wieder neu aufgelegt wurde. Die beiden Streicher haben einen sehr leichten Part und verstärken meist nur die reich ausgezierte Klavierstimme oder werden von ihr umspielt. Variation 5 steht in a-Moll, die vorletzte ist – wie zu dieser Zeit üblich – ein langsamer Satz, die achte bildet mit Wechsel in den Dreiertakt ein hurtiges Allegro-Finale. Geeignet für Hausmusik in der Familie, wenn Mutti oder Vati mit den vielversprechenden Sprößlingen, die Geige und Cello lernen, erste gemeinsame Spielversuche machen wollen.

Leopold Anton Koželuch (*1747–1818*)

op. 12   Nr. 1   Sonate B-Dur
            Allegro – Adagio (Es) – Giga: Prestissimo
         Nr. 2   Sonate A-Dur
            Allegretto – Adagio (D) – Allegro
         Nr. 3   Sonate g-Moll
            Allegro – Adagio (G) – Allegro

Einfallsreiche, musikantische Stücke der klassischen Wiener Schule mit teilweise volkstümlich-naiven Melodien oder auch formelhaft wirkenden sinfonischen Themen, in weiten Bereichen eher vom Typ der begleiteten Klaviersonate wie beim frühen Mozart. Nicht nur die langsamen Mittelsätze, sondern auch die tänzerischen Finali sind in der Form A-B-A komponiert. Der Herausgeber der in den fünfziger Jahren erschienenen Neuausgaben (H. Albrecht) weist mit Recht darauf hin, daß diesen Trios wohl meist behäbigere Tempi angemessen sind, damit die Kantilenen nicht verhetzt werden, und daß auch der Klavierist »singen« können sollte. In der B-Dur-Sonate muß aber nicht nur das Finale recht lebhaft genommen werden, sondern auch das Adagio, dem Alla-breve-Takt entsprechend, so flüssig, daß die Zweiunddreißigstelfiguren im Klavier gerade noch als melodische Linien spielbar bleiben. Lohnende, technisch wenig heikle Einspielstücke an einem Trioabend, wenn man z. B. vergessen hat, sich vorweg auf einen bestimmten Haydn zu einigen.

Wolfgang Amadeus Mozart (*1756–1791*)

KV 10–15 Sechs Sonaten
B-Dur, G-Dur, A-Dur, F-Dur, C-Dur, B-Dur

Diese Talentproben des damals achtjährigen Wolfgangerl sind der Königin von England, Sophie-Charlotte, geb. Prinzessin von Mecklenburg-Strelitz »auf ihr selbst verlangen« gewidmet und brachten den Mozarts immerhin 50 Guinées ein. Sie sind im Manuskript nicht erhalten, nur gedruckt überliefert, und zwar einmal als reine Violinsonaten (auch mit Flöte zu spielen), zum anderen in einer Ausgabe mit Cello als Baßverstärkung. In dieser Triofassung sind sie jetzt auch in die neue, bei Bärenreiter erscheinende Mozart-Gesamtausgabe eingegangen. Der Cellist wird sich hier besonders überflüssig vorkommen, ähnlich wie noch in dem späteren »Divertimento« KV 254. Für echte Triofreunde also nichts zum Sattwerden.

KV 254 Divertimento B-Dur
Allegro assai – Adagio (Es) – Rondo/Tempo di Menuetto

Eher eine Violinsonate, bei der aber auch die Geige häufig nur begleitende Funktion hat. Als Mozart das Trio im Herbst 1777 in München gespielt hatte, mokierte er sich brieflich über den Geiger: »Das war gar schön accompagniert, im Adagio habe ich 6 Täct seine Rolle spiellen müssen.« Ein selbstbewußter Cellist von heute ist für dieses früheste aller eigentlichen Mozart-Trios, geschrieben mit 20 Jahren kurz nach der Haffner-Serenade, jedenfalls kaum zu begeistern, da seine Stimme fast immer dem Klavierbaß folgt und vor allem in den Ecksätzen oft nur recht eintöniges Schrumm-Schrumm verlangt.

KV 496   G-Dur
                Allegro – Andante (C) – Allegretto

Die Ecksätze haben weithin noch den Charakter einer frühklassischen Violinsonate, aber in der Durchführung des Allegro, im Andante wie auch in einigen der sechs Variationen des Finales tritt nun das Cello durchaus mit eigenen Beiträgen gleichberechtigt auf, besonders mit seinem »Espressivo« in der ernsten, ja leidenschaftlichen G-Moll-Variation, die einen streng vierstimmigen Satz aufweist und in der Coda nochmals in Dur aufgenommen wird, um die zentrale Bedeutung dieses kontrapunktischen Gedankens zu unterstreichen. Nicht umsonst hat sich Beethoven eine Studienkopie gerade von dieser Variation gemacht.

KV 502   B-Dur
                Allegro – Larghetto (Es) – Allegretto

Dieses Trio hat festlich-strahlenden, konzertartigen Charakter und stellt bei aller dominierenden Brillanz des Klavierparts doch auch für beide Streicher sehr dankbare Aufgaben, weil es die meisten Motive kontrapunktisch verarbeitet und das Streicher-Duo dem Klavier häufig gemeinsam als kräftigen Widerpart gegenüberstellt. Vorsicht: Der Beginn des 2. Themas im Kopfsatz ist im Zusammenspiel nicht leicht, ebenso die kanonischen Engführungen von Teilen des Hauptthemas im Finale. Die Tempi frisch, aber nicht zu schnell nehmen!

KV 542   E-Dur
                Allegro – Andante grazioso (A) – Allegro

Ein trotz weitgeschwungener Melodiebögen sehr konzentriert wirkendes Werk in der bei Mozart seltenen Tonart E-Dur, vielleicht das heikelste von

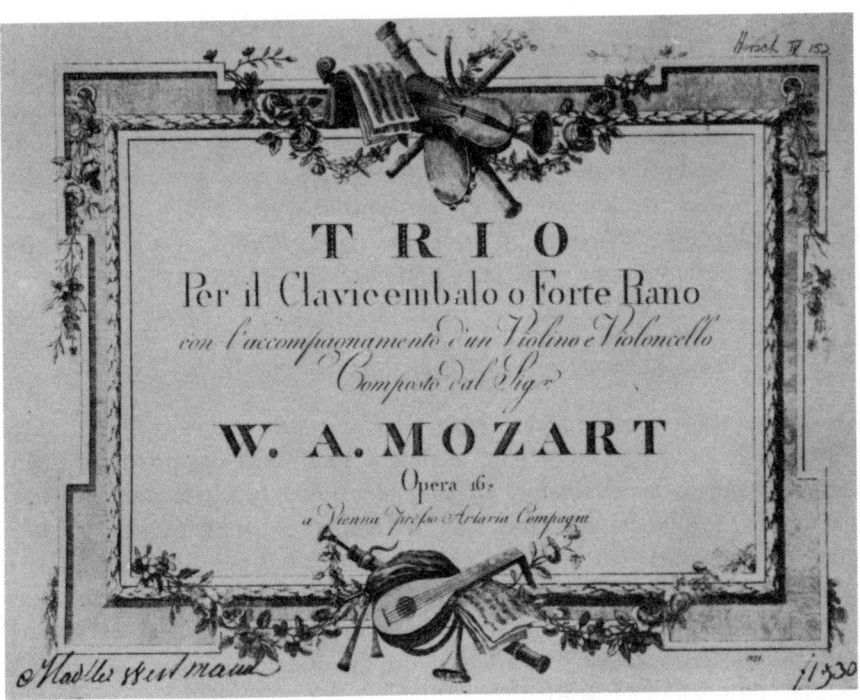

allen seinen Trios, nicht nur wegen des (bei Dilettanten nicht sehr geschätzten) »Friedhofs« der vielen Kreuze, sondern auch im Zusammenspiel. Wenn
der Cellist im Finale das hohe Cis im Tenorschlüssel auf Anhieb trifft, kann
er stolz sein und ist gewiß zu Höherem berufen. Als Schlußsatz war ursprünglich ein anderes Stück im $^6/_8$-Takt geplant, das nur als Fragment erhalten ist.

KV 548   C-Dur
Allegro – Andante cantabile (F) – Allegro

Dem B-Dur-Trio KV 502 verwandt ist dieses Werk in seiner (besonders im Klavier) virtuosen Spielfreude. Wichtig sind ausgeklügelte Fingersätze, z. B. beim Schlußgedanken des Kopfsatzes, wo die Arpeggien ohne hörbare Unterbrechung durchlaufen müssen, ebenso wie die Skalensequenzen im Finale. Der langsame Satz ist schwer im Zusammenspiel; da hilft nur ruhiges Durchhalten des Grundtempos im Klavier und eisernes Zählen.

KV 564   G-Dur
Allegro – Andante (C) – Allegretto

Eigentlich »nur« eine umgearbeitete Klaviersonate, aber gleichwohl unter Hausmusikfreunden sehr beliebt, vielleicht auch sonst das populärste Mozart-Trio wegen des besonders eingängigen, heiter-beschwingten Siziliano-Themas im Rondo-Finale. Auch das $^3/_8$-Andante mit seinen sechs Variationen, das man nicht zu langsam beginnen darf, hat bei aller besinnlichen Schlichtheit etwas Tänzerisches und zeigt Mozart auf der Höhe auch seiner kontrapunktischen Kunst. Im spielerisch-hurtigen Kopfsatz ist es wichtig, daß die zwischen Klavier und Geige durchlaufenden Sechzehntel jeweils nahtlos aufgenommen werden.

KV 442   Drei Satzfragmente (»Trio Nr. 8«), ergänzt von Abbé Maximilian Stadler (1748–1833)
Allegro (d) – Tempo di Minuetto (G) – Allegro (D)

Es handelt sich um eine aus verschiedenen nachgelassenen Entwürfen Mozarts zusammengestellte »Komposition« des Abbé Stadler, der – nicht zu verwechseln mit dem Klarinettisten Anton Stadler – mit Mozart nur flüchtig bekannt war und nach dessen Tod nicht unbedingt den Ehrgeiz hatte, die Sätze möglichst einfühlsam und stilgetreu zu ergänzen. Die Neuherausgabe von Karl Marguerre (Edition Breitkopf) versucht, dem »echten« Mozart ein Stück näher zu kommen, indem sie die Zutaten Stadlers nur teilweise und mit erheblichen Modifikationen übernimmt. Nach der Quellenlage kann vor allem das D-Dur-Allegro mit nur geringfügigen Interpolationen als weitgehend authentisch angesehen werden, und nach Faktur und Klangbild haben wir es hier vermutlich – im Gegensatz zu den beiden ersten, weniger bedeutenden Sätzen – mit einem Werkentwurf aus der späteren Zeit reifer Meisterschaft zu tun.

Joseph Martin Kraus (*1756–1792*)

D-Dur
Allegro moderato – Largo, ma poco con moto (A) – Ghiribizzo: Allegro

Heikel wie Mozart, nur weniger reich in der musikalischen Entwicklung und Verbindung der an sich hübschen Einfälle, so daß die Durchsichtigkeit hie und da etwas an Fadenscheinigkeit grenzt. Viele Unisoni und Tasto-solo-Stellen im Klavier gehen noch deutlich auf die Mannheimer Schule zurück. Außerdem sind die Streicher nicht sehr erbaut, daß das Klavier nicht nur durchwegs das meiste zu sagen, sondern im langsamen Satz und im Finale auch noch allein das letzte Wort hat. Dabei liegt der Klaviersatz z. B. mit seinen ungewöhnlichen Tonrepetitionen in den Begleitfiguren und den noch aus der Cembalo-Tradition stammenden Verzierungen nicht sehr gut in den Händen. Der originelle Schlußsatz, dessen Überschrift so viel wie »Schrulle, Laune, toller Einfall« bedeutet, erinnert in seiner munter-spritzigen Art an Haydn und muß recht lebhaft genommen werden, was aber auch im Tempo kein Prestissimo, sondern nur ein gemäßigtes Vivace voraussetzt, damit die Feinheiten der Artikulation nicht untergehen.

Paul Wranitzky (*1756–1808*)

G-Dur
Allegro brillante – Andante un poco mosso (C) – Rondo: Allegro non troppo

Unlängst in Prag neu herausgegeben, leider ohne Opuszahl oder sonstige
Quellenangaben und daher für musikologische Anfänger nicht näher zu
identifizieren. Es handelt sich um problemlos-gefällige, frisch anzupackende
Spielmusik nach Art des frühen Haydn; manche »Manieren« (Triller, Vor-
und Doppelschläge) sind noch barockes Erbe, ebenso die rauschenden Zwei-
unddreißigstel-Akkordbrechungen des Klaviers bei dem H-Dur-Höhepunkt
im Finale, die noch ganz vom Cembalo her zu verstehen sind und keinesfalls
zu sehr gedonnert werden dürfen. Das Cello ist, ähnlich wie bei Gyrowetz,
häufig recht hoch als »zweite Stimme« zu den Melodien der Violine geführt.
Die Geige läßt sich übrigens ohne weiteres und für die Farbigkeit des
Klanges sogar mit Gewinn durch eine Querflöte ersetzen; bei den wenigen
Doppelgriffen kann das Klavier die unteren Töne leicht mit übernehmen.

Johann August Sixt (*1757–1797*)

op. 8   Drei Sonaten
           D-Dur, G-Dur, Es-Dur

Nicht gerade aufregende, aber gefällige Klassik, in der thematischen Erfindung konventionell, wobei aber die Entwicklung stellenweise zu ganz interessanten polyphonen Wendungen führt, die noch an die barocke Triosonate
erinnern. Daß es sich bei Sixt um einen »Genius« handele, »der an Mozart
und manchmal noch eindringlicher an Beethoven gemahnt oder auch an
Schubert« (wie der Entdecker und Herausgeber dieser dreisätzigen Werke in
den dreißiger Jahren meinte), fanden wir denn doch etwas übertrieben.
Allerdings ist die Cellostimme bereits stark verselbständigt; trotzdem dominiert gegenüber beiden Streichern eindeutig das Klavier und ist zumindest

»vorlaut« in dem Sinne, daß es die Themen regelmäßig erst einmal solistisch vorstellt. Der Hauptgedanke im Andante des G-Dur-Trios scheint dem beherrschenden Motiv im Kopfsatz von Mozarts Kegelstatt-Trio zu entsprechen, aber es fehlt an einer auch nur entfernt vergleichbaren, tiefer lotenden Durchführung. Immerhin für Hausmusikanten, die in jeder Beziehung leichte Kost suchen, »zur Gemüths Ergoezung« durchaus geeignet und empfehlenswert.

Ignaz Pleyel (*1757–1831*)

Hob. XV: 3   C-Dur
              Adagio/Allegro – Rondo: Andante/Adagio ma non troppo/Allegro

Hob. XV: 4   F-Dur
              Allegro con brio – Andante (B) – Rondo: Allegro

Während das Trio in C-Dur recht simpel und streckenweise hölzern wirkt, kann man verstehen, daß das reizvollere F-Dur-Trio lange Zeit unangefochten unter falscher Flagge segelte, nachdem Haydn diese Arbeiten seines begabten Schülers aus heute nicht mehr feststellbaren Gründen dem Londoner Verleger Forster als eigene Werke angeboten hatte. In den älteren Ausgaben sind sie – teilweise schon mit Echtheitsfragezeichen – noch unter den Haydn-Trios veröffentlicht (Peters Nrn. XII, XXVII; Breitkopf Nrn. 26, 27; die Henle-Urtextrevision verbannt sie bereits in den Anhang). Bei beiden Werken handelt es sich ursprünglich um reine Violinsonaten; die Cellostimme wurde wohl erst später (vielleicht von Haydn selbst) hinzugefügt. Hübsche, spielfreudige Gebrauchsmusik ohne technische und musikalische Probleme.

Josef Jelinek (*1758–1825*)

op. 10   Es-Dur
Allegro – Romanze: Adagio (B) – Menuetto (B) – Rondo: Allegretto

Erinnert besonders im Finale an die »Wiener Sonatinen« und manche Blä-
ser-Divertimenti von Mozart. Die Themen – teilweise auch vom Cello vorgetragen – sind gefällig und abwechslungsreich, werden aber recht konventionell aneinandergereiht und zwischen Dur und Moll hin- und hergewendet.
Der Klaviersatz ist für die Zeit erstaunlich füllig mit vielen Terzengängen
und mehrstufigen Akkorden; daher Vorsicht mit Lautstärke und Pedal, und
im Baß lieber ein paar Zwischentöne weglassen! Das Rondo darf man nicht
zu rasch beginnen, damit die Geige mit ihren schon fast virtuosen Spielfiguren bis hin zu den Zweiunddreißigsteln in der Coda noch zurechtkommt.

Adalbert Gyrowetz (*1763–1850*)

Sonate F-Dur
Allegro moderato – Andante con moto – Rondo

Ein lohnendes, auch harmonisch abwechslungsreiches Trio von rein klassischem Bau, keine Dutzendware. Manche Wendung könnte Mozart nicht
besser eingefallen sein; allerdings fehlt jede polyphone Verflechtung der
Stimmen. Das Cello verstärkt nicht nur den Klavierbaß, sondern wird z. B.
bei den Seitenthemen der ersten beiden Sätze im Dezimenabstand zur Geige
geführt, was mit den Begleitfiguren im Klavier eine reizvolle, liedartige
Wirkung ergibt. Technisch problemlos und daher gerade für Hausmusik und
zum Einspielen sehr geeignet.

op. 34   F-Dur
Allegro moderato – Andante (C) – Allegro
C-Dur
Allegro – Andante (C) – Allegro

A-Dur
Allegro – Larghetto (D) – Allegretto

Diese drei »Sonaten« sind einer Komteß Françoise von Fünfkirchen (dem heutigen Pécs in Ungarn) gewidmet; Gyrowetz war in seiner Jugend eine Zeitlang Sekretär des dortigen besonders musikliebenden Grafen Franz, wohl ihres Vaters, dessen Diener und Beamte sämtlich Musiker waren und zusammen ein ganzes Orchester auf die Beine stellen konnten. Gefällige, sehr solide komponierte Musik im rein klassischen Stil zwischen Haydn und Mozart, freilich ohne Haydns Pfiffigkeit und Mozarts Tiefe. Das Cello wird besonders in den langsamen Sätzen mit eigenen Kantilenen recht dankbar bedacht. Für Hausmusikanten allemal eine Ausgrabung wert, zumal die Geige ausdrücklich auch durch Querflöte ersetzt werden kann.

Ludwig van Beethoven (*1770–1827*)

op. 1   Nr. 1 Es-Dur
                 Allegro – Adagio cantabile (As) – Scherzo: Allegro assai –
                 Finale: Presto

            Nr. 2 G-Dur
                 Adagio/Allegro vivace – Largo con espressione (E) – Scherzo:
                 Allegro – Finale: Presto

            Nr. 3 c-Moll
                 Allegro con brio – Andante cantabile con Variazioni (Es) –
                 Menuetto: Quasi Allegro – Finale: Prestissimo

Bereits mit diesen frühen Klaviertrios hat Beethoven die Gattung um vieles bereichert: Die klassische Form wird geweitet, das Scherzo als vierter Satz im raschen Dreiertakt hinzugefügt, die Instrumente – auch das Cello – sind vollkommen selbständig geführt, ihr Dialog erhält subjektiv-individuelle Züge, die auch mehr als bisher interpretatorischen Spielraum lassen. So gehören denn auch diese drei Werke zum »liebsten Spielzeug« aller Hausmusikanten, zumal sie ihnen zwar einzelne Probleme bieten (besonders in den Schlußsätzen, wenn man sie im richtigen Tempo machen will!), insgesamt aber technisch nicht allzu schwer sind. Das erste führt bei uns den Beinamen »Meerschweinchen-Trio«, weil am Ende des Finales der überraschte Geiger beim hohen G zur allgemeinen Erheiterung meist nur entsprechende Fieps-Töne hervorbringt. Das E-Dur-Largo im zweiten Trio hat schon fast Schubert'sche Maße; hier kann vor allem der Pianist schwelgen, wenn ihm Anschlagskultur etwas bedeutet – ein besonders dankbarer Satz für »Adagio-Virtuosen«. Das dritte Trio, von dem Haydn so befremdet war, daß er von einer Veröffentlichung abriet, bringt (nicht nur der Tonart wegen) bereits deutliche Hinweise auf die »Sonate pathétique« und das c-Moll-Klavierkonzert und führt noch ein Stück weiter weg von Mozarts Spielfreude und gleichsam göttlicher Abgeklärtheit ins Heroische und Dämonische menschlicher Leidenschaft, auch in Moll-Variation und Coda des sonst ruhig-gefaßten Andante. Im Menuett kann man entweder den gemessenen Tanzcharakter oder das heftige Scherzo-Zeitmaß betonen. Die Ecksätze jedenfalls verlangen viel untergründig treibende Unruhe, ohne daß sich die Dynamik in Lautstärke erschöpfen darf.

op. 70 Nr. 1 D-Dur (»Geistertrio«)
Allegro vivace e con brio – Largo assai e espressivo (d) – Presto

Nr. 2 Es-Dur
Poco sostenuto/Allegro ma non troppo – Allegretto (C) – Allegretto ma non troppo (As) – Finale: Allegro

Nach ihrer Entstehungszeit stehen diese Trios zwischen Pastoralsymphonie und dem 5. Klavierkonzert. Sie gehören sicher zu den reifsten Werken der mittleren Schaffensperiode und zeigen bereits die ganze Meisterschaft der motivischen Entwicklung und Fortspinnung oft kleinster Themenelemente zu neuen musikalischen Gedanken. Die intensive Verflechtung der Stimmen macht das Zusammenspiel nicht leicht (berühmte Klippe: die Durchführung des Kopfsatzes von Nr. 1 bei E in der Peters-Ausgabe!); technisch kommt es an vielen Stellen darauf an, schnell und doch nicht hölzern-laut zu spielen.

Das gilt besonders auch für die Vierundsechzigstel-Tremoli und Trillerketten des Klaviers im Largo des (danach benannten) »Geistertrios«, die den fahlen Klang der Streicher ebenso unwirklich untermalen und nicht etwa zudecken dürfen. Das in der Grundstimmung freundlichere Es-Dur-Trio ist im Konzertsaal weit seltener zu hören als das in der Form knappere und konzentriertere, auch brillantere in D-Dur; ein Grund mehr, daß Hausmusikanten sich seiner mit Vorliebe annehmen, zumal die mäßigeren Tempi sie dazu einladen. Das Finale muß allerdings schon seiner Länge wegen frisch begonnen und zügig durchgehalten werden.

op. 97   B-Dur
Allegro moderato – Scherzo: Allegro – Andante cantabile, ma però con moto (D) – Allegro moderato

Unter Kennern heißt das Werk schlicht »Erzherzog-Trio« oder »das große B-Dur«. Erzherzog Rudolph von Österreich, dem es neben vielen anderen Werken Beethovens gewidmet ist, war dessen Klavier- und Kompositions-schüler, und als »Grand Trio« ist es mit Recht bereits in einer frühen Londoner Ausgabe bezeichnet worden. Es sprengt schon seinem äußeren Umfang nach den bis dahin gewohnten Rahmen der Gattung und hat in der Form fast symphonische Breite. Das Klavier wird vielfach konzertant heraus-gestellt, vor allem in den Ecksätzen, die deshalb dem dilettierenden Klavier-freund auch nur bei wirklich »moderatem« Allegro-Tempo (etwa wie bei dem Konzertmitschnitt mit Mieczyslaw Horszowski, Sandor Végh und Pablo Casals aus dem Bonner Beethoven-Haus) leidlich zu gelingen pflegen. Das Scherzo allerdings sollte (trotz der unangenehmen Pralltriller!) nicht bloß als höfisch-gesitteter Tanz daherkommen, sondern ist von drängender Unruhe geprägt, was z. B. bei der chromatisch aufsteigenden Wellenbewegung be-sonders deutlich wird. Auch das Andante, ein verkappter Variationensatz, darf nicht zu langsam, sondern muß fließend-bewegt genommen werden, zumal Beethoven bei der späteren Zweiunddreißigstel-Umspielung im Kla-vier ausdrücklich mit »poco più adagio« eine leichte Zurücknahme des flüssigen Tempos zuläßt.

WoO 38   Es-Dur
Allegro moderato – Scherzo: Allegro ma non troppo – Rondo: Allegretto

Nach einer frühen, nicht unglaubwürdigen Quelle war dieses Werk ursprüng-lich zu den drei Trios op. 1 bestimmt, wurde aber von Beethoven als zu schwach weggelassen. In der Tat ist dieses erst postum veröffentlichte Opus ohne Opuszahl noch auf weite Strecken von konventionell-formelhafter Spielfreude geprägt und vergleichsweise wenig charakteristisch. Ein unkun-diger Hörer könnte auf Mozart tippen. Für Hausmusikanten jedenfalls durchaus lohnend und technisch nicht zu schwer.

WoO 39   B-Dur
               Allegretto

Das »kleine B-Dur« hat Beethoven für seine »kleine Freundin Maxe Brentano zu ihrer Aufmunterung im Klavierspielen« geschrieben. Die damals zehnjährige Maximiliane, in Frankfurt am Main geboren, war eine Nichte von
Bettina und Clemens Brentano; ihre Eltern waren mit Beethoven befreundet. Es handelt sich also nicht etwa um ein Fragment, sondern um einen
selbständig gedachten Triosatz aus der Zeit, in der sich auch in anderen
Werken (wie z. B. bei der Violinsonate op. 96 in G-Dur) die Form ganz
knapp auf das Wesentliche konzentriert und jede Weitschweifigkeit vermei-
det. Allerdings ist der Klaviersatz für die kleinen Hände der Widmungsemp-
fängerin deutlich einfacher gehalten als etwa in den Klaviersonaten der
gleichen Schaffensperiode; ein Grund mehr, daß Hausmusikanten zum Einspielen oder als leicht zu bewältigenden Ausklang gern auf dieses schöne und
inhaltlich gar nicht so kleine Werk zurückgreifen.

op. 44   Vierzehn Variationen Es-Dur
               Thema: Andante – Var. VII: Largo (es) – Var. VIII: Un poco adagio –
               Var. XIII: Adagio (es) – Var. XIV: Allegro/Andante/Presto
op. 121 a Zehn Variationen G-Dur (»Schneider Kakadu«)
               Introduzione: Adagio assai (g) – Thema: Allegretto – Var. IX: Adagio
               espressivo (g) – Var. X: Presto/Allegretto

Von frühester Jugend an hat sich Beethoven viel mit Variationen, oft über
fremde Themen, befaßt. Manches blieb zu seinen Lebzeiten unveröffentlicht,
zumindest sind zahlreiche Variationenwerke – so auch die beiden für Klaviertrio komponierten – nicht genau zu datieren. Das Es-Dur-Werk zeigt
durchaus schon persönliche Züge in Richtung auf die später entwickelte
»Charaktervariation« (ähnlich etwa den Variationen über Mozart'sche Themen für Cello und Klavier, deren Entstehungszeit um 1800 vermutet wird);
aber die meisten Veränderungen fügen sich noch ins traditionelle Schema,
und auch der Schwierigkeitsgrad ist noch gemäßigt. Schwerer – für alle drei
Instrumente – sind die Variationen über Wenzel Müllers aus dessen Singspiel

»Die Schwestern von Prag« entnommenes Lied »Ich bin der Schneider Kakadu«. Sie sind auch freier in der Form und dürften daher etwas später entstanden sein. Beethoven selbst nennt sie in einem Brief aus dem Jahre 1816 »Variationen mit Einleitung über ein müllersches Thema und von meiner früheren Komposition, jedoch nicht unter die verwerflichen zu rechnen«. Dem ist nichts hinzuzufügen.

(op. 36) D-Dur (nach der 2. Symphonie)
    Adagio/Allegro con brio – Larghetto, quasi Andante (A) – Scherzo
    (Allegro) – Allegro molto

Die Bearbeitung stammt von Beethoven selbst und ist gewiß »gut gemacht«, aber über weite Strecken doch nicht viel mehr als ein Klavierauszug mit Streicherbegleitung, was allen Mitspielern nicht so recht behagt. Am lohnendsten schien uns noch das Larghetto, das auch im Original schon quasi kammermusikalischen Charakter hat und in dem die Stimmen des Trios weitgehend selbständig geführt sind.

Louis Ferdinand, Prinz von Preußen (*1772–1806*)

op. 2 As-Dur
   Allegro moderato – Andante sostenuto con Variazioni (Es) – Finale:
   Allegro con brio

Erinnert nicht nur in der Harmonik, sondern auch in der Themenbildung und der ausgeprägten motivischen Arbeit stark an den jüngeren Beethoven. Auch die Kunst der Variation im langsamen Satz ist durchaus vergleichbar und von seichter Nur-Brillanz weit entfernt. Allerdings wird der Pianist mit seinen raschen Skalen und Akkordbrechungen technisch erheblich gefordert und in Versuchung geführt, sich konzertant in den Vordergrund zu spielen, zumal dies auf einem modernen Fortepiano nur schwer zu vermeiden ist. Ideal wäre eine klangliche Balance, bei der nicht nur das Streicherduo als weicher Klangteppich für die vom Klavier vorgestellten Themen dient, sondern über weite Strecken auch umgekehrt die perlende Klavierstimme sich gleichsam nur als ein durchsichtiger Vorhang vor das von Geige und Cello in kräftigen Konturen zu zeichnende Bild spannt. Immerhin, auch ambitioniertere Hausmusikanten sollten es versuchen; notfalls hilft das zweite Pedal, bei den virtuosen Passagen den intimeren Hammerklavierton zu treffen.

op. 3   Es-Dur
             Allegro espressivo – Andante con Variazioni (B) – Rondo: Grazioso e
             brillante

Dieses Trio hat der Prinz »Ihrer Durchlaucht der Herzogin von Kurland« gewidmet, deren Tochter Wilhelmine er im Mai 1800 in Leipzig die Cour machte, weil er sie wirklich »reizend« und »wünschenswert« fand (und nicht so sehr, weil die Familie mit dieser geplanten Heirat, zu der dann freilich der preußische König seine Zustimmung nicht gab, seine Schulden zu sanieren hoffte). Die schnellen Sätze und ihre motivische Verknüpfung scheinen hier noch besonders stark von Mozart beeinflußt, der langsame Mittelsatz, dessen technisch heikle Schlußvariation als Allegro brillante zugleich Scherzo-Charakter hat, zeigt eher Berührungspunkte mit Beethoven. Aber der insgesamt schwärmerisch-empfindsame Ton ist dennoch unverkennbar originell und läßt stellenweise bereits Chopin vorausahnen. So dürfte manches (leichte) Tempo rubato angebracht sein, auch wo es nicht ausdrücklich notiert ist. Das Klavier dominiert ziemlich stark mit seinen vielen konzertanten Girlanden und hat auch thematisch fast immer die Führung, aber die Streicher sind trotzdem als klangliches Rahmenwerk und Gegengewicht wirkungsvoll eingesetzt und brauchen sich nicht benachteiligt zu fühlen.

op. 10   Großes Trio Es-Dur
             Introduzione: Adagio cantabile/Molto allegro e con brio – Larghetto
             sostenuto (E) – Rondo brillante

Wie K. H. Stahmer in seiner gründlichen Werkanalyse (im Beiheft zu der ausgezeichneten Gesamteinspielung mit dem Pianisten Horst Göbel, 1980/81 bei Thorofon) näher darlegt, tritt in diesem Trio die zyklische

Bindung aller Sätze untereinander besonders deutlich hervor, indem nahezu sämtliche Themen aus den ersten vier Melodienoten der langsamen Introduktion als Keimzelle hergeleitet sind. Die Klavierstimme ist stets ausgesprochen konzertant und verlangt – eigentlich fast ununterbrochen – sichere Geläufigkeit, vielfach in beiden Händen zugleich. Dabei muß sich der Pianist unbedingt um ein zurückhaltendes Leggiero bemühen, damit die an sich dankbar behandelten Streicher daneben gebührend zu Wort kommen. Die kühnen Modulationen und harmonischen Rückungen mit kurzfristigem Vorzeichenwechsel setzen (z. B. im Finale bei der Minore-Wendung nach es-Moll) bei allen Beteiligten viel Flexibilität voraus. Insgesamt ein wirklich »großes« Werk frühromantischer Empfindsamkeit, sowohl mit langem Atem als auch mit möglichst entwicklungsraffenden Tempi zu spielen.

Joseph Wölfl (*1773–1812*)

op. 23　　　　Nr. 1　D-Dur,　　　　Nr. 2　E-Dur,　　　　Nr. 3　c-Moll

Im Schwierigkeitsgrad etwa Beethovens op. 1 entsprechend und auch sonst deutlich »zeitgenössisch« in mancherlei harmonischen Wendungen und mit der soliden, oft imitatorischen Verarbeitung der klar profilierten Themen. Wölfls Trios sind auch bereits viersätzig mit je einem schnellen Scherzo, das noch »Menuetto« heißt; allerdings sind die Sätze durchweg sehr viel knapper gefaßt. Das Klavier wird etwas bevorzugt behandelt – ungefähr wie bei Mozart –, aber doch so, daß es auch den beiden Streichern einigen »Spielraum« gibt. Nur das dritte Trio fällt in Erfindungskraft und Gleichgewicht der Instrumente stark ab, die ersten beiden gefielen uns als Beitrag und Hintergrund zur Wiener Klassik nicht schlecht. Eine Neuausgabe des einen oder anderen würde sich jedenfalls lohnen, damit man sich mit dem zeitgenössischen Druck und seinen zahlreichen Stichfehlern nicht mehr abzuquälen brauchte (zum Glück enthält die alte Münchner Ausgabe bei Falter gleich ein angeheftetes Verzeichnis der »Errata«).

Ernst Theodor Amadeus Hoffmann (*1776–1822*)

E-Dur
Allegro moderato – Scherzo: Allegro molto (e) – Adagio/Allegro vivace

Trotz klassischer Form und Harmonik ein recht eigenwilliges Werk, originell vor allem durch die häufige Parallelführung mehrerer, als Kontrapunkt zueinander erfundener Themen. Die Ecksätze klingen dadurch streckenweise etwas konstruiert und uneinheitlich. Das Scherzo ist dagegen ein Geniestreich aus einem Guß, nach Beethoven'scher Art entwickelt aus einem einzigen Quartsprung als Grundmotiv, und muß so rasch wie möglich dahinfliegen, d. h. so schnell es der punktierte Rhythmus gerade noch erlaubt. Besonders wohllautend ist die Kantilene der langsamen Introduktion zum Finale, die vom Cello zuerst vorgetragen wird und bei der alle Spieler mit ihrem wärmsten Dolce wetteifern können. Der Schwierigkeitsgrad ist im allgemeinen nicht sehr hoch; den Streichern behagt nur die ungewohnte, kreuzbeladene Tonart nicht, und der Klavierist hat mit ein paar unangenehmen mehrstimmigen Sechzehntelsequenzen zu kämpfen.

Johann Nepomuk Hummel (*1778–1837*)

op. 12 Es-Dur
Allegro agitato – Andante (As) – Finale: Presto

Formal und in der Satztechnik sozusagen ein »schwacher Beethoven«, das heißt weniger von den thematischen als von den harmonischen Entwicklungen her interessant, im Klavier recht brillant, aber doch nicht oberflächlich. Der dicht gearbeitete Kopfsatz gewinnt, wenn man das Allegro-Tempo (trotz Alla-breve-Zeitmaß) nicht übertreibt; dafür verlangt das Finale wegen seiner dünneren Struktur einen betont hurtigen »Leichtsinn«, der aber zumindest auf seiten des Klavieristen solides Üben voraussetzt. In dem (technisch sehr viel leichteren) langsamen Satz ist dem statisch wirkenden, etwas einfältigen

Hauptthema ein dynamisch fließender Mittelteil in f-Moll gegenübergestellt, und am Ende nimmt in reizvoller Weise eine Art Synthese die charakteristische Moll-Wendung in Dur wieder auf.

op. 93　　　Es-Dur
　　　　　　　Allegro con moto – Un poco Larghetto (H) – Rondo: Allegro con brio

Auch wenn die Themen nicht besonders originell sind, ja zum Teil ans Triviale grenzen, so ist doch ihre Verarbeitung sehr gekonnt und wirkungsvoll. Hummel versteht es, vor allem dem figurenreichen Klaviersatz immer wieder überraschende Spitzlichter aufzusetzen, die sich hübsch anhören und gelegentlich an Schubert erinnern. Die kadenzartige Stelle kurz vor Schluß des Kopfsatzes setzt sauberes Skalenspiel voraus, ist aber an sich nicht schwer zu überschauen; dasselbe gilt für das rauschende Passagenwerk der Coda im Finale. Auch den beiden Streichern werden dankbare Aufgaben gestellt, zumal viele fugierte Wendungen für polyphone Struktur und grundsätzliche Gleichberechtigung der Instrumente sorgen. So ist diese elegante, wohlklingende Musik für den Hausmusik-»Salon« wie geschaffen und für die Spieler jedenfalls nie langweilig.

Ferdinand Ries (*1784–1838*)

op. 143　　　c-Moll
　　　　　　　Allegro con brio – Adagio con espressione (As) – Finale

Ein schwungvolles, sehr stark dem mittleren Beethoven nachempfundenes Werk von dennoch eigenem Wert (zumindest für ein Liebhabertrio), weil es das Klavier nicht übermäßig bevorzugt und den beiden Streichern ebenfalls lohnende Aufgaben stellt. Ein paar virtuos-geläufige Stellen in den Ecksätzen und die auszierenden Melismen im langsamen Satz sollte sich der Pianist vorher gut angesehen haben. Die zwölf Achtel im Finale sind durchweg als Triolen eines geschwinden Viervierteltaktes zu denken; dann macht auch der

Taktwechsel zum Seitengedanken und zurück keinerlei Schwierigkeiten. Eine moderne Ausgabe mit Partitur wäre sehr willkommen und würde den Zugang für »unsereinen« erheblich erleichtern.

Georges Onslow (*1784–1853*)

op. 26   c-Moll
Allegro espressivo – Adagio (Es) – Minuetto: Presto – Finale: Allegro agitato

Ansprechende, in flüssiger Leichtigkeit komponierte Kammermusik mit größtenteils ziemlich konventionell erfundenen und verarbeiteten Themen, die klassische Form sinnvoll nutzend, aber nie übersteigend. Im Schwierigkeitsgrad ungefähr wie die mittleren Beethoven-Trios, also für Liebhaber durchaus erreichbar, allerdings in den schnellen Sätzen nicht ohne virtuose Spielfreudigkeit, die geübt sein will. Auch das sogenannte Menuett ist bereits ein veritables Scherzo, das durch flinke Behendigkeit gewinnt (nur ganze Takte zählen!). Dafür darf man den Schlußsatz nicht allzu schnell anfangen, zumal auch die Streicher mit den nicht ganz leichten Sechzehntelfiguren zurechtkommen müssen. Für Hausmusikanten, die nicht immer wieder dasselbe spielen wollen, durchaus empfehlenswert, wenn auch in der alten Breitkopf-Ausgabe ohne Partitur und ohne Taktzahlen oder Orientierungsbuchstaben etwas mühsam.

Louis Spohr (*1784–1859*)

op. 133   B-Dur
Allegro – Menuetto: Moderato (g) – Poco Adagio (Es) – Finale: Presto

Blühende Melodik, für die damalige Zeit kühne Modulationen mit viel Chromatik und technisch unangenehme Verzierungsfreude kennzeichnen dieses gehaltvolle Werk, mit dem auch Hausmusikanten sich unbedingt vertraut machen sollten, obwohl es ohne gründliches Üben nicht abgeht. Die dicht gearbeitete Stimmführung verträgt und verlangt sogar maßvolle Tempi, außer im Schlußsatz, der – während einer sommerlichen Kur in Karlsbad komponiert – von heiterer Lebendigkeit gleichsam übersprudelnd von Spohr selbst in scherzhaftem Doppelsinn »Sprudelsatz« getauft wurde. Überhaupt setzen die Ecksätze und das Trio im Menuett von Klavier und Geige viel flinke Geläufigkeit und entsprechend raffinierte Fingersätze voraus. Die oft umbiegenden und versetzt wieder aufgenommenen Skalen im Klavierdiskant sind das, was Hans von Bülow »holprig« nannte und »a vista nicht herauszubringen«. Aber seinen Rat, sich deswegen mit Spohr nicht abzuquälen, fanden wir denn doch nicht gerechtfertigt.

Carl Maria von Weber (*1786–1826*)

Sechs Variationen B-Dur über ein Thema von Abbé Vogler
Andante un poco

Geschrieben mit 19 Jahren, als Weber bereits königlicher Theaterdirigent in Breslau war und für seinen Lehrer, Abbé Vogler, den Klavierauszug zu dessen Oper »Samori« anfertigte. Aus dieser Oper stammt auch das ziemlich simple, naive Thema (Nagas Arie »Woher mag dies wohl kommen?«), das aber sehr gekonnt verarbeitet und abgewandelt wird. Dabei dominiert freilich das Klavier allzusehr; Geige und Cello sind nur begleitend und »ad libitum« eingesetzt, in den Variationen 1, 2 und 5 schweigen sie ganz. Am ehesten kammermusikalisch ausgewogen sind noch die vierte und die sechste (Moll-) Variation in Gestalt einer Marcia funebre. Reizvoll auch der Wechsel zum $^6/_8$-Takt in der Coda, aber wiederum dienen hier die Streicher nur zur Verstärkung. Insgesamt ein besseres Salonstück, wie sie damals allgemein in Mode waren; für Triofreunde im Zeitalter der Gleichberechtigung nicht unbedingt zu empfehlen und nur der Kuriosität halber interessant.

Franz Berwald (*1796–1868*)

Nr. 1   Es-Dur
Largo/Allegro con brio – Andante grazioso (As) – Finale: Allegro con spirito quasi presto

Nr. 2   f-Moll
Allegro molto – Larghetto (F) – Scherzo: Molto allegro – Allegro molto

Nr. 3   d-Moll
Allegro non molto – Adagio quasi largo (B) – Finale: Allegro molto

Nr. 4   C-Dur
Allegro – Adagio (G) – Finale: quasi Presto

Im Vergleich etwa zu Schubert merkwürdig spröde, oft auf eine befremdende Weise unstetig erschienen uns diese Trios, obwohl die Sätze vielfach unmittelbar ineinander übergehen oder auch zyklische Verschränkung zeigen. Es ist, als ob wir uns noch heute – wie die Zeitgenossen des Komponisten – an dessen Unkonventionalität stießen. Jedenfalls die Streicher waren von ihrem streckenweise ziemlich eintönigen, die gleichen Floskeln häufig wiederholenden Part enttäuscht. Das Klavier ist dankbarer behandelt, ohne allzu dominant zu sein, hat aber Stellen mit unangenehm weitgespannten Griffen, gegenläufigen Skalen und Arpeggien, Vorschläge, Triller und ähnliche Verzierungen zu bewältigen, die nicht gut in der Hand liegen. Insgesamt eine etwas versponnene, leicht nur in feine Einzelheiten zerfallende Kammermusik mit wenig eingängiger Thematik, die der robusten Spielfreude von Dilettanten nicht gerade entgegenkommt.

Franz Schubert (*1797–1828*)

D 28   Sonate B-Dur
Allegro

Nicht nur der Tonart wegen liegt der Vergleich dieses sehr beachtlichen Jugendwerks mit dem ebenfalls einsätzigen »kleinen B-Dur« von Beethoven nahe: beide sind fast genau zur gleichen Zeit (Sommer 1812) entstanden. Schuberts Sonatensatz ist weitschweifiger, auf »Größe« angelegt, nicht auf schlichte Intimität, auch weniger dicht gearbeitet, aber von sprudelnder Erfindungskraft, die immer wieder neue Themen und Motive einfallsreich aneinanderreiht. Technisch auch im Klavier nicht schwer und für Hausmusikanten auf jeden Fall lohnend, auch wenn der Cellopart, der sich etwas uneinheitlich aus Baßverstärkung und thematischer Beteiligung in oft unangenehm hohen Lagen zusammensetzt, vergleichsweise nicht so dankbar ist wie in den späteren Meistertrios.

op. 99   B-Dur
(D 898)   Allegro moderato – Andante un poco mosso (Es) – Scherzo: Allegro –
                Rondo: Allegro vivace

op. 100   Es-Dur
(D 929)   Allegro – Andante con moto (c) – Scherzo: Allegro moderato – Allegro
                moderato

Den beiden breit angelegten, aus Konzertsaal und vielen Platteneinspielungen nur zu gut bekannten Schubert-Trios nahen Hausmusikanten immer wieder mit Liebe, Ehrfurcht und Bangen. Sie sind nämlich für Streicher und Klavier gleichermaßen dankbar und heikel: dankbar wegen der vielen melodiösen Kantilenen, heikel besonders wegen der fast mozartischen Durchsichtigkeit des Satzes und des häufigen Unisono der Streicher, das reine Intonation dringend voraussetzt. Das B-Dur-Trio ist für den Cellisten schwieriger als das in Es-Dur; für den Pianisten ist es umgekehrt, vor allem wegen der raschen Läufe im Es-Dur-Finale, die aber durchaus kein gemütlicheres Tempo vertragen, weil sonst die »himmlischen Längen« des Satzes ins Endlose überdehnt werden. Überhaupt fällt es bei der musikalischen Gestaltung nicht leicht, die weitgespannten Melodiebögen durchzuhalten und richtig zu gliedern. Auch die vielen Wiederholungen werden nur durch nuanciertes, dynamisch abwechslungsreiches Spiel interessant.

op. 148 (D 897) Notturno Es-Dur

Dieser Adagiosatz birgt erhebliche Tücken im präzisen Zusammenspiel und stellt auch besonders hohe Anforderungen an die Klangkultur der Streicher sowie an die Technik des Pianisten, der sich fast ununterbrochen mit unangenehmen Sechzehnteltriolen als harfenartig zu säuselnden Begleitfiguren abquälen muß. Die Stärke des Stückes liegt zudem nicht in der musikalischen Erfindung, sondern eher in der variationsartigen Umspielung des immer gleichen Grundgedankens, den übrigens Dvořák im ersten Satz seines Trios op. 21 viel griffiger verwendet. Handfeste Dilettanten können mit solchen Feinheiten nicht viel anfangen. Sie sollten dieses »Nachtstück« natürlich auch einmal probieren, schon weil es von Schubert ist, aber weder sie selbst noch ihre Zuhörer werden auf Anhieb davon sehr begeistert sein.

Carl Gottlieb Reissiger (*1798–1859*)

op. 85   E-Dur
Allegro brillante – Andante (A) – Scherzo: Presto (cis) – Rondo:
Allegro molto

Von den nicht weniger als 27 (!) Trios dieses ungemein produktiven und früher in Liebhaberkreisen offenbar sehr geschätzten Komponisten sind wir ganz zufällig gerade auf dieses Werk gestoßen, weil es in einem antiquarisch erstandenen »Kammermusik-Album für Schule und Haus« (1902 erschienen) neben Beethoven und Hummel enthalten war. Wer Spaß an gehobener Salonmusik mit effektvoller Brillanz und dazwischen schön schmalzigen Rührstücken hat, wird dabei auf seine Kosten kommen. Allerdings gehört sie in entsprechender Stimmung »con bravura« gespielt, was dem Klavieristen stellenweise nicht so mühelos gelingen wird. Andererseits scheut man größere Übe-Investitionen, weil uns diese Art Musik heute doch recht seicht und schal vorkommt. Jedenfalls ließen wir's bei dieser einzigen Kostprobe vorläufig als pars pro toto bewenden – vielleicht zu Unrecht. Zumindest für

»Klassische Musikwirtschaften« könnte sich hier noch diese oder jene Ausgrabung lohnen.

Fanny Hensel, geb. Mendelssohn (*1805–1847*)

op. 11   d-Moll
Allegro molto vivace – Andante espressivo (A) – Lied: Allegretto (D) –
Finale: Allegro moderato

Die nahe Verwandtschaft zu Bruder Felix' Kompositionsstil ist offenkundig und verständlich; allerdings fällt auf, daß die Streichinstrumente häufig nur als Verstärkung der Klavierstimme dienen, die im ganzen konzertant-solistisch ausgeführt ist. Besonders in den beiden schnellen Sätzen wird viel pianistische Virtuosität zur Schau gestellt. Im Andante wechseln Streicher und Klavier auf eine ziemlich brav-schulmäßige Weise zwischen Melodieführung und Begleitung ab. Am originellsten und dankbarsten schien uns das kurze, sensibel ausbalancierte »Lied ohne Worte«, das an die Stelle des damals sonst üblichen Scherzos (mit geistsprühendem Feuerwerk) tritt und damit die gewohnte Trioform gleichsam verinnerlicht und ins Weibliche wendet.

Felix Mendelssohn-Bartholdy (*1809–1847*)

op. 49   d-Moll
Molto allegro ed agitato – Andante con moto tranquillo (B) – Leggiero e vivace (D) – Allegro assai appassionato

op. 66   c-Moll
Allegro energico e con fuoco – Andante espressivo (Es) – Molto allegro quasi presto (g) – Finale: Allegro appassionato

Beide Trios, die auf originelle Weise klassizistisches Pathos mit romantischem Charme verbinden, ähneln sich in Aufbau und Charakter sehr: Zwi-

schen stürmisch-leidenschaftlichen Ecksätzen steht jeweils ein typisches
»Lied ohne Worte« als langsamer Satz (in einer verwandten Dur-Tonart)
und ein duftiger Elfentanz, der an den »Sommernachtstraum« erinnert.
Trotz dieser Ähnlichkeit ist das frühere Trio das weitaus bekanntere und
beliebtere, vielleicht wegen der besonders eingängigen Themen, die z. T.
geradezu »Ohrwürmer« sind. Für die Streicher sind beide Trios ausgesprochen dankbar, für den (guten) Pianisten an sich auch, verlangen aber sehr
viel behende und vor allem beidhändige Geläufigkeit. Zum Glück wird die
Klavierstimme häufig in Oktavengängen geführt, so daß der im richtigen
Tempo überforderte Dilettant gelegentlich ohne allzu großen Schaden für
den Gesamteindruck zu kleinen Vereinfachungen Zuflucht nehmen kann.
Das merkt dann – fast – nur der Umblätterer (den er unbedingt braucht).

Frédéric Chopin (*1810–1849*)

op. 8   g-Moll
Allegro con fuoco – Scherzo: Con moto, ma non troppo (G) – Adagio
sostenuto (Es) – Finale: Allegretto

»Edel« und »schwärmerisch« hat Schumann es genannt, »eigentümlich im
Kleinsten wie im Ganzen, jede Note Musik und Leben«; aber er hat zugleich
angemerkt, daß das Trio Chopins früherer Periode angehöre, »wo er dem
Virtuosen noch etwas Vorrecht einräumte«. Sehr wahr, und das bekommt
der Pianist besonders in den beiden Ecksätzen extrem einseitig zu spüren,
auch wenn er an einigen wenigen Stellen die einfacheren »Ossia«-Wendun-
gen dankbar annimmt. Ansonsten ist für ihn intensivstes Üben unumgäng-
lich, um die harmonisch verzwickten, nie formelhaften Arpeggien, oft mit
Skalenfragmenten durchsetzt, in einigermaßen flüssigem Tempo und nicht zu
laut herauszubringen, damit die Streicher weder einschlafen noch unhörbar
zugedeckt werden. Die Violinstimme liegt übrigens so tief, daß die E-Saite
kaum benutzt wird; Chopin selbst, der sein Jugendwerk auch später noch

schätzte, hat brieflich einmal geäußert, der Geigenpart sollte wohl eher von einer Bratsche übernommen werden, die mit dem Cello auch besser harmoniere. Jedenfalls bei aller klassizistischen Formstrenge eine einfallsreiche Musik von großem Liebreiz, und mit einem wirklich exzellenten Pianisten auch für die Streicher allemal der – weitaus geringeren – Mühe wert.

Robert Schumann (*1810–1856*)

op. 88   a-Moll (»Phantasiestücke«)
Romanze: Nicht schnell, mit innigem Ausdruck – Humoreske: Lebhaft
(F) – Duett: Langsam, und mit Ausdruck (d) – Finale: Marsch-Tempo

Diese frühen, »im Volkston« etwa der Kinderszenen geschriebenen, technisch und musikalisch verhältnismäßig leichten Charakterstücke sind ganz pianistisch empfunden und bei den Streichern nicht sehr beliebt. Denn Geige und Cello haben neben dem Klavier meist nicht viel Substantielles zu sagen, und dies wenige dann auch noch unisono, was ihnen die Intonation erschwert. Versöhnlich stimmt sie nur das kanonartig geführte Duett, in dem sie melodienselig schwelgen dürfen, während der Klavierspieler seine Begleitertugenden üben kann. Dieser schöne, nicht zu ausgedehnte Satz kann auch als kleine Zugabe dienen, wenn bis zur üblichen Polizeistunde nur noch wenig Zeit bleibt.

op. 63   d-Moll
Mit Energie und Leidenschaft – Lebhaft, doch nicht zu rasch (F) –
Langsam, mit inniger Empfindung (a) – Mit Feuer (D)

Gilt als das schönste Klaviertrio Schumanns und bildet musikgeschichtlich einen Meilenstein in der Entwicklung der ganzen Gattung. Auch die letzten Reste einer höfischen und biedermeierlich-untertänigen Musikkultur sind dem individuellen, oft ungebärdig-revolutionären Ausdruck verinnerlichter Leidenschaft gewichen; rein romantische Poesie und intensivster Freiheitsdrang scheinen hier in Töne gefaßt. Für eigentliche Dilettanten ist dieses Werk längst nicht mehr geschrieben. Alle drei Instrumente sind über weite Strecken ausgesprochen virtuos behandelt, besonders der Klavierpart ist stark herausgehoben, wird von den Streichern häufig nur klangfärbend verstärkt und gefährdet in seiner Vollgriffigkeit das Gleichgewicht der Stimmen – vor allem wenn der Pianist, mit der Technik ringend, sich allzu massiv in den Vordergrund spielt. Daher sind streichende Hausmusikanten, die Schumann gern allgemein ablehnen, weil er für Geige und Cello undankbar sei, auch von op. 63 im ganzen nicht sehr begeistert. Schade, denn es bleibt dann ohne rechtes Engagement bei einem einzigen, ziemlich mißglückten Versuch, obwohl hier mit Geduld und Mühen ein wertvoller Schatz zu heben wäre. Vielleicht sollten Nicht-Profis mit dem »innig-empfindsamen« langsamen Satz und dem hoffnungsfroh gestimmten Finale beginnen, die noch am ehesten erste Erfolgserlebnisse versprechen.

op. 80   F-Dur
Sehr lebhaft – Mit innigem Ausdruck (Des) – In mäßiger Bewegung –
Nicht zu rasch

Für Hausmusikfreunde, die von Beethoven und Schubert herkommen, wohl die noch am leichtesten zugängliche von den großen Triokompositionen Schumanns. Seine Formstrenge und die meist polyphone Struktur des Werkes verknüpfen es – trotz vieler harmonischer Kühnheiten – auf eingängige Weise mit den klassischen Vorbildern. Auch die überwiegend gemäßigten Tempi kommen takt- und zählfesten Dilettanten beim ersten Kennenlernen entgegen. Selbst der Kopfsatz verträgt fürs erste eine leicht gebremste Lebhaftigkeit, zumal dem Klavieristen nur so die unangenehm verschachtelte Schlußstretta in weiter Lage noch einigermaßen darstellbar bleibt. Der langsame Satz erinnert mit seiner Triolenbewegung, den vielen Sekundreibungen und fallenden Septimen an das berühmte Lied »Die Mondnacht« (nach Eichendorff) und ist wohl der Inbegriff romantischer Musik, wie Schumann sie verstanden hat. Die darin mit »Lebhaft« bezeichneten Teile sind kaum schneller, sondern hauptsächlich im Spielcharakter frischer, lebendiger zu nehmen. Der verhaltene Scherzosatz mit seinen kanonartigen Imitationen hat so deutlich barocke Züge, daß man gelegentlich glaubt, das Ritornell einer Bach-Arie zu hören; er ist nur in seinem Trioteil und in der beide Teile kombinierenden Coda fürs Zusammenspiel etwas heikel. Jedenfalls wird im Vergleich mit den fünf Jahre früher entstandenen, scheinbar unreflektierteren Kompositionen für Klavierquartett und -quintett sehr deutlich, daß sich Schumann in der Zwischenzeit stark mit Bachs Werk, speziell mit dem Wohltemperierten Klavier, beschäftigt hatte.

op. 110   g-Moll
           Bewegt, doch nicht zu rasch – Ziemlich langsam (Es) – Rasch (c) –
           Kräftig, mit Humor (G)

Ein schwungvolles, spannungsgeladenes Werk von großer Intensität des Ausdrucks, dessen Schönheiten sich braven Hausmusikanten mit begrenzter Technik und Übezeit nur sehr zögernd erschließen. Sogar der langsame Satz wirft in seinem schnelleren Mittelteil mit den akzentuierten Duolen Probleme fürs Zusammenspiel auf. Auch in dem ruhigeren ersten Trio (C) des raschen Scherzosatzes, der in echtem Presto-Tempo gespenstisch dahinhuschen müßte, ist bei den Synkopen der Geige, denen später das Klavier folgt (und die im Schlußsatz nochmals aufgenommen werden), ein Schmiß geradezu vorprogrammiert. Vollends »gemein« für alle drei Instrumente ist das Finale, in dem das mehrfach geringfügig variierte Hauptthema mit seinen unangenehmen Sextensprüngen durch seine häufige Wiederholung ein wenig zu Tode geritten wird. Allerdings darf das Tempo hier etwas gemäßigter sein.

Robert Volkmann (*1815–1883*)

op. 3   F-Dur
           Adagio quasi Andante / Allegro – Scherzo: Allegretto vivace – Andante
           (B) – Finale: Allegro con fuoco

Weitgeschwungene, liebliche Melodiebögen, eine prägnante, oft periodische

Rhythmik und insgesamt eine etwas naive Schlichtheit und Ausführlichkeit schienen uns charakteristisch bei diesem für routiniertere Hausmusikanten durchaus spielbaren und lohnenden Werk. Es erinnert häufig an Schumann, auch in der etwas – aber nicht übermäßig – bevorzugten Behandlung des Klaviers, das bereits die ersten 12 Takte der Introduktion allein bestreitet (originell ist die spätere Wiederaufnahme dieses langsamen Teils in variierter Gestalt als Rahmen für das recht lebhaft zu nehmende Eingangsallegro). Dafür wird das Hauptthema des heftig-stürmischen Finales den unisono geführten Streichern durchweg allein überlassen, während das Klavier nur Begleitfiguren in nicht allzu schweren, die linke Hand schonenden Triolengängen beisteuert. Nicht ganz leicht im Zusammenspiel ist vor allem der langsame Satz wegen der über lange Strecken sich hinziehenden synkopischen Gegenstimme, die abwechselnd durch alle Instrumente läuft und einige Taktfestigkeit voraussetzt.

op. 5   b-Moll *(auch mit Viola)*
              Largo – Ritornell: Andante/Allegretto – Allegro con brio

In der Form sehr frei und doch in sich geschlossen und mit großer Meisterschaft »gebändigt« sind die sehr persönlich-bekennerhaft wirkenden Ausdrucksmittel dieses Werkes, das ohne Übertreibung den Trios von Schumann ebenbürtig an die Seite gestellt werden kann, obwohl es erstaunlicherweise im heutigen Konzertbetrieb sträflich vernachlässigt wird. Für Dilettanten zwar lohnend, aber schwer vor allem im Zusammenspiel wegen der vielen Synkopen, sonstigen rhythmischen Verwerfungen und allgemein der großen Selbständigkeit der Stimmführung aller drei Instrumente. Im Kopfsatz verlangt besonders die richtige Einfügung eines »widerborstigen« Kontrapunkts von Geige und Cello (zwischen C und E in der Breitkopf-Ausgabe) viel Taktfestigkeit auf seiten der Streicher. Auch sonst sind manche Feinheiten erst nach längerem Einhören nachzuvollziehen, wirken aber dann absolut zwingend und folgerichtig. In der vom Komponisten ausdrücklich autorisierten, ebenfalls gut klingenden Version mit Viola statt Cello sind im Klavier einige (in Kleindruck hinzugefügte) Baßnoten zusätzlich zu spielen, damit das Fundament auch unterhalb der Reichweite des Bratschisten erhalten bleibt.

William Sterndale Bennett (*1816–1875*)

op. 26   Chamber Trio A-Dur
Andante tranquillo ma con moto – Serenade: Andante ma un poco
scherzando (E) – Finale: Allegro fermato

Liebliche, etwas verspielte Romantik im Stile Mendelssohns, fürs Klavier nicht nur in dem brillant aufdrehenden Finale, sondern auch in den langsamen Sätzen nicht ganz leicht wegen der raschen Begleitfiguren und Verzierungen, die flüssig und leicht klingen müssen und wenig Eigengewicht haben. Besonders in dem scherzoartigen Mittelsatz, wo die Streicher durchweg ein leises Pizzikato »without the slightest harshness« (!) zu spielen haben, muß sich der Klavierist sehr zurückhalten, um die Balance nicht zu gefährden; nur die Melodie ab Takt 11 darf betont »singen« zu zarten gebrochenen Gitarrenakkorden der linken Hand. Im übrigen wird dieses reizende Ständchen umrahmt von tanzenden Gnomen, die ihren Reigen gleichsam gezügelt von echt britischem Understatement aufführen.

Niels Wilhelm Gade (*1817–1890*)

op. 29   Novelletten a-Moll
Allegro scherzando – Andantino con moto (E) – Moderato – Larghetto
con moto (F) – Finale: Allegro

Im Klangcharakter etwa zwischen einer Bühnenmusik von Mendelssohn und Schumanns »Volkston«, also diesseitig-lebhaft in den raschen Moll-Teilen und von inniger Naivität in den langsamen, liedhaften Sätzen. Die Coda rundet das Bild, indem sie den Anfangsgedanken wieder aufgreift. Für die

Streicher lohnend und auch im Klavier nicht schwer, daher für schlichtere Hausmusik und zum Vorspielen geeignet, wenn man die einzelnen Szenen ausdrucksvoll und dynamisch abwechslungsreich herausarbeitet.

op. 42   F-Dur
           Allegro animato – Allegro molto vivace (A) – Andantino (a) – Finale:
           Allegro con fuoco

Auch in der größeren Form des klassischen Trios spürt man ein wenig die biedere Treuherzigkeit der kleinen, liedhaften Gedanken; hübsche Einfälle oft, die aber nicht sehr weit tragen. Technisch für gewiefte Hausmusikanten ohne besondere Probleme und auch für die Streicher dankbar, vor allem der gut gearbeitete Kopfsatz und das spritzige Scherzo. Der kurze langsame Satz – eher eine Überleitung nach Art einer Introduktion – wirkt heute schon leicht angestaubt, und das überraschungsarme Finale klingt dann vollends nach Kurkonzert.

Clara Schumann (*1819–1896*)

op. 17   g-Moll
           Allegro moderato – Scherzo: Tempo di Menuetto (B) – Andante (G) –
           Allegretto

Manche Liebhaber stellen dieses gelungene, für intimere Hausmusik besonders geeignete Werk noch über die Trios ihres weit berühmteren Ehgemahls Robert; zumindest scheint sich die Musik hier traditionell-natürlicher zu entwickeln, ohne allzu vehemente Ausbrüche und übergroße Aufschwünge. Der langsame Satz ist ein »Lied ohne Worte« wie bei Mendelssohn und dessen Schwester Fanny; auch das Es-Dur-Trio des ein wenig tanzmeisterlichen Scherzo-Menuetts weitet sich ins Sangliche. Routinierte Dilettanten können jedenfalls die drei ersten, recht knapp gefaßten Sätze schon ganz anhörbar vom Blatt spielen (wenn es sein muß). Spätestens im Finale allerdings merkt der Klavierspieler, dem da einiges an Arpeggiengeläufigkeit und Sprungsicherheit abverlangt wird, daß Frau Clara auch technisch eine sehr gute Pianistin gewesen sein muß.

Alexander Fesca (*1820–1849*)

op. 11   B-Dur
Allegro moderato – Andante ma non troppo quasi Adagio – Scherzo: Allegretto ma non troppo (d) – Allegro molto

op. 12   e-Moll
Allegro – Adagio ma non tanto (E) – Scherzo: Allegro vivo (a) – Allegro vivo

op. 23   G-Dur
Allegro con spirito – Barcarole: Andante (g) – Scherzo: Allegro vivo (e) – Finale: Allegro moderato

Schumann hatte an diesen Trios »nichts auszusetzen als die mittelmäßige Stufe, die sie überhaupt einnehmen; auf dieser leistet der Komponist gewissermaßen schon Vollkommenes, die Form wird ihm leicht, es fehlt ihm nicht an hübschen Melodien, er schreibt dankbar für den Spieler; eine gewisse jugendliche Offenheit steht ihm ganz besonders an. Aber die Form ist auch bequem und gewöhnlich, den Melodien fehlt es an mannigfaltigem Ausdruck, und vergebens würde man... nach eigentümlicherem, höherem Anflug, ja nur nach dem Willen dazu suchen«. Dem ist aus heutiger Sicht eigentlich nichts hinzuzufügen, außer daß man weniger schonend auch von Substanzarmut in äußerlich effektreichem Gewande sprechen könnte. Bei leicht parodistischer Darbietung kann diese Art Musik aber auch Spaß machen, und die zuhörenden Damen dürfen so tun, als ob ihre Herzen dahinschmölzen.

Friedrich Kiel (*1821–1885*)

op. 34 G-Dur
Allegro moderato – Andante quasi Allegretto grazioso (Es) – Allegro
vivace e scherzando

Kein »großer Wurf«, eher eine bescheiden-idyllische Musik, die manchmal
ein bißchen akademisch konstruiert wirkt; für Hausmusikanten aber auch
heute noch brauchbar, da nicht zu schwer, und für die in Deutschland etwas
blutarme Zeit zwischen Schumann und Brahms nicht ohne Interesse. Die
beiden Ecksätze ähneln sich im Charakter von Thema und ²/₄-Zeitmaß nur
vordergründig: Der erste Satz ist bedächtig erzählend in sehr ruhigem Tempo
zu spielen (Achtung bei den beiden unerwarteten Generalpausen vor der
Durchführung und vor der Reprise, bei denen sich die Streicher unweigerlich
verzählen!), während das Finale dann fast doppelt so schnell genommen
werden muß, nach Art eines tänzerischen Scherzos. Hier sind auch technisch
einige Hürden zu nehmen (stark modulierende Tonleitern und Oktavengänge im Klavier, hoher Violinschlüssel im Cello!). Ganz unproblematisch und
auch im Zusammenspiel leicht ist das liedhafte Andante mit seiner drängenden Moll-Einschaltung (»un poco piu moto«), die sich wirkungsvoll nach
Dur wendet, bevor der Hauptgedanke wieder aufgenommen und dabei in der
Stimmenverteilung reizvoll variiert wird.

César Franck (*1822–1890*)

op. 1 Nr. 1 Fis-Dur
Andante con moto – Allegro molto (h) – Finale: Allegro
maestoso

Daß dieses Jugendwerk »wegen seiner Plattheit und lärmenden Virtuosität
heute ungenießbar« sei (wie in der MGG-Enzyklopädie geschrieben steht),
schien uns zumindest stark übertrieben. Allerdings ist es nur etwas für
Könner, die trotz der hohen technischen Anforderungen, z. B. den weitgriffi-

gen Akkorden, Tremoli und großen Oktavengängen im Klavier noch Feinheiten zu erfassen vermögen; insofern werden Dilettanten gründlich abgeschreckt. Interessant sind aber jedenfalls die Anleihen bei Liszt und die
Vorahnung Dvořák'scher Klänge sowie die zyklische Verklammerung aller
drei Sätze durch das gestoßene, merkwürdig statisch wirkende Baßmotiv des
Anfangs, das im scherzoartigen Mittelsatz als ganztaktige, im Finale als
halbtaktige Baßlinie und am Schluß der Coda nochmals im Klavierdiskant
auftaucht.

Edouard Lalo (*1823–1892*)

op. 26   a-Moll
Allegro appassionato – Presto (d) – Très lent (E) – Allegro molto (A)

Viel Pathos und auf großen Effekt berechnete Gesten kennzeichnen dieses
Werk; es ist dabei einfallsreich und von dichter Struktur, daher fesselnd
gerade auch für Hausmusikanten, die der französischen Romantik sonst
selten begegnen. Originell ist vor allem das Scherzo, das im Klavier (ohne
Pedal!), von den kräftigen Akzenten abgesehen, ganz trocken hingehuscht
werden müßte – wegen der vollgriffigen Begleitfiguren allerdings für dilettierende Pianisten mittleren Kalibers im richtigen Tempo kaum zu machen.
Hier, wie überhaupt oft bei Lalo, wird das Cello als führende Stimme
bevorzugt. Rhythmisch vertrackt, daher heikel fürs Zusammenspiel ist der
langsame Satz, in dem sich gegen Schluß eine synkopische $^2/_8$-Bewegung im
Klavier dem an sich in Dreiergruppen gegliederten $^{12}/_8$-Takt entgegenstellt.
Das Hauptthema des Finales mit seinen springenden Akkorden »bien
rythmé« und »con fuoco« könnte von Schumann sein; freilich überwiegt bei
dieser Musik insgesamt doch eher die Glätte des Gekonnten als die proble-
matisierende Suche nach neuen Klangspektren. Jedenfalls ein lohnendes
Trio, das man als Programmkontrast gern auch einmal im Konzertsaal hören
würde.

Friedrich Smetana (*1824–1884*)

op. 15   g-Moll
Moderato assai – Allegro, ma non agitato – Finale: Presto

Ein fesselndes, bei aller Zerrissenheit klangschönes, aber recht schweres Werk, nicht nur im Sinne von »gewichtig«. Streicher und Klavier sind gleichermaßen gefordert, der Cellist wird häufig in hohe Violinschlüssel-Lagen gejagt, die Pianisten-Pranken haben Mühe, mit dem vollgriffigen Satz, manchen Tremoli und doppelten Oktavengängen die Mitspieler nicht zu erschlagen. Auch die oft ganz »subito« entgegengestellten zarten, lyrischen Abschnitte sind nicht leicht zu gestalten und erinnern in ihren freien Melismen oft an Chopin. Man spürt überall den bekenntnishaften, programmatischen Charakter dieser Musik, die Smetana der Erinnerung an sein frühverstorbenes erstes Kind gewidmet hat, besonders bei den trauermarschartigen Teilen im »Alternativo II« des Mittelsatzes und im Finale. Trotz allem können sich mit etwas Ausdauer auch Dilettanten diesem nicht leicht verdaulichen Brokken mit Ehrfurcht und Gewinn nähern.

Carl Reinecke (*1824–1910*)

op. 38   D-Dur
Lento/Allegro ma non troppo – Andante (h) – Scherzo: Vivace ma non troppo (G) – Finale: Allegro brillante

Spielt sich angenehm, ist aber fürs Klavier dankbarer als für die Streicher, deren Part jedenfalls bei liebhabermäßig gezügelten Tempi als langweilig empfunden wird. Selbst das Andante wirkt mit seinem braven Dialog zwischen Cello und Geige und den barockisierend-zopfigen Zwischenspielen des Klaviers reichlich schulmäßig. Insgesamt für Hausmusik durchaus geeignet, aber trotz wohlklingender Einzelheiten und gediegener Machart kein Werk, das heute noch große Begeisterung wecken könnte.

op. 159   Drei leichte Trios
              Nr. 1   C-Dur,   Nr. 2   e-Moll,   Nr. 3   F-Dur

Es handelt sich um technisch bewußt einfach gehaltene, jeweils dreisätzige
»Sonatinen« für Klaviertrio, die leider auch in der musikalischen Substanz
etwas mager sind. Für blutige Anfänger oder für Schüleraufführungen mögen
solche Harmlosigkeiten vielleicht auch heute noch ganz reizvoll sein; auf die
»vom Componisten eingerichtete« Quartettfassung mit Klavier zu vier Händen waren wir jedenfalls nicht neugierig.

Albert Dietrich (*1829–1908*)

op. 9   c-Moll
            Allegro appassionato – Adagio espressivo, non troppo lento (G) –
            Moderato quasi Allegretto – Finale: Allegro molto vivace (C)

Stilistisch sehr stark von Schumann beeinflußt (bis hin zu wörtlichen Anklängen), erfüllt von blühender Melodik und von großer Intensität des musikalischen Ausdrucks, die in ihrer pausenlosen Eindringlichkeit allerdings besonders in den ausgedehnten Ecksätzen etwas ermüdend wirkt. Zumindest das
Finale verlangt deshalb unbedingt ein lebhaftes Tempo, das auch die Probleme im Zusammenspiel erleichtert. Die Streicher haben – nicht nur im langsamen Satz – viele dankbare Kantilenen und werden vom Klavier nicht über-
deckt. Am besten gefiel uns das imitatorisch kunstvoll gestaltete Scherzo, das
gegen die Regel im Tempo gemäßigt ist im Verhältnis zu seinem bewegteren
Trio, also schon eher den Charakter eines Intermezzos hat; wichtig ist hier,
daß die differenzierten dynamischen Zeichen beachtet werden und die Pia-
nissimi auch wirklich leise herauskommen, während ein anderer seine betonte Linie mezzoforte spielen darf.

Johannes Brahms (*1833–1897*)

A-Dur
Moderato – Vivace (fis) – Lento (D) – Presto

Zwar ist die Echtheit dieses Werkes, das nur in einer Abschrift erhalten ist, nicht sicher verbürgt. Es gehört aber mit hoher Wahrscheinlichkeit zu den frühen Trios, mit denen sich Brahms später nicht mehr identifizieren wollte und deren Autographe er daher, wie man weiß, vernichtet hat. Wer im ersten Satz noch Zweifel haben könnte, weil vor allem die Anlehnung an Schumanns Rhythmik nicht typisch brahmsisch zu sein scheint, der wird besonders in der Themenbildung und -verarbeitung der anderen Sätze die Verwandtschaft mit dem H-Dur-Trio op. 8 und damit die Autorschaft des jüngeren Brahms mit großer Sicherheit bestätigt finden, nicht zuletzt durch die langen Orgelpunkte und die charakteristische Themavergrößerung im Finale. Der Klaviersatz ist entsprechend füllig und anspruchsvoll, auch die Streicher haben in unangenehmen Lagen mit Intonationsschwierigkeiten zu kämpfen. Trotzdem für tüchtige Musizierer mit etwas Übefleiß gerade deswegen lohnend, weil man dieses klangschöne, wohlgelungene und, wie uns schien, zu Unrecht verworfene Frühwerk selten oder nie zu hören bekommt.

op. 8   H-Dur
Allegro con brio – Scherzo: Allegro molto (h) – Adagio – Allegro

Dieses frühe Werk, »das H-Dur«, wie es unter Kennern schlicht und mit respektvollem Unterton heißt, ist ein ganz großer Wurf in der Trioliteratur und ein Glanzpunkt musikalischer Romantik überhaupt. Gespielt wird meist die viel später (1889) von Brahms überarbeitete, konzentriertere Fassung; es lohnt sich aber auch, die noch überschwenglichere ursprüngliche Version des Einundzwanzigjährigen mit der großen Fuge im ersten Satz kennenzulernen. Eigentlich übersteigt die Schwierigkeit das Maß dessen, was sich Dilettanten im allgemeinen zutrauen dürfen. Der Pianist hat mit Vollgriffigkeit, großen Sprüngen und allerlei harmonisch vertrackten Arpeggien in beiden Händen zu kämpfen; überhaupt ist für ihn Brahms vorab ein Leseproblem – prima

vista ist da kaum das Wesentliche zu erfassen, nicht einmal im langsamen
Satz, der in fernste Tonarten abschweift und mit Doppelkreuzen reich be-
stückt ist. Die Streicher tun sich da leichter, obwohl H-Dur auch nicht gerade
ihre Lieblingstonart ist. Sie brauchen viel Tonschönheit und rhythmisches
Einfühlungsvermögen. Es gibt Leute, die den Brahms der breiten, schwelge-
rischen Themen, wie sie gerade in diesem Trio üppig vertreten sind, für
Musik an der Grenze zur Banalität halten. Aber schön ist sie halt doch.

op. 87　　　C-Dur
　　　　　　　Allegro – Andante con moto (a) – Scherzo: Presto (c) – Finale: Allegro
　　　　　　　giocoso

Auch sein zweites zu Lebzeiten veröffentlichtes Werk für die übliche Triobesetzung – verschiedene Jugendwerke und Entwürfe sind nicht erhalten – hat
Brahms neun Jahre später (zusammen mit op. 101) einer Neubearbeitung
unterzogen, die allein noch im Handel ist und gespielt wird: Ein kraftvoll-
konzentriertes Meisterwerk, im Klang eher herb als süßlich, das kräftig
zupackend gestaltet sein will. Auch die Variationen des Andante bieten kein
sanftes Ruhekissen. Die an sich sympathische Tonart C-Dur nützt wagemuti-
gen Dilettanten wenig, denn häufige Modulationen und viel Durchgangs-
chromatik bescheren ihnen noch genug wechselnde Vorzeichen. Die Streicher sind oft unisono geführt, um dem dichten Klaviersatz genügend Widerpart zu leisten. Genial – aber auch im Zusammenspiel besonders schwer – ist
das in düsterem Moll dahinhuschende Scherzo, in dessen Dur-Trio sich die
harmonischen Nebel nur vorübergehend lichten. Der Schlußsatz verträgt ein
etwas gemäßigteres Tempo, das der Pianist wegen seiner gefürchteten Girlanden in Achtelsextolen auch dringend nötig hat.

op. 101　　　c-Moll
　　　　　　　Allegro energico – Presto non assai – Andante grazioso (C) – Allegro
　　　　　　　molto

Zeitlich und im Grundcharakter der Komposition liegt kein großer Abstand zwischen op. 87 und dem vier Jahre später am Thuner See entstandenen op. 101, aber die Ecksätze sind technisch eher noch schwerer zu bewältigen. So gilt die ganze Liebe der Hausmusikanten dem schon durch die Sordino-Färbung der Streicher elfenhaft verzauberten Scherzo im Alla-breve-Takt und dem melodiösen Andante, in dem sich die beiden Streicher und das Klavier wechselweise allein gegenübertreten. Die reizvolle Kombination von $^3/_4$- und $^2/_4$-Takt bietet in ihrem natürlichen Fluß keine besonderen Schwierigkeiten, wohl aber der Übergang zu dem beschwingteren Mittelteil (»quasi animato«). Wichtig ist hier (wie übrigens auch sonst im Verlauf des ganzen Satzes) der nahtlose Anschluß der Streicher an das Klavier; die folgenden $^9/_8$ und $^6/_8$ sind praktisch als Achteltriolen zu dem bisherigen Zeitmaß zu denken, und daraus ergibt sich fast von selbst eine im ganzen etwas raschere Bewegung.

Camille Saint-Saëns (*1835–1921*)

op. 18   F-Dur
Allegro vivace – Andante (a) – Scherzo: Presto – Allegro

Ein geistvolles, rhythmisch und melodisch einfallsreiches Werk aus der früheren Schaffenszeit, von geschliffen-durchsichtiger »Clarté« und schon sehr eigenständiger Prägung, auch wenn der langsame Satz ein wenig an Schumanns bildkräftige Charakterstücke »im Volkston« erinnert. Der Klaviersatz ist schlank und mit häufigen monodischen Oktavengängen beider Hände, die auch sparsamen Pedalgebrauch nahelegen, so daß die Streicher selbst im Forte nie zugedeckt werden. Allerdings ist diese Leichtigkeit des Klangs für Hausmusikanten nicht ganz leicht zu realisieren, besonders wenn man die Tempi so flüssig nehmen möchte, wie es gedacht ist. In dem espritgeladenen Scherzo, bei dem andeutungsweise schon die Kolibris aus dem berühmten »Karneval der Tiere« herauszuhören sind, muß das anfangs aus Klavierstaccato und Streicherpizzicati zusammengesetzte Thema rhythmisch präzis wie eine einheitliche Linie herauskommen und am Schluß in der Umkehrung hauchzart verklingen. Der Sinn des Komponisten für effektvolle Schlüsse zeigt sich auch im Finale, wo ein großes Accelerando zu einem gleichsam die Summe ziehenden Codagedanken führt, der dem Hauptmotiv des Kopfsatzes in der Notenfolge ähnelt und damit das Werk sinnfällig abrundet.

René de Boisdeffre (*1838–1906*)

op. 83   Suite D-Dur
Prélude: Allegro – Menuet: Allegretto – Romance: Andante espressivo
– Tarantelle: Allegro vivace

Gehobene Salonmusik von gediegener Machart, angenehm zu spielen und für einen nostalgisch angehauchten Geschmack nicht ohne Reiz. Geige und Cello werden häufig unisono geführt, auch der Klaviersatz ist verhältnismäßig dünn und bietet technisch keinerlei Schwierigkeiten. Die Suitenform bedingt ohnehin eher eine Reihung als eine kombinatorische Verarbeitung der Themen und sorgt sympathischerweise für bündige Kürze.

Max Bruch (*1838–1920*)

op. 5   c-Moll
Andante molto cantabile/Allegro assai – Presto/Andante/Prestissimo

Für ein frühes Werk ist dieses Trio erstaunlich eigenwillig in der Form, einfallsreich auch in der Themenbildung und -verarbeitung, und es klingt heute nur in der harmonischen Entwicklung ein wenig biedermeierlich-brav. Dabei hat es nicht einmal im Klavier die sonst zu dieser Zeit vielfach übliche virtuose Schnörkelei, was die Sache auch für Hausmusikanten lohnend und durchaus spielbar macht. Reizvoll ist der dreitaktige Rhythmus im Finale mit der Wiederaufnahme des Anfangsthemas aus dem Andante, das dann auch im alten Zeitmaß wiederkehrt, während das neue Begleitmotiv aus dem

Presto im Klavier noch nachklingt. Der Übergang ist nur auf den ersten Blick schwierig und regelmäßig ein Anlaß zum Stolpern; es ergibt sich eigentlich aus der musikalischen Identität ganz zwingend, daß von der Nahtstelle an die Achtel wie vorher die halben Takte zu zählen sind.

Hermann Goetz (*1840–1876*)

op. 1 g-Moll
Langsam/Feurig – Sehr ruhig (D) – Flüchtig erregt – Mäßig rasch/Ziemlich lebhaft

Durchaus kein unreifes Erstlingswerk, wie man wegen der Opuszahl vermuten könnte, sondern ein gehaltvolles und tiefgründiges Meisterstück, das im Konzert leider nur ganz selten zu hören ist, obwohl es eigentlich zum festen Repertoire aller guten Trio-Ensembles gehören müßte. Unverkennbar sind starke Einflüsse von Mendelssohn (Kobold-Scherzo!), Schumann (sprunghafter Aufschwung im Eingangssatz!) und natürlich Brahms (langsamer Satz und Finale), aber diese Stilelemente werden souverän verarbeitet, kraftvoll fortentwickelt und mit eigenen Formgedanken verschmolzen, wie schon in den beiden besinnlichen Introduktionen zu den – als Kontrast – energisch zupackenden Ecksätzen zu spüren ist. In klassizistischer Rückbesinnung auf barocke Strukturen durchzieht eine Art motorischer Unruhe, von wenigen stilleren Episoden abgesehen, fast das ganze Werk, und das macht es für technisch nicht so bewegliche Liebhaber nicht gerade leicht zugänglich. Mögliche Klippen für das Zusammenspiel sind vor allem die fugierte Engführung des Themenkopfes gleich zu Beginn der Durchführung im ersten Satz und das ähnliche Fugato im Finale, an das sich sehr unangenehm rasche, beidhändige Skalen im Klavier anschließen. Den Streichern wird vielfach saubere Intonation in schwierigen Lagen, klingendes Pizzicato und sichere Bogentechnik beim Spiccato abverlangt. Insgesamt ist bei diesem anspruchsvollen Werk ohne intensiv-konzentriertes Üben nichts zu machen, aber es lohnt sich.

Peter Iljitsch Tschaikowsky (*1840–1893*)

op. 50 a-Moll
Pezzo elegiaco: Moderato assai/Allegro giusto – Tema con Variazioni:
Andante con moto (E) – Variazione Finale e Coda: Allegro risoluto e
con fuoco

Dem Andenken an Nikolai Rubinstein gewidmet, den als Dirigent und
Musikpädagoge seinerzeit hochangesehenen jüngeren Bruder des Komponisten Anton R.; an Umfang und gefühlsbetonter Intensität der Klangfarben
eine große Symphonie für Klaviertrio, die eigentlich nur in den Konzertsaal
paßt und für dilettierende Hausmusik kaum in Frage kommt. Sogar Starensembles lassen meist die Fugen-Variation weg und streichen einen Teil des
Finales. Auch die technischen Schwierigkeiten sind immens; schon die bei A
(in der Peters-Ausgabe) beginnenden Arpeggien in Sechzehnteltriolen leh-
ren den Cellisten das Fürchten, und ähnlich virtuos sind natürlich auch Geige
und Klavier behandelt. Für eine besondere Gelegenheit könnte man sich
allenfalls den blumigen A-Dur-Walzer der VI. Variation oder die elegante
Mazurka (Variation X) herausgreifen; denn in der häuslichen Intimsphäre ist
solche Leckerbissen-Ausschlachtung – aus der Not geboren – nicht unbedingt verpönt.

Antonín Dvořák (*1841–1904*)

op. 21 B-Dur
Allegro molto – Adagio molto e mesto (g) – Allegretto scherzando (Es)
– Finale: Allegro vivace

Das erste von den vier erhaltenen Trios ist etwa zur gleichen Zeit wie das
frühe Klavierquartett op. 23 entstanden und in seinem musikantisch-frischen
Schwung diesem sehr ähnlich, ohne im Zusammenspiel so viele Probleme
aufzuwerfen. Kenner hören im Eingangsallegro das stereotype Hauptmotiv
aus Schuberts Notturno op. 148 heraus. Der z. T. recht vollgriffige Klavier-

satz verlangt Treffsicherheit bei den häufigen Sprüngen in Oktaven, so z. B. in dem besonders reizvollen, volkstanzartigen Scherzosatz; die Streicher haben dafür verbreitet mit Intonationsschwierigkeiten zu kämpfen. Ansonsten hängt viel von einer feinen dynamischen Abstufung ab, und daß die synkopischen Akzente überall richtig gesetzt werden.

op. 26 g-Moll
Allegro moderato – Largo (Es) – Scherzo: Presto – Finale: Allegro non tanto

Komponiert zu Beginn des Jahres 1876, in dem auch das »Stabat Mater« und das Klavierkonzert entstanden, in seiner überwiegend wehmutsvollen Stimmung wohl noch überschattet vom Tod der kleinen Tochter Josefa, die kurz nach der Geburt gestorben war. Das gleichsam tröstende Largo und besonders das Finale mit seinem Polka-Motiv und dem Abschluß in Dur scheinen dennoch tapfere, den Schmerz überwindende Lebensbejahung auszudrükken. Für Liebhaber neben den »Dumky« vielleicht das lohnendste Trio, weil die Schwierigkeiten sich in Grenzen halten und die Streicher sehr dankbar und ganz gleichberechtigt eingesetzt sind. Dvořák komponiert eben offensichtlich nicht vom Klavier her, sondern benutzt in seiner Kammermusik das Tasteninstrument ohne virtuose Ambitionen mehr als Gegensatz der Klangfarbe und als bereichernde Ergänzung, nicht als ständig durchscheinendes Grundgerüst mit konzertanten Einlagen. Dafür setzt das Zusammenspiel ein sehr gutes Aufeinander-Eingehen aller drei Mitspieler voraus.

op. 65 f-Moll
Allegro ma non troppo – Allegretto grazioso (cis) – Poco Adagio (As) – Finale: Allegro con brio

In den Ecksätzen – besonders die Seitenthemen – stark von Brahms beeinflußt (der Dvořák seinem Verleger Simrock empfohlen hatte!) und leider auch im Klavier entsprechend füllig gesetzt, so daß die Streicher Mühe haben, sich zu behaupten, wenn es den Klavieristen Anstrengung kostet, wirklich alle Noten zu spielen. Typisch böhmischer Dvořák sind freilich das volkstanzartige »Scherzo« im akzentverschobenen Zweiertakt, das teils schwermütige, teils tröstliche Adagio und im Finale die nach F-Dur gewendete Coda voll naiv-sprühender Lebensfreude. Der klassische Formaufbau – ohne häufige Temposchwankungen – macht dieses Trio eher übersichtlicher und schafft keine großen Probleme im Zusammenspiel, aber die technischen Schwierigkeiten sind in allen drei Stimmen beträchtlich. Für nicht professionell geschulte Liebhaber an der Obergrenze ihrer Möglichkeiten, und potentielle Zuhörer sollten lieber im gut abgeschotteten Nebenzimmer einer nützlichen Beschäftigung nachgehen.

op. 90   Dumky
Lento maestoso (e)/Allegro (E) – Poco adagio/Vivace non troppo (cis)
– Andante (A)/Vivace non troppo (a) – Andante moderato, quasi
tempo di Marcia (d)/Allegretto scherzando/Allegro (D) – Allegro (Es)
– Lento maestoso/Vivace (c)

Der Name dieses berühmten, an blühenden Melodien reichen sechssätzigen (!) Trios kommt von den darin verarbeiteten balladenartigen slawischen Volksgesängen (Einzahl: Dumka), wie sie in Polen und der Ukraine beheimatet waren. Auf eine bestimmte Tonart hat sich Dvořák dabei nicht festgelegt, die Abfolge relativ kurzer, oft nach dem Grundschema A-B-A-B ineinander geschachtelter Satzteile wechselt bunt zwischen Moll, Dur und an alte Kirchentonarten erinnernden Klängen quer durch den halben Quintenzirkel. Die technischen Schwierigkeiten sind für die Streicher (hohe Lagen!) mindestens so groß wie für den Pianisten, aber sie sind für geübtere Dilettanten nicht unüberwindlich. Besonders der Cellist freut sich an seinen herrlichen Kantilenen, die er groß und frei ausspielen darf (bzw. können sollte). Wegen des häufigen Takt- und Tempowechsels macht das Zusammenspiel zunächst Mühe, speziell z. B. zwischen Geige und Klavier an der Scherzando-Stelle des vierten (marschähnlichen) Satzes. Hat man den musikalischen Zusammenhang durch häufiges Hören erst einmal im Ohr, so verliert die anfangs verwirrende Vielgestaltigkeit der Szenenfolge sehr bald ihre Schrecken.

Robert Fuchs (*1847–1927*)

op. 22   C-Dur
Allegro moderato – Adagio con molto espressione (f) – Scherzo: Allegro (c) – Finale: Allegro risoluto

Dieses frühe Werk (»Johannes Brahms in größter Verehrung zugeeignet«) ist noch recht untypisch für den originellen, feinsinnigen Kammermusikstil des reiferen Fuchs' und gefiel uns in seiner etwas pompösen Großartigkeit weniger gut. Die Streicher werden oft in Oktaven parallel geführt, was auch nötig ist, um sich gegen donnernde Akkorde und rauschende Akkordbrechungen des Klaviers zu behaupten. Die gekonnte Fortspinnung und Verarbeitung der Themen steht manchmal in keinem rechten Verhältnis zu deren – die Salonmusik streifenden – Banalität. Das Thema des langsamen Satzes wiederum ist einem Brahms'schen Gedanken (Finale aus dem Trio op. 8!) so deutlich »nachempfunden«, daß es schon fast wie eine Wiederholung der Widmung in musikalischer Form aussieht.

op. 72   B-Dur
Allegro molto moderato, ma energico – Allegro scherzando (g) – Andante sostenuto (Es) – Allegro giocoso

Ein eigenwilliges, deutlich bereits über Brahms hinausweisendes Werk, das in seiner dichten Chromatik, Modulationsfreude und sogar im Grundcharakter der schnellen Sätze durchaus schon auf Reger hinweist. Allerdings bleibt der Klaviersatz – zur Freude nicht nur des Pianisten – schlank und durchsichtig, und mit der Melodienseligkeit mancher Streicherkantilenen schimmert auch Wiener Charme immer wieder durch. Nach dem wichtigen Zeugnis des Freundes und Biographen Anton Mayr hat Fuchs das heiter tändelnde Scherzo in Admont auf einer Bank mit Blick auf den Friedhof (!) konzipiert, was die wesentlichen Einflüsse des Milieus auf das Komponieren unterstreicht, sich aber erstaunlicherweise nicht einmal bei dem hauptsächlich in G-Dur stehenden Trio in einem Wald von Kreuzen niedergeschlagen hat. Im ganzen jedenfalls ein reizvolles, durch seine gewissermaßen horizontale Polytonalität interessantes Trio, das wegen seiner begrenzten technischen Ansprüche gerade für Hausmusikliebhaber sehr zu empfehlen ist, wenn sie taktfest sind und sich fürs Einhören Zeit lassen.

Zdenko Fibich (*1850–1900*)

f-Moll
Molto con fuoco – Adagio ma non troppo (Es) – Vivacissimo (F)

Ein knapp gefaßtes, temperamentvolles Werk der böhmischen Spätromantik mit einprägsamen Themen, die freilich in den Ecksätzen trotz immer neuer harmonischer Beleuchtung, wie uns schien, auf eine heute etwas ermüdend wirkende Weise wiederholt und ausgewalzt werden. Originell ist vor allem der nur 37 Takte umfassende, mehr eine Überleitung bildende langsame Satz mit seiner ostinatoartigen chromatischen Linie im Klavierbaß, die den Grundakkord regelmäßig mit dem Leitton verfremdet und damit die weit ausschwingenden Gesänge von Geige und Cello in ein eigentümlich ungewisses Licht taucht. Für routiniertere Dilettanten bei guter Vorbereitung durchaus spielbar und musikalisch nicht uninteressant, wenn der Klavierist bei seinen vollgriffigen Akkorden Zurückhaltung übt und die Streicher sich mit großem Ton engagiert ein- und durchsetzen.

Louise Adolpha Le Beau (*1850–1927*)

op. 15   d-Moll
          Allegro con fuoco – Andante (B) – Scherzo: Allegro (g) – Finale:
          Allegro molto

Ein sympathisch knapp, durchsichtig und konzentriert gearbeitetes Werk der Hochromantik, dankbar auch für die Streicher, mit durchaus »männlich« zupackender Thematik und – beispielsweise in den gar nicht schablonenhaften Klavierbässen – recht einfallsreich hinzuerfundenen kontrapunktischen Linien. Einige Abwechslung bietet auch die figurative Klavierbegleitung zu dem nur wenig zur Süßlichkeit neigenden Duett von Geige und Cello im langsamen Satz; dabei schafft die Modulation nach Ges-Dur mit der enharmonischen Weiterführung in Fis-Dur unangenehme Leseprobleme. Ziemlich harmlos und ohne besonderen »Pfiff« schien uns das kurze Scherzo mit seinem albumblattartigen Trio in G-Dur. Das Finale ist wieder sehr solide gebaut und steigert sich – auch im Tempo – bis hin zu einer Presto-Coda, die das Hauptthema des Kopfsatzes etwas unvermittelt als Abschluß benutzt. Im ganzen sicher keine große künstlerische Offenbarung, aber z. B. einem Reinecke oder Rheinberger mindestens gleichwertig und etwa den uns bekannten Sachen von Boisdeffre an ernsthafter Ausdruckskraft eindeutig überlegen.

Hans Huber (*1852–1921*)

op. 120   B-Dur (»Eine Bergnovelle«)
Adagio/Allegro con fuoco – Andante, molto moderato (D) – Allegretto grazioso (G) – Allegro con fuoco

Eine Art Programmusik nach der 1897 erschienenen Erzählung »Bergvolk« des damals vielgelesenen schweizerischen Volksschriftstellers Ernst Zahn (1867–1952), der von Beruf Bahnhofswirt in Göschenen war. Satztechnisch solide und harmonisch interessant, aber uns Liebhaber schreckt ein wenig die schwer leserliche Chromatik und die spätromantische Klangfülle. Im ersten Satz ist eine Alphornmelodie von den Obwaldener Höhen als Hauptmotiv verwendet, im Mittelteil des Andante (bei »Adagio melancolico«) ein wehmütiges Liebeslied aus dem Kanton Solothurn, der Heimat des Komponisten, und im Scherzo ein Bauerntanz aus Appenzell. Das Finale beschließt ein Trauermarsch nebst Glockenklang im Klavierbaß der Coda, die in den Streichern das Alphornmotiv wieder aufnimmt. Da bleibt gewiß kein Auge trocken.

Sergej Tanejew (*1856–1915*)

op. 22　　D-Dur
　　　　　　Allegro – Allegro molto (d) – Andante espressivo (F) – Finale: Allegro
　　　　　　con brio

Ein formal und harmonisch sehr originelles, auch kontrapunktisch ausge-
zeichnet gearbeitetes Trio, dem man bei uns leider im Konzertsaal so gut wie
nie begegnet. Im Scherzosatz vertritt ein Variationenteil das übliche Trio;
zwischen Andante und Finale steht eine anspruchsvolle Kadenz der Violine.
Angesichts dieser und ähnlicher technischer Hürden kann sich unter Dilettanten nur der schiere Größenwahn an so etwas heranwagen. Zum Glück
gibt es eine mustergültige Platteneinspielung mit dem Odeon-Trio (bei Pro
arte/RCA), die zugleich beflügelt und entmutigt.

Julius Klengel (*1859–1933*)

op. 35　　Kindertrios
　　　　　　Nr. 1　C-Dur,　　　Nr. 2　G-Dur

Wie schon der Name sagt, für Kinder zur ersten Einübung des Kammermu-
sikspiels gedacht und geeignet, also recht simple Kompositionen, dreisätzig,
in sehr knapper klassischer Form. Solche leichten, instruktiven Stücke waren
offenbar um die Jahrhundertwende für die Verleger kein schlechtes Ge-
schäft, denn es waren damals eine ganze Reihe ähnlicher Trios in Gebrauch,
z. B. auch von Cornelius Gurlitt, Theodor Kirchner, Richard Hofmann, Paul
Zilcher oder Willy Herrmann, unter so hübschen Titeln wie »Mignon« oder
»Liliput«. Mancher kennt sie noch mit mehr oder weniger schönen Erinne-
rungen an früheste Jugendzeiten und bedauert es für seine Kinder, daß
heutzutage dafür anscheinend zu wenig Bedarf besteht. Jedenfalls wird immer nur wieder Klengels op. 35 Nr. 2 neu aufgelegt, das vielleicht gar nicht
das beste seiner Art ist, zumal es dem Cello vergleichsweise wenig zumutet.

Anton Arensky (*1861–1906*)

op. 32   d-Moll
Allegro moderato – Scherzo: Allegro molto (D) – Elegia: Adagio (g) –
Finale: Allegro non troppo

Erinnert stark an Schumann und läßt Rachmaninow nur vorausahnen; noch
traditionell in Form und Gestus scheint es die zeitverschobene Rezeption der
deutschen Romantik im russischen Musikleben zu dokumentieren. Auch für
die Streicher dankbar. Schade, daß das punktierte So-La-Mi-Motiv der Coda
des ersten Satzes inzwischen durch neue Salonpianisten wie Clyderman besetzt und verbraucht ist. Auch sonst streift das wogende Gefühl für unsere
Ohren heute gelegentlich die Grenze zum Sentimentalen, bleibt aber stets
geschmackvoll und einfallsreich, so z. B. bei der begleitenden Triolenbewegung der Streicher im »Più-mosso«-Teil der schwermütigen Elegie, die zu
der melodischen Zweierbindung der Tonhöhen in einer inneren Spannung
steht. Neben anderen zyklischen Zitaten kehrt diese Stelle in dem – auch für
die Streicher – sehr virtuos angelegten Finale als retardierendes Moment
wieder.

Cécile Chaminade (*1861–1944*)

op. 11   g-Moll
Allegro – Andante (Es) – Presto leggiero (G) – Allegro molto agitato

Mit seiner spätromantisch erweiterten Harmonik recht abwechslungsreich
und stilistisch schwer einzuordnen, was für einige Originalität spricht. Soweit
eklektische Anleihen bei Beethoven, Mendelssohn und Schumann durch-
scheinen, sind sie jedenfalls ernsthaft und sauber verarbeitet, wie man es von
einer angeblichen »Salonkomponistin« nicht ohne weiteres erwarten würde.
Sogar der langsame Satz (meist ein sicherer Prüfstein für Qualität!) ist in
seinem knappen, gut gegliederten Aufbau alles andere als redselig oder
sentimental. Das Scherzo ist allerdings ein etwas einseitiges Bravourstück für

den Pianisten und wirkt nur bei entsprechend virtuoser Geläufigkeit, während im Finale die Schwierigkeiten gleichmäßiger verteilt sind. Insgesamt schien uns die Ausgrabung nicht umsonst und durchaus der Mühe wert.

Hans Pfitzner (*1869–1949*)

op. 8 F-Dur
Kräftig und feurig, nicht zu schnell – Langsam (cis) – Mäßig schnell, etwas frei im Vortrag (es) – Rasch und wild

Ein harmonisch und motivisch sehr interessantes und vielseitiges Werk, das in manchen Episoden starke Verwandtschaft mit den großen Tondichtungen von Richard Strauß zeigt. Es enthält neben zart empfundenen lyrischen Passagen prachtvoll gesteigerte, zuweilen extrem lautstarke Ausbrüche, und die einzelnen Sätze sind von einer enormen Breite, die von der Kritik seinerzeit als »monströs« empfunden wurde (die Aufführungsdauer beträgt schon bei professionell ungebremsten Tempi fast eine dreiviertel Stunde!). Daher sprengt dieses Trio schon von der dynamischen Pegelbreite her, aber auch wegen seiner übermäßigen Ausdehnung den Rahmen üblicher Hausmusik und gehört eher in den Konzertsaal. Pfitzner sagte selbst einmal, er habe hier das Material zu einer ganzen Sinfonie verarbeitet. Symphonisch ist auch die häufige Vollgriffigkeit des Klaviersatzes und die dicht verwobene Stimmführung, die stellenweise erhebliche rhythmische Probleme im Zusammenspiel bietet. Wer also kein besonderer Pfitzner-Verehrer ist, sollte besser die Finger davon lassen – möglich allerdings, daß unerschrockene Musizierer hier durch geduldiges Einarbeiten (ohne Zuhörer!) diesen Komponisten erst richtig verstehen und schätzen lernen.

op. 43 Duo für Violine und Violoncello mit Begleitung eines kleinen Orchesters oder des Klaviers
I. Allegro moderato – II. Moderato – III. Ganze Takte

Nach den eigenen Angaben des Komponisten ist dieses reife Spätwerk »nicht virtuos und konzertant gedacht, sondern kammermusikalisch, wenn mit Klavierbegleitung, sozusagen als Hausmusik. Die beiden Solospieler sollen daher ihren Part niemals auswendig spielen, sondern am Pult sitzend von Noten.« Solcher Regieanweisung hätte es für Liebhaber wie unsereinen kaum bedurft, aber sie weist jedenfalls zusätzlich auf den intimen Charakter einer schlicht persönlichen Zwiesprache zwischen den Streichern hin, in die sich das orchestrale Element behutsam, aber durchaus auch mit eigenen thematischen Beiträgen einreiht. Dabei ist der Klavierpart gut spielbar und frei von auszugsmäßiger Überladung. Natürlich sind vor allem die Streicher dankbar behandelt, wenn auch teilweise in hohen Lagen. Der Klavierist gönnt ihnen von Herzen ihre weiten, oft polyphon verschlungenen Kantilenen und freut sich, wenn die Intonation beim wiederholten Spiel durch allmähliches Einhören in die ungewohnt modernen Klänge immer reiner wird. Vorsicht bei den Stichnoten: Wenn in der Cellostimme »Viol.« steht, so kann sich das auch auf die Orchestergeigen beziehen und erklingt dann im Klavier!

Paul Juon (*1872–1940*)

Trio-Miniaturen

op. 18 Nr. 3   Rêverie. Molto adagio (cis)
Nr. 7   Humoreske. Allegro ma non troppo (e)
Nr. 6   Elegie. Andante cantabile (f)
op. 24 Nr. 2   Danse phantastique. Quasi Valse lente (F)

Eine nachträglich zusammengestellte Suite aus vier harmonisch und rhythmisch interessanten Charakterstücken, die viel Tonschönheit, Taktfestigkeit und Schwung verlangen, nicht nur in dem mit ²/₄-Takt-Einschüben verfremdeten langsamen Walzer, der von fern an Episoden aus Ravels »La Valse« erinnert. Jedenfalls alles andere als »glatte« Salonmusik trotz der in diese Richtung weisenden Titel, vielmehr sehr ernst zu nehmende, für alle Mitspieler lohnende Musik, die sich bei gründlicher Vorbereitung auch zum Vorspielen eignet. Die Geige kann durch eine Klarinette, das Cello durch die Viola ersetzt werden, was zusätzlich reizvolle Klangkombinationen ergibt.

Max Reger (*1873–1916*)

op. 102 e-Moll
Allegro moderato, ma con passione – Allegretto (c) – Largo (As) –
Allegro con moto

Vielstimmig-dicht gearbeitete und doch wie aus innerer Notwendigkeit sich entfaltende Musik von großer Ausdruckskraft, weit ausgreifend vor allem in den ausgedehnten Ecksätzen, die auch technisch sehr schwer sind. Reizvoll besonders das getupfte, in Klang und Taktart verfremdete Scherzo, in dessen langsamerem Trioteil (»Andante con moto«) zu den Klavierstaccati sangliche Linien der Streicher im Kanon hinzutreten. Das dankbare Largo scheint von überirdischer Ruhe und Sanftheit bestimmt, setzt aber bei den mehrfachen Temporückungen flexibles Ensemblespiel und Klangkultur bis ins vierfache Pianissimo voraus.

Maurice Ravel (*1875–1937*)

a-Moll
Modéré – Pantoum: Assez vif – Passacaille: Très large (A) – Final: Animé

Sicher eines der wichtigsten Werke der Trioliteratur mit einer unerhörten Verbreiterung des harmonischen Klangspektrums, von melodischer Weite und rhythmisch-metrischer Außerordentlichkeit, dabei in strengen Formen gebändigt, so daß Ravel selbst sein (neben einigen Duosachen einziges) Kammermusikwerk als »fast zu klassisch« bezeichnet hat. Pantun ist eine Form der malaiischen Dichtung mit kreuzweise gereimten Strophen, die hier

als Scherzosatz kunstvoll ins Musikalische übertragen ist. Für Hausmusikanten üblichen Schlages leider völlig aussichtslos, nicht nur wegen des meist
klangtraubenhaft vollgriffigen Klaviersatzes, der an einigen Stellen sogar auf
drei Notensysteme verteilt ist; auch die beiden Streicher haben riesige Intonationsschwierigkeiten mit ihren häufigen Parallelgängen im weiten Oktav-
abstand, mit dem ständig verlangten Wechsel der Klangfarbe durch Bario-
lage (Saitenwechsel für den gleichen Ton) und vielen hohen Flageolett-Tö-
nen. Allenfalls die Passacaglia und der gemäßigte Kopfsatz mit seinem auf
interessante Weise schwebenden, durchweg in $^3/_8$, $^2/_8$ und $^3/_8$ gegliederten $^8/_8$
Zeitmaß könnten für mutige Annäherungsversuche neugierig-fortgeschritte-
ner Dilettanten in Frage kommen.

TRIO MIT VIOLA

Johann Christoph Friedrich Bach (*1732–1795*)

Sonate A-Dur
Allegro moderato – Andante (E) – Rondo: Allegretto
Sonate G-Dur
Allegro – Larghetto (D) – Rondo: Allegretto

Mit diesen frühklassischen Trios, die zumindest fakultativ schon »per il Piano Forte« geschrieben sind und auch in der Besetzung bewußt auf einen »Generalbaß« verzichten, hat sich der Bückeburger Bach-Sohn eindeutig von der barocken Triosonate gelöst, an die fast nur noch die Doppelschläge und ähnliche Verzierungen erinnern. Einfallsreiche, liebliche Melodik in schlichter Verarbeitung, vielfach in Terzen und Sexten, selten polyphon. Der Klaviersatz ist schlank, stellenweise sogar fast dürftig zu nennen, so daß von da her keine besondere Zurückhaltung geboten ist, wenn man das Pedal sparsam, je nach Raumakustik auch gar nicht verwendet. Technisch ohne Probleme, daher als hübsche Eröffnungsstücke fürs Hauskonzert zum Einspielen bestens geeignet.

Tommaso Giordani (*ca. 1730–1806*)

op. 30   Nr. 3   Sonate B-Dur
                    Allegro moderato – Larghetto sostenuto – Rondo: Allegretto

Ein schönes Stück echter »musica da camera«, jeweils austauschbar auch mit Flöte, Gambe und Cembalo zu spielen, da es noch ganz in der Tradition der »konservativeren« Bach-Söhne (Carl Philipp Emanuel und Johann Christoph Friedrich) komponiert ist. Aber auch in der modernen Besetzung mit

Klavier ergibt sich klanglich eine gute Ausgewogenheit der Stimmen; denn dankbare Soli sind gleichmäßig verteilt, die Melodieinstrumente häufig im weiten Terzabstand oder auch alternierend geführt, das Klavier als Widerpart sowohl thematisch als auch mit – mehr als nur schulmäßigen – Umspielungsfiguren beteiligt. Für Hausmusik ideal, da technisch nicht schwer, zumal der melodiöse Reiz des Werkes sich nur bei ausgesprochen ruhigen Zeitmaßen entfalten kann.

Ignaz Pleyel (*1757–1831*)

op. 44   Nr. 1   G-Dur
                     Allegro – Rondo: Allegretto
            Nr. 2   B-Dur
                     Allegro – Menuetto: Poco Allegretto
            Nr. 3   c-Moll
                     Andante – Tempo di Menuetto (C)

Wird allgemein als original für die Klaviertriobesetzung mit Viola angesehen, schmeckt aber eher nach Bearbeitung, weil die Bratschenstimme immer von der rechten Hand des Klavieristen mitgespielt wird. Der satztechnischen Struktur nach handelt es sich also eigentlich um zweisätzige Violinsonaten frühklassischer Schule; es gibt sie auch mit Cello als reine Streichtrios, was vielleicht eher die Urfassung sein könnte. Charakteristisch sind die häufigen Achtelstaccati als Begleitung, die etwas penetrant an Haydns Symphonie »Die Uhr« erinnern. Nicht schlecht als Abwechslung und zum Einspielen, aber wirklich lohnend nur für Geige und Klavier, weshalb auch der Herausgeber bei Augener (F. Hermann) die Violastimme in der Partitur schlicht weggelassen hat.

Franz Vinzenz Krommer (*1759–1831*)

op. 32   F-Dur *(mit Violoncello)*
Allegro moderato – Adagio – Rondo Allegro

Eines der ganz seltenen (original so komponierten) Bratschentrios ohne
Violine, daher schon in der Besetzung reizvoll, als wertbeständiges Beispiel
guter Wiener Klassik auch vom musikalischen Gehalt her lohnend und
jedenfalls für den Notfall nützlich, wenn beim Klavierquartett der Geiger
plötzlich absagt. Der Violapart ist als Oberstimme etwas anspruchsvoller als
sonst üblich, und das Cello ist bereits ganz ähnlich selbständig behandelt wie
in den späten Mozart- und frühen Beethoven-Trios, der Klaviersatz freilich
aus pianistischer Sicht hie und da etwas unbeholfen und mager. Trotzdem
muß der Klavierist wegen des gedämpften Streicherklangs der ausschließlich
tieferen Register Zurückhaltung üben und darf seine manchmal in Oktavverdopplungen geführten Läufe und sonstigen Spielfiguren besonders im Diskant nicht zu sehr hervorstechen lassen. In der verdienstvollen Neuausgabe
von J. Michaels bei Sikorski sind leider in der Klavierstimme ein paar
störende Druckfehler stehen geblieben (richtig wäre zu Beginn des Kopfsatzes: Baßschlüssel auch für die rechte Hand; Takt 20: h statt b; Adagio,
Takt 31: 1. Note in beiden Händen Sechzehntel, nicht Achtel; Takt 63: h – b
– a statt b – h – as!).

Johann Ladislaus Dussek (*1760–1812*)

op. 68   Notturno concertante Es-Dur *(mit Violine und Horn)*
Andantino – Tempo di Minuetto: Molto moderato
ed espressivo

Ein liebliches, harmonisch facettenreiches und virtuos ausgeschmücktes Bravourstück aus den letzten Lebensjahren des Komponisten, vielleicht auf
einer Soirée bei Talleyrand mit dem befreundeten Geiger Pierre Rode und

Simon Glücklich: Trio

dem berühmten Pariser Hornisten Frédéric Duvernoy uraufgeführt (von dem es übrigens auch eigene Kammermusik für dieselbe Besetzung gibt). Obwohl natürlich die nachtdunkle Einfärbung sehr darunter leidet, läßt sich das Horn notfalls durch eine Bratsche ersetzen, zumal die Stimme nur »ad libitum« hinzugefügt ist und nicht viel Selbständiges zu sagen hat. Recht anspruchsvoll sind dagegen die Violinstimme und der Klavierpart, die sich oft gegenseitig umspielen oder wohllautend im Terzen- oder Sextenabstand ergehen. Auch dies ist aber dank der gemäßigten Tempi für versierte Dilettanten durchaus zu schaffen, wenn sie nicht gerade den Ehrgeiz haben, prima vista spielen zu wollen; dann freilich: gute Nacht, Notturno!

Adolf Fredrik Lindblad (*1801–1878*)

op. 10 g-Moll
Allegro – Scherzo: Allegro molto/Un poco più lento (G) – Andante con moto (Es) – Allegro assai

Dieser »nordische Schubert«, wie er wegen seiner Lieder gelegentlich genannt wird, erinnert uns stellenweise eher an Beethoven, mit Anklängen auch schon von Mendelssohn und Schumann; er bietet eine etwas unterkühlte Dämonie mit solider, durchsichtig-lockerer, im Klavier fast sparsamer Setzweise. Das erleichtert zwar die Sache besonders dem Klavieristen erheblich, führt aber – z. B. auch wegen der häufigen Fugati – anfangs zu Schwierigkeiten im Zusammenspiel. Die schnellen Sätze gewinnen durch wirklich rasantes Tempo (und sind dann gar nicht mehr so leicht!); auch das $^9/_8$-Andante darf nicht zu langsam genommen werden, sondern immer »mit Motor«, damit die Spannungsbögen nicht abreißen. Jedenfalls eine schöne, nicht nur epigonale Bereicherung des Repertoires, die gerade schlichteren Hausmusikanten mit begrenzter Technik warm empfohlen werden kann.

Ignaz Lachner (*1807–1895*)

op. 37   B-Dur
Allegro moderato – Andante con moto (Es) – Allegro molto – Finale:
Allegro

op. 45   G-Dur
Allegro moderato – Andante (C) – Allegretto (e/E) – Finale: Allegretto

op. 58   D-Dur
Allegro con spirito – Andante (B) – Scherzo: Allegro assai (d) – Finale:
Allegro assai

op. 89   d-Moll
Allegro giusto – Andantino, quasi Allegretto (B) – Scherzo: Allegro
molto (g) – Allegro molto

op. 102 Grand Trio Es-Dur
Andante con moto/Allegro – Andante (As) – Scherzo: Allegro assai (C)
– Allegro con spirito

op. 103 Grand Trio C-Dur
Andante grave/Allegro – Andantino (a) – Tempo di Menuetto (F/B) –
Allegro

Diese spätklassischen Klaviertrios für die seltene Besetzung mit Bratsche
statt Cello sind zu Unrecht fast völlig in Vergessenheit geraten. Es ist wohlklingende, erfindungsreiche und handwerklich gediegen ausgearbeitete
Kammermusik für den Hausgebrauch, und zwar mit ausgewogener Beteiligung aller Stimmen, so daß sie gerade für Liebhaber (auch zum Vorspielen)
sehr geeignet ist. Technisch sind diese jeweils viersätzigen, immer nach
klassischem Schema aufgebauten Werke relativ leicht; sie verlangen kaum
mehr als frisches Musikantentum, Taktsicherheit und die damals übliche
Geläufigkeit, so daß routiniertere Dilettanten sie schon ganz anständig vom
Blatt spielen können. Besonders die beiden letzten »Grands Trios« nehmen
im Klavierpart offensichtlich auf bescheidenere Fingerfertigkeiten Rücksicht
und sind paradoxerweise knapper gefaßt als die breiter angelegten Frühwerke, bei denen man manche Wiederholungen getrost weglassen kann. Wichtig
ist, daß die linke Hand des Klavierspielers nicht lahmt, denn sie bestreitet
allein das Baßfundament und ist daher auch meist gut beschäftigt. Uns gefiel

besonders das musikantisch sehr inspirierte op. 58 mit dem pfiffigen Scherzo in Moll, das mit seiner wilden Coda als Rausschmeißer-Zugabe geeignet ist. Aber auch sonst lassen sich bei diesen Lachner-Trios hübsche Entdeckungen machen.

Ernst Naumann (*1832–1910*)

op. 7   f-Moll
Allegro ma non troppo – Andante con moto (Des) – Allegro risoluto

Mit seiner leidenschaftlichen Ausdrucksgebärde und treibenden Synkopen als häufige Begleitfigur dem späten Schumann verwandt, in den Einzelstimmen spröde bis zur Unverständlichkeit, aber im Zusammenklang dann erstaunlicherweise doch sehr überzeugend und befriedigend. Die Bratschenstimme ist anspruchsvoll und verlangt ständigen Lagenwechsel; überhaupt haben sich die Streicher mit der gleichen kleinteiligen Motivik abzuplagen wie das Klavier, das außerdem oft vielstimmig und vollgriffig gesetzt ist und vor allem auch seine wichtige, fast immer in Oktaven geführte Baßlinie in möglichst gepflegtem Legato durchhalten muß. Von einzelnen technisch gepfefferten Stellen abgesehen, liegen die Schwierigkeiten hauptsächlich im Zusammenspiel, das eiserne Taktfestigkeit und Konzentration voraussetzt.

Johannes Brahms (*1833–1897*)

op. 40   Es-Dur *(mit Violine und Horn)*
Andante – Scherzo: Allegro – Adagio mesto (es) – Finale: Allegro con brio

Das berühmte Horntrio, in seiner seltenen Originalbesetzung wohl eines der schönsten und typischsten Kammermusikwerke der deutschen Romantik, läßt sich in Ermangelung eines brauchbaren Hornisten ganz gut auch mit

Viola spielen, wenn der Bratschist in der Lage ist, seinem Instrument sowohl samtig weiche als auch forsch zupackende Töne zu entlocken. Freilich wird der Kenner allemal in den langsamen Sätzen den verträumten, in den schnellen den jagdlustigen Klangcharakter des Waldhorns vermissen. Auch der Pianist (der er angesichts der erheblichen Schwierigkeiten seines Parts schon möglichst im routinierten Sinne sein sollte) hat sowohl extrem zarte als auch kraftvolle Passagen zu meistern und muß sich hüten, wegen Leseproblemen z. B. bei den sieben b's im as-Moll-Trio des Scherzosatzes – und auch sonst »passim« – zum Bremsklotz des Ensembles zu werden. Technisch leichter tut sich vergleichsweise die Geige, auch wenn ihr viel Taktsicherheit, Tonschönheit und nur an einer ppp-Stelle im Adagio wörtlich »quasi niente« abverlangt wird.

August Klughardt (*1847–1902*)

op. 28   Schilflieder. Fünf Fantasiestücke nach Gedichten von Lenau *(mit Oboe)* Langsam, träumerisch (e) – Leidenschaftlich erregt (h) – Zart, in ruhiger Bewegung (A) – Feurig (fis) – Sehr ruhig (E)

Eine wertvolle, auch heute noch ansprechende, freilich sehr gefühlsbetonte Suite aus stimmungsvollen Tongemälden, denen an bestimmten Stellen Lenaus Verse unterlegt sind – wohl eher als programmatische Illustration für die Spieler, nicht zum Mitsprechen wie bei einem Melodram gedacht. Der besondere Klangreiz dieser seltenen Besetzung verlangt unbedingt das Schalmeienregister der Oboe, die Violine ist nur ein schwacher Ersatz; mit ihr fehlt ein wichtiger Teil des romantischen Zaubers, zumal die Geige dann auf ungereimte Weise gegenüber der anspruchsvollen Violastimme unterbeschäftigt ist. Der Klaviersatz enthält, besonders in den beiden schnellen Stücken, unangenehm schwere, manchmal die Salon-Virtuosität streifende Figurationen; kein Wunder, daß das Werk Franz Liszt gewidmet wurde. (An einigen Stellen ungehemmter Chromatik ist auch Wagner sehr deutlich herauszuhören.) Sonst besteht die Hauptschwierigkeit für den Pianisten darin, dem oft drängenden, jedenfalls metrisch ziemlich freien Vortrag der Melodieinstrumente in guter Anpassung zu folgen.

Philipp Scharwenka (*1847–1917*)

op. 105　　A-Dur
　　　　　　Andante sostenuto/Allegretto con spirito

Ein wertvolles Stück intimer Kammermusik, eigentlich nur *ein* ausgedehnter Satz mit langsamer Einleitung und als »Duo für Violine und Viola mit Begleitung des Klaviers« bezeichnet (ähnlich Pfitzners op. 43), also eher erholsam für den Pianisten, dessen Part aber trotzdem wichtig und – in manchen Wendungen an Dvořák erinnernd – nirgends langweilig ist. Verhältnismäßig mehr gefordert sind die beiden Streicher, die wegen der originellen, oft polyphon verschränkten Struktur des Werkes vor allem möglichst taktfest sein sollten. In der Introduktion müssen die Achtel sehr ruhig ausgespielt werden; man orientiert sich fürs Zeitmaß am besten gleich an den späteren Sechzehnteln, die nicht überhetzt klingen dürfen. Das Allegretto ist dann etwa doppelt so schnell zu nehmen und verträgt am Schluß eine kleine Beruhigung, damit der Bratschist seinen kadenzartigen Abgesang ohne hörbare Überanstrengung unterbringen kann.

op. 121　　e-Moll
　　　　　　Andantino tranquillo – Un poco lento – Finale: Allegretto con spirito

In seiner chromatisch angeschärften, gleichsam oszillierenden Harmonik mit Fauré und Reger verwandt, dabei aber schlichter und eingängiger in der Themenbildung und Stimmführung. Der Streichersatz ist dicht und dankbar, das Klavier nicht überladen. Wichtig ist es, die dynamischen Zeichen gut zu beachten, die nicht immer mit dem übereinstimmen, was man im Verlauf der musikalischen Entwicklung traditionell erwartet. Jedenfalls eine schöne Bereicherung der seltenen Gattung und gerade auch für Liebhaber lohnend.

Robert Fuchs (*1847–1927*)

op. 57   Sieben Fantasiestücke
I. Mäßig bewegt, leidenschaftlich (c) – II. Langsam, getragen (Es) – III.
Mäßig bewegt (g) – IV. Sehr gemütvoll (B) – V. Anmutig bewegt (G) –
VI. Lebhaft, zart (h) – VII. Etwas bewegt (g)

Harmonisch vielseitige Charakter-Miniaturen mit Charme und Tiefe, technisch relativ harmlos, jedenfalls auch im Klavier ohne jeden virtuosen Anstrich, dabei in der musikalischen Gestaltung trotzdem nicht ganz leicht. Vor
allem die richtige Wahl der Zeitmaße ist wichtig, damit kein allzu moderat-
langweiliger Einheitszwirn entsteht. Je nach Modulationsverlauf und melodischer Linie scheint manchmal – wie bei Fuchs überhaupt – eine kaum
merkliche Temponuancierung von Takt zu Takt erforderlich zu sein, was
besonders gutes Ein- und Aufeinander-Hören voraussetzt. Sicher nichts
Aufregendes für den großen Konzertsaal, aber für intimere Hausmusik
wärmstens zu empfehlen und auch fürs Vorspielen unter Freunden sehr
geeignet, und seien es nur einzelne der Stücke in Auswahl oder als Zugabe.

op. 115   fis-Moll
Allegro molto moderato – Andante grazioso (D) – Allegretto scherzando (h) – Allegro giusto

Ein reifes Meisterwerk alter Schule, noch ganz auf dem Boden spätromanti-
scher Tonalität stehend, mit seinem häufigen Tonartenwechsel innerhalb
kurzer Phrasen manchmal von fern an Reger erinnernd, aber durchaus
eigenständig in der Themenbildung und -verarbeitung. Die punktuellen technischen Schwierigkeiten (z. B. im Vivace-Trio des Scherzos) sind nicht unüberwindlich. Im ersten Satz verlangt das originelle Gegeneinander von
punktierten Achteln und Achteltriolen, deren mittlerer Wert noch in Sechzehntel aufgelöst ist, einiges an rhythmischem Gefühl und Taktfestigkeit. Die
$^6/_4$-Sostenuto-Episoden im Finale folgen praktisch dem sonstigen Alla-breve-
Takt; durch die Dreierbewegung in Vierteln statt der bisherigen vier Achtel
ist die ruhigere Gangart bereits auskomponiert und stellt sich von selbst ein.

Adolf Sandberger (*1864–1943*)

op. 4   Trio-Sonate c-Moll
Mit Leidenschaft – Langsam und ausdrucksvoll (Es) – Rasch (C) –
Rasch und kräftig

Böse Zungen nennen es einen »Schmachtfetzen«, aber schwungvoll gespielt
wird dieses effektvolle, wenn auch für heutige Geschmäcker reichlich senti-
mentale Trio jedenfalls nie langweilig sein. Es ist übrigens Felix von Weingartner gewidmet und zeigt harmonisch oft Anklänge an Wagner. Die Viola
ist vielfach führend, indem sie die Themen zuerst vorstellt, eine dankbare
Sache also auch, wenn ausnahmsweise der Erste Solobratschist eines weitbe-
rühmten Orchesters bei ehrgeizigen Dilettanten zu Gast und zum Mitspielen
geneigt ist. Freilich wäre dann besonders dem Klavierspieler anzuraten, sich
seine Stimme – auch wenn sie nach Meinung des Komponisten nur »mittel-
schwer« ist – zuvor gründlich anzusehen; denn lahme Tempi verderben das
Vergnügen ziemlich, und z. B. die Schlußstretta muß einfach so hingelegt
werden, daß es rauscht und daß hinterher Schweiß und Tränen aus allen
F-Löchern fließen.

Max Reger (*1873–1916*)

op. 2   h-Moll
Allegro appassionato ma non troppo – Scherzo: Allegretto, non troppo
mosso (e) – Adagio con Variazioni: Adagio sostenuto/Più andante/Non
troppo mosso/Andante cantabile/Allegro energico/Largo assai, quasi
fantasia (H)

Noch kein »typischer« Reger, sondern ein stark von Brahms beeinflußtes, im
Scherzo auch an Dvořák erinnerndes Jugendwerk von fülliger Klangschön-
heit und origineller Rhythmik, aber schwer, sehr schwer vor allem im Zusammenspiel. Das Klavier hat häufig keine »Eins«, d. h. nur Pausen am Taktan-
fang oder herübergebundene Noten, so daß leicht die wechselseitige Orien-

tierung verlorengeht, besonders verhängnisvoll in der Coda des Scherzos und in der ersten und dritten Variation des – entgegen allen effekthascherischen Konventionen – langsamen Finalsatzes. Die extrem ruhig zu spielende, aber gerade dadurch in unübersichtliche Teilphrasen zerfallende Schlußvariation hinterließ bei uns die meisten Seufzer der Verzweiflung. Kein Wunder, daß man dieses an sich lohnende, gerade auch die Viola statt des Cellos sinnfällig einsetzende Werk so selten hört. Es verlangt neben griffsicherer Technik viel Gestaltungskraft und großen Atem. Mutige Dilettanten können sich daher nur mit viel Ausdauer und Begeisterung einen einigermaßen adäquaten Eindruck verschaffen.

TRIO MIT FLÖTE

Johann Christoph Friedrich Bach (*1732–1795*)

Sonate D-Dur
Allegro con spirito – Andante (A) – Rondo Scherzo

Ein fröhlich gestimmtes Werk der Frühklassik, geeignet für ein festliches Geburtstagsständchen; eigentlich komponiert »per il Cembalo concertato, accompagnato da Flauto Traverso o Violino e Violoncello«, also im Klavier keine aufgefüllte Generalbaßstimme nach barocker Art, vielmehr für den Klavieristen ziemlich anspruchsvoll und ohne Fingersätze nicht leicht vom Blatt zu spielen. Aber auch die Flöte ist dankbar und selbständig behandelt; das Cello setzt lediglich – wie bei Haydn – den Klavierbaß in längere, streicherisch gezogene Linien um. Das Finale muß zügig und mit tänzerischem Schwung angepackt werden; im G-Dur-Mittelteil wird man den sanglichen Seitengedanken etwas ruhiger nehmen und erst bei der Wiederkehr des Rondothemas erneut »voll aufdrehen«.

Joseph Haydn (*1732–1809*)

Hob. XV: 15 G-Dur
          Allegro – Andante (C) – Finale: Allegro moderato
Hob. XV: 16 D-Dur
          Allegro – Andantino più tosto Allegretto (d) – Vivace assai
Hob. XV: 17 F-Dur
          Allegro – Finale: Tempo di Menuetto

Aus dem großen Fundus von Triokompositionen Haydns (vgl. oben S. 50) stellen diese drei Werke eine schöne Bereicherung für die relativ seltene

Besetzung mit Flöte dar. Haydn hat sie vermutlich alle im Jahre 1790 geschrieben, noch vor seiner ersten Englandreise; eines davon (wahrscheinlich das zweisätzige in F-Dur) hat er damals seiner Londoner Freundin Marianne von Genzinger als »ganz neue Clavier Sonaten mit einer Flauten oder Violin begleitet« geschickt – die normale Triobesetzung mit Geige ist also ebenso legitim. Jedenfalls hat aber das Melodieinstrument, verglichen mit den frühen Haydn-Trios, schon deutlich mehr als eine bloße Begleitungsfunktion; nur die Cellostimme bleibt reine Verstärkung des Klavierbasses. In dem alten Musiklexikon von Gerber (1812) wird speziell das D-Dur-Trio gelobt: »Witz, Laune, Modulation usw. . . . machen Haydns Genius unverkennbar«. Altmann nennt das in G-Dur »alltäglich«, und es sei »keineswegs geeignet, für diese (sc. Trios) im allgemeinen eine Lanze zu brechen«. Es hängt wohl viel auch von der eigenen Stimmung ab, wie einem solche frühklassische Gebrauchsmusik jeweilen gefällt. Der Cellist hat während seiner ausgedehnten Schrumm-dada-Passagen zu ihr sowieso ein distanzierteres Verhältnis.

Johann Christian Bach (*1735–1782*)

op. 2 Sechs Sonaten
F-Dur, G-Dur, D-Dur, C-Dur, A-Dur, Es-Dur

Musikalisch verwandt mit den ganz frühen Haydn-Trios, also eher noch Triosonaten für ein Melodieinstrument (Flöte oder Violine), Cembalo-Diskant und streicherverstärktem Baß. Der Cellopart ist ziemlich unterentwickelt, obwohl er sich gelegentlich schon von der Unterstimme des »Clavecin« emanzipiert. Als technisch anspruchslose, wechselnd reizvolle »Gemüthsergetzung« ist diese Musik z. B. zum Einspielen gut geeignet, wobei der moderne Klavierklang eigentlich zu dick wirkt und zumindest durch trockenen Anschlag »con sordino« (vgl. Fachlexikon!), vielleicht auch weitgehend mit Hilfe des zweiten Pedals abgetönt werden sollte.

Muzio Clementi (*1752–1832*)

op. 22   Nr. 1   D-Dur
             Allegro di molto – Allegretto innocente (G) – Finale: Vivace
             assai

Ein ansprechendes Stück, von munterer Musizierfreude durchdrungen, allerdings eher eine begleitete Klaviersonate, weil die Stimmen der Melodieinstrumente wenig selbständig geführt sind. Trotzdem geben Flöte und Cello
z. B. mit lang durchgehaltenen Harmonietönen und allerlei Umspielungen
dem Ganzen ein reizvolles, durchaus »obligates« Kolorit. Die Ecksätze sollten recht flink genommen werden, was dem Klavieristen mit seiner schulmäßigen, an Clementi-Sonatinen hoffentlich fleißig geübten Geläufigkeit keine
großen Schwierigkeiten machen dürfte. Das »unschuldige« Allegretto
könnte dann als Ruhepol eher zu einem Andantino hin tendieren; die interessante motivische Entwicklung in der G-Moll-Episode weist hier besonders
deutlich schon auf Beethoven hin. Im Hauptthema des Finales haben wir uns
im dritten Takt für die zweite von den Herausgebern (dem Nordwestdeut-
schen Kammertrio, Osnabrück) vorgeschlagene Ausführungsvariante mit der
schärferen Sekundreibung quasi als kurzen Vorschlag entschieden, weil dies
dem sonst nicht sonderlich originellen Tanzliedchen ein witzigeres Glanzlicht
aufsetzt.

Franz Anton Hoffmeister (*1754–1812*)

Nr. III   D-Dur
             Allegro – Adagio (d) – Menuettino

An den nicht mehr ganz jungen Mozart erinnert dieses frische, spielfreudige
Werk, das wie eine begleitete Klaviersonate anfängt, aber bald in ein durchaus gleichberechtigtes Wechselspiel zwischen Flöte und Klavierdiskant mündet. Das »kleine Menuett« dient als Thema für vier harmlos-munter figurier-

Sebastian Gutzwiller: Familienkonzert

te Variationen, die weder für die Flöte noch fürs Klavier besondere Schwierigkeiten bieten. Das Cello beginnt sich bereits deutlich vom Klavierbaß zu emanzipieren und sorgt in der Coda des Finales sogar mit einer geradezu »virtuosen« Kette von raschen Tonleitern für Überraschung und ganz persönlichen Schlußapplaus.

Ignaz Pleyel (*1757–1831*)

op. 16   Sechs Sonaten

Ihrer Majestät der Königin von England zugeeignet und formell stark von Haydn beeinflußt, wenn auch ohne dessen hintergründigen Witz ein wenig brav und »hausbacken« wirkend. Die sangliche Melodiebildung erinnert gelegentlich an Mozart, besonders in der 2. Sonate; das Cello wird jedoch fast ausschließlich noch als Generalbaßinstrument behandelt. Nur die Sonaten Nr. 1 (G), Nr. 2 (C) und Nr. 5 (e) liegen bisher in modernen Ausgaben vor. Technisch für alle drei Instrumente nicht schwer, zumal die Tempi der schnellen Sätze eher noch in der barocken Tradition zu verstehen sind, ein $^6/_8$-Presto also nicht mehr als eine rasch fließende Achtelbewegung bedeutet und natürlich keinen spätklassischen Scherzocharakter annehmen darf.

op. 29   Grand Trio D-Dur
           Allegro – Andante (G) – Rondo: Allegro

Eine ansprechende, unterhaltsam zu spielende Bereicherung des klassischen Repertoires, gelegentlich schon mit leicht sentimentalen »Drückern« ähnlich manchen harmonischen Wendungen bei Dussek, die damals aus der Feder eines Haydn-Schülers recht kühn geklungen haben müssen. Die vielen Terzengänge zwischen Flöte und Klavierdiskant setzen präzises Zusammenspiel voraus, ebenso die Unisono-Stellen im Kopfsatz. Das Cello folgt nicht sklavisch dem Klavierbaß, sondern sekundiert streckenweise auch die Flötenkantilene in homophon-melodischer Führung, vor allem im langsamen Satz.

»Groß« heißt das Trio wohl hauptsächlich wegen des ausgedehnten Finales; denn hier ist ein zweites Allegro im $^2/_4$-Takt dem $^6/_8$-Rondo angehängt, das demgegenüber wohl eher als Allegretto aufzufassen ist. Jedenfalls muß dieser Kehraus sehr viel flotter genommen werden, damit der Schluß auch im Pianissimo noch den gewünschten Effekt macht.

Johann Ladislaus Dussek (*1760–1812*)

op. 65 Sonate F-Dur
Allegro espressivo – Larghetto con un poco di moto (B) – Rondo: Moderato assai

Der Originaltitel lautet zwar »Sonate pour le Piano-Forte avec accompagnement de Flûte et Violoncelle«, aber dies ist nicht in dem Sinne wörtlich zu nehmen, daß das Klavier allein das Sagen hätte; vielmehr sind die Flöte und meist auch das Cello ganz selbständig geführt und haben sogar technisch recht schwierige Stellen zu bewältigen, das Cello vor allem wegen der hohen, im Violinschlüssel notierten Lagen. Der Pianist hat in beiden Händen viel Laufwerk und schnelle Akkordbrechungen zu bewältigen, und dies (z. B. in der Durchführung des Kopfsatzes) in sehr verschiedenen und teilweise abseitigen Tonarten, was ihn an ähnliche Wechselbäder beim Prinzen Louis Ferdinand erinnert. Insgesamt aber ein reizvolles, einfallsreiches und klangschönes Werk mit lyrisch-elegischem Grundcharakter, das gerade für intimere Hausmusik warm empfohlen werden kann.

Adalbert Gyrowetz (*1763–1850*)

op. 21   Nr. 1   B-Dur
                       Allegro – Adagio (Es) – Tempo di Minuetto: Moderato
               Nr. 2   G-Dur
                       Allegro Moderato – Andantino affettuoso – Allegretto

Diese beiden »Grandes Sonates« erinnern mit ihrem thematischen und harmonischen Einfallsreichtum sehr an Divertimenti und Opernmusik von Mozart, wobei uns die erste deutlich besser gefiel als die zweite, die sich schon wegen ihres etwas unklaren Plagalschlusses (Erreichen der Tonika über die Subdominante) nicht gut zum Vorspielen eignet. Auch der langsame Variationensatz wirkt in der notierten Form des alten André-Stiches seltsam rudimentär; man sollte das Thema und die Variationen (außer der sechsten, die unmittelbar in die Coda übergeht) zumindest je einmal wiederholen. Jedenfalls für alle Haydn- und Mozartfreunde eine lohnende Bereicherung des Repertoires, dabei dankbar für Flöte und Klavier; aber auch der Cellist nimmt höchstens Anstoß daran, daß ihm in der ersten Sonate an einer Stelle technisch Unmögliches, nämlich ein Kontra-B unterhalb seiner C-Saite abverlangt wird.

op. 50   Divertissement A-Dur
               Larghetto – Menuetto: Moderato – Andantino/Allegro (D) – Allegretto

Ein abwechslungsreiches, in kurze Sätze und Satzteile gegliedertes Potpourri aus feinsinnig-empfindsamen langsamen und etwas plakativ-munteren schnellen Abschnitten mit Bühnenmusikcharakter, die für die Melodieinstrumente nicht sehr viel bieten, zumal die Oberstimme (die für Geige *oder* Flöte gedacht ist) oft ziemlich tief liegt. Das insgesamt ein wenig gestückelt wirkende Stück steht Haydns Stil oder dem des Londoner Bach am nächsten, wenn auch das Cello schon deutlich mehr zu sagen hat; nur sind die Themen und Motive nicht gerade umwerfend originell. Für Hausmusikanten, die Lust auf problemlose Naivität verspüren, durchaus bekömmliche Kost, wenn sie das Ganze dynamisch fein abtönen und die Tempogegensätze herausarbeiten.

Ludwig van Beethoven (*1770–1827*)

WoO 37   G-Dur
           Allegro – Adagio – Thema andante con variazioni/Thema allegro

Dieses Jugendwerk ist in Themenbildung und -verarbeitung noch ziemlich konventionell, enthält viel »Terzenseligkeit« und erscheint in seinem musikalischen Gehalt insgesamt harmloser als z. B. die frühen Klavierquartette. Für das Fagott läßt sich notfalls ein Cello einsetzen, wodurch freilich manches neckische Parlando der (ganz selbständig geführten) Baßstimme an Eindrücklichkeit verliert. Der Klavierpart ist, vor allem in den beiden Ecksätzen, ausgesprochen vertrackt gesetzt und stellenweise schwer bis zur Unspielbarkeit (jedenfalls für bemühte Dilettanten). Oft hat es den Anschein, als ob der junge Beethoven hier weniger am Klavier als am Schreibpult komponiert hätte. Oder wollte er etwa hochmütige Prima-vista-Spieler damit ärgern und zur schieren Verzweiflung treiben?

Johann Nepomuk Hummel (*1778–1837*)

op. 2/I   Sonate B-Dur
           Allegro – Andante (Es) – Rondo: Allegretto

Eigentlich eine von drei Klaviersonaten »avec Accompagnements de Flute ou Violon et Violoncelle« (wobei das Cello bezeichnenderweise »Sonata II et III tacet«!) – also nicht gerade eine ideale Triokomposition. Trotzdem als Hausmusik für die seltene Besetzung nicht ganz zu verachten, weil die Melodieinstrumente immerhin mit ein paar eigenen »Soli« aufwarten können und im übrigen dem Klavier mit ihrer farbigen Untermalung recht hübsch sekundieren. Man spürt die Nähe zu Mozart und noch sehr wenig von dem virtuosen Raffinement späterer Werke. Der alte Stich von Schlesinger, Paris, enthält leider manche Ungenauigkeiten, hinderlich vor allem bei dem (nur fürs Cello so bezeichneten) Adagio-Übergang zum Finale, wo in der

Klavierstimme kurz vor dem Doppelstrich mindestens eine Viertelpause und
zwei Taktstriche fehlen.

op. 78   Adagio, Variationen und Rondo über ein Russisches Thema a-Moll
               Introduction: Cantabile (A) – (Thema:) Quasi Allegretto – Adagio assai
               (Var. VI) – Finale: Vivace assai (Var. VII)

Das russische Lied »Schöne Minka, ich muß scheiden« scheint zu Beginn des
vorigen Jahrhunderts in Wien eine Art Schlager gewesen zu sein; denn auch
Beethoven hat es in seinen späten Volksliedbearbeitungen für Gesang mit
Begleitung eines Klaviertrios gesetzt – beliebte, sentimental zu zelebrierende
Zugabe an Hausmusikabenden, wenn die sangesfreudige Gastgeberin nicht
nur zuhören, umblättern und kochen, sondern sich auch selbst noch ein
bißchen hören lassen möchte. Die Trio-Variationen von Hummel sind ein
ernstzunehmendes, schon wegen der seltenen Besetzung reizvolles Werk, das
die beiden Melodieinstrumente gleich in der gewichtigen Einleitung, aber
auch in den abwechslungsreich charakterisierenden Variationen ganz selbständig führt und nur gelegentlich fürs Klavier in das Nur-Virtuose abzugleiten droht. Besonders das endlose Tremolo-Geklingel in der sechsten Variation macht dem Klavieristen keine große Freude; es müßte harfenartig
gehaucht, schnell und doch zart klingen. Nicht leicht ist auch die lebhafte
Schlußvariation im $^6/_8$-Takt, die ihn weidlich über die ganze Klaviatur jagt,
während Flöte und Cello kaum vergleichbare Schwierigkeiten haben.

Conradin Kreutzer (*1780–1849*)

op. 23   Nr. 2   Grande Sonate G-Dur
               Allegro con moto – Adagio (C) – Finale: Allegro vivace

In den sanften Gefilden einer etwas dünnblütigen Hochklassik bewegt sich
dieses Werk mit seinen im Formelkanon der Zeit geläufigen und darüber
kaum hinausweisenden Wendungen. Die Ecksätze müssen in recht lebhaftem

Tempo genommen werden, um nicht langatmig zu wirken; die Wiederholungen der Exposition kann man sich jeweils getrost schenken, weil die – für heutige Ohren – nicht eben umwerfenden Einfälle ohnehin häufig genug wiederkehren. Besonders im Finale läßt Mozart grüßen; mancher hört sogar den Radetzky-Marsch heraus. Auch der langsame Satz erfreut eher schlichtere Gemüter, kann aber durchaus befriedigen, wenn die feinsinnig ziselierten – übrigens technisch unkomplizierten – girlandenartigen Figuren ganz sauber und zart gespielt werden.

Ferdinand Ries (*1784–1838*)

op. 63 Es-Dur
Allegro – Andantino (As) – Rondo: Allegro

Wir hatten einige Mühe, an die Noten überhaupt heranzukommen, und erhielten schließlich eine Kopie des alten Simrock-Druckes aus dem Archiv der Gesellschaft der Musikfreunde in Wien. Das gefällige Werk ist sehr knapp gefaßt – der Mittelsatz kaum mehr als eine langsame Überleitung zum Finale – und ähnelt im ganzen einer Sonatine von Kuhlau. Flöte und Cello haben zwar einige melodische Einwürfe und selbständige Kontrapunkte, sind aber dem thematisch bevorzugten Klavier deutlich untergeordnet und leider auch etwas unterbeschäftigt, während der Klavierist allerhand (nicht besonders schwierige) Geläufigkeit zu demonstrieren hat. Auch das kleine c-Moll-Fugato im Schlußsatz bringt kaum Tiefgang in die harmlose Vergnüglichkeit dieses »Trioletts«. Für anspruchsvollere Hausmusikanten also nur bedingt lohnend, und selbst bei flotten Tempi eigentlich nur klassikbegeisterten Klavierfreunden zu empfehlen.

Carl Maria von Weber (*1786–1826*)

op. 63 g-Moll
Allegro moderato – Scherzo: Allegro vivace – Schäfers Klage: Andante espressivo – Finale: Allegro

Wohl das schönste und dankbarste Werk dieser Besetzung, bei der sich die verschiedenen Klangfarben der Instrumente so reizvoll mischen. Freilich hat in den schnellen Sätzen jeder Part seine technisch heiklen Stellen, die intensiv geübt sein wollen. Die häufigen Terzengänge zwischen Flöte und Klavierdiskant verlangen ein besonders exaktes Zusammenspiel und Aufeinander-Hören, ebenso der herzerweichend traurige Schluß des langsamen Satzes, wo in den letzten vier Takten die begleitenden Sechzehnteltriolen in Klavier und Cello zwar leise, aber doch gut hörbar herauskommen müssen. Nicht leicht zu gestalten ist der Beginn des Finales: Um für das »più giocoso ed accelerando« nach dem Einsatz der Flöte noch Reserven zu haben, empfiehlt sich trotz des Alla-breve-Zeitmaßes zunächst eine ruhigere Gangart; zumindest sollte das Cello bei seinem bestätigenden Einwurf den Fluß der Entwicklung noch einmal deutlich zurückhalten, wie es später (vor der Wendung nach G-Dur) auch weitergehend auskomponiert ist.

Friedrich Kuhlau (*1786–1832*)

op. 119 G-Dur
Allegro moderato – Adagio patetico: Sostenuto assai – Rondo: Allegro

Nicht sonderlich tiefschürfend, aber sehr wohlklingend und beschwingt ist diese Musik, im Finale geradezu operettenhaft leicht trotz des an Beethoven erinnernden Seitenthemas. Für die Flöte und im Klavier sind die kleinen Virtuositäten gut spielbar angelegt, während das Cello in dünner Höhenluft zu spüren bekommt, daß es eigentlich die zweite Flöte ersetzt. Wenn es ab und zu aus Verzweiflung einfach eine Oktave tiefer spielt, ist das auch nicht so schlimm. Den langsamen Satz darf man mit Rücksicht auf die späteren

Vierundsechzigstel nicht zu rasch beginnen, wenn das Schluß-Smorzando sich nicht bereits durch ein unvorschriftsmäßig frühes »Ersterben« verwirklichen soll.

Carl Czerny (*1791–1857*)

op. 256   Fantasia concertante

Es handelt sich um eine formal ganz freie Aneinanderreihung von thematisch nicht gerade originellen, aber auf raffinierten Wohlklang berechneten Episoden, abwechslungsreich und von virtuoser Brillanz für alle drei Instrumente. Der Cellist muß sich z. B. bis fast zum Steg hinaufhangeln, um das zweigestrichene A zu erwischen, im Klavier sind u. a. gegenläufige Arpeggien und unangenehme Skalen aller Art zu bewältigen, und die sprunghaften Flötenstakkati sind auch nicht von Pappe. Wegen der etwas mageren musikalischen Substanz müßte all dies in straffem Tempo abrollen, was für die Nicht-Profis unter den Hausmusikanten kaum zu schaffen ist.

Gaetano Donizetti (*1797–1848*)

F-Dur *(mit Fagott)*
Larghetto – Allegro

Diese beiden technisch anspruchslosen Sätze bilden gleichsam zwei kleine Opernszenen von südlichem Schmelz und etwas äußerlichem Gepränge, musikalisch nicht gerade aufregend, aber angenehm zu spielen und anzuhören. Die charakteristische Klangfarbe des Fagotts ist hier kaum zu entbehren und gibt der Flöte erst den teils fülligen, teils parlandoartigen Widerpart zum vollendeten Vokalduett, den das Cello auch mit seinem kantabelsten Vibrato und lockersten Spiccato nicht ersetzen kann. Schade, daß dem Klavieristen in der Peters-Ausgabe von Bernhard Päuler mehrere geradezu »unmögliche«

Umwendestellen den Spaß ein bißchen verleiden, wenn gerade kein noten-
kundiger Umblätterer aufzutreiben ist. Man fragt sich bei neueren Veröf-
fentlichungen (auch anderer Verlage) immer öfter: Muß das eigentlich so
sein?

M. Honegger: Trio

TRIO MIT KLARINETTE

Wolfgang Amadeus Mozart (*1756–1791*)

KV 498 Trio Es-Dur *(mit Viola)*
Andante – Menuetto – Allegretto

Man kann das sogenannte »Kegelstatt-Trio« natürlich auch mit Geige statt Klarinette spielen, aber es verliert dabei den Reiz der doppelten Klangmischung. Daß Mozart dieses blühende, aber eher ernste, voller herrlicher Einfälle steckende Werk beim Kegeln komponiert haben soll, ist kaum zu glauben. Jedenfalls hat er die Viola, die er selbst spielte, ebenso reich bedacht wie die anderen beiden Instrumente; im Trio des Mittelsatzes dominiert sie sogar eindeutig mit unangenehmen Triolenketten, die möglichst nicht »geholzt« an kreuz und quer fallende Kegel erinnern dürfen, und sie hat auch im Mollteil des Schlußsatzes die Führung. Ein heikles Werk mit viel kontrapunktischer Arbeit, das auch die linke Hand des Klavierspielers z. B. bei den ausgeschriebenen Doppelschlägen des Kopfsatzes mehr als zu dieser Zeit üblich strapaziert, aber bei guter Vorbereitung viel Freude macht.

Anton Eberl (*1765–1807*)

op. 36 Grand Trio Es-Dur
Andante maestoso/Allegro con spirito – Adagio non troppo ma con espressione (As) – Scherzo: Molto vivace – Allegretto

Ein beschwingt-musikantisches Werk der Mozart-Nachfolge, etwas weiter schon in manchen (damals) gewagten Modulationen, ungefähr Danzi und Dussek vergleichbar. Die hübschen thematischen Einfälle werden mit den verschiedenen Klangfarben der Instrumente und auch harmonisch recht abwechslungsreich beleuchtet, aber nicht eigentlich ausgebaut und verarbeitet. Technisch von ordentlichen Klassik-Freunden ohne weiteres zu machen. Der insgesamt dankbar bedachte Cellist hat nicht selten in hoher Lage zur Klarinette sozusagen die zweite Stimme zu singen. Stolpersteine fürs Klavier bietet vor allem das witzige Scherzo mit seinen vielen kurzen Vorschlägen, die in dem geforderten raschen Tempo nicht alle auf Anhieb gelingen und auf Präzision geübt sein wollen.

op. 44   Potpourri Es-Dur
Introduzione: Andante/Allegro – Andantino (B) – Pastorale

Klassische Unterhaltungsmusik unter Verwendung eingängiger und beliebter Melodien, in der Klavierstimme sehr virtuos ausgeschmückt, frei von der Beachtung strenger Formen und auch sonst ohne tiefergehende künstlerische Ambitionen. Der Mittelsatz variiert mit allerlei Umspielungsfiguren einen »Hit« aus der damals bekannten Oper »Aline« (Reine de Golconda, vermutlich von Boieldieu). Klarinette und Cello sind wenig selbständig geführt und eher als Begleitung gedacht, die sich der reisende Pianist seinerzeit am jeweiligen Ort seiner Tournee von Fall zu Fall »auslieh«. Für heutige Ansprüche an einigermaßen ausgewogene Kammermusik also kaum zu empfehlen.

Ludwig van Beethoven (*1770–1827*)

op. 11   B-Dur
Allegro con brio – Adagio (Es) – Tema: Pria ch'io l'impegno (Allegretto)

Das »Gassenhauer-Trio« läßt sich ganz gut auch mit Geige statt Klarinette spielen; Beethoven hat selbst diese Möglichkeit vorgesehen. (Die Stimme ist fast wörtlich übertragen, nur einige Doppelgriffe sind hinzugefügt und im ersten Satz eine typische Bläserwendung, dem Cello angepaßt, ins Streicherische umgeschrieben.) Aber natürlich gewinnt dieses Werk doch erst mit der Klarinette seine deftige Derbheit und zugleich den blühenden Wohllaut, die es in schöner Einfachheit von den anderen mehr problematisierenden Trios abhebt. Um so schwerer hat es der Pianist, wenn er das weitgespannte Seitenthema im ersten Satz annähernd so gut als Kantilene herausbringen will, wie es ihm der Klarinettist mit großem Atem vorspielt. Die Gassenhauermelodie des Finales stammt aus der komischen Oper »L'amor marinaro« (deutscher Titel: »Der Korsar oder Die Liebe unter den Seeleuten«) von Joseph Weigl und war zur damaligen Zeit ein beliebter Schlager, der viele zeitgenössische Komponisten zu Variationenwerken herausforderte, darunter J. Eybler, J. N. Hummel und später noch N. Paganini.

op. 38   Es-Dur (nach dem Septett op. 20)
Adagio/Allegro con brio – Adagio cantabile (As) – Tempo di Menuetto – Tema con Variazioni: Andante (B) – Scherzo: Allegro molto e vivace – Andante con moto alla Marcia/Presto

Das berühmte Septett hat gleich nach seinem Erscheinen viel Anklang gefunden und ist von Zeitgenossen für alle möglichen Besetzungen bearbeitet worden, sehr zum Mißvergnügen seines Schöpfers. In dieser von Beethoven selbst stammenden Übertragung für Klarinette, Cello und Klavier behält es viel von seiner Farbigkeit und seinem Witz, ist aber nicht gerade leicht und verlangt in den schnellen Sätzen besonders auch vom Pianisten (der immerhin ein ganzes Quintett ersetzen muß) viel »Drive« und beherzten Zugriff.

Conradin Kreutzer (*1780–1849*)

op. 43   Es-Dur *(mit Fagott)*
Maestoso/Romanze: Allegro moderato – Andante grazioso (B) – Rondo: Allegro

Ein echt biedermeierliches Stück Hausmusik von heiterer Unbeschwertheit und wenig tiefsinniger Spielfreude, ziemlich leicht im Klaviersatz und sowohl für die Klarinette wie fürs Fagott (das sich ohne weiteres durch ein Cello ersetzen läßt) gleichermaßen dankbar. Die vielen nach klassischem Muster vorgeschriebenen Wiederholungen sind zum Kennenlernen gut; um die Hörer nicht zu ermüden, würde man sie beim Hauskonzert »im Ernstfall« wohl besser weglassen, abgesehen von der kurzen Minore-Einschaltung im Finale, die es verdient, etwas nachdrücklicher hervorgehoben zu werden.

Ferdinand Ries (*1784–1838*)

op. 28   B-Dur *(auch mit Violine)*
Allegro – Scherzo: Allegro vivace – Adagio (F) – Rondo: Allegro ma non troppo

Beginnt – gleichsam statt einer Introduktion – in der (g-) Mollparallele und erreicht erst im zehnten Takt die eigentliche Haupttonart; das Seitenthema moduliert von g nach As (in der Reprise von B nach Ces); auch sonst allenthalben mancherlei chromatische Übergänge, die das Werk harmonisch interessant machen und schon in die Nähe der Frühromantik rücken, oft an Dussek und den Prinzen Louis Ferdinand erinnernd. Gelegentlich, wie hier z. B. im Scherzo, geht bei Ries die Freude an der imitatorischen Arbeit – fast wie beim späten Beethoven – etwas auf Kosten der klanglichen Konvention; nur sehr rasches Tempo hilft einigermaßen darüber hinweg. Für die Klarinette dankbar, fürs Cello nur stellenweise unerfreulich wegen der alten Notierung im Violinschlüssel. Die Klavierstimme verlangt flinke Geläufigkeit und eignet sich nicht zum Vom-Blatt-Spielen, liegt aber mit brauchbaren Fingersätzen gut in der Hand.

Eduard von Lannoy (*1787–1853*)

op. 15   Grand Trio B-Dur
Allegro – Adagio espressivo (Es) – Menuetto: Allegro molto – Allegretto grazioso

Klingt ganz nach einem gut geführten Biedermeier-Salon mit seinen gefälligen, etwas flach behandelten und allzu häufig wiederholten (Gesprächs-) Themen und gekonnt glitzernden Umspielungen, die hauptsächlich im Klavier, manchmal aber auch in den Melodieinstrumenten auftreten. Dabei soll der Cellist im Kopfsatz seine Triolenketten »sciolto« (d. h. locker, gelöst) spielen, was leichter vorgeschrieben als befolgt ist. Dasselbe müßte übrigens erst recht bei den meisen begleitenden (Leggiero-)Passagen im Klavier stehen, die man sich vorher gründlich angesehen haben sollte. Das Trio gewinnt jedenfalls an reizvoller Eleganz, wenn die Tempi sehr zügig genommen und die – durchaus nicht übergroßen – technischen Schwierigkeiten nicht mehr als Ballast empfunden werden.

Erzherzog Rudolph von Österreich (*1788–1831*)

Es-Dur
Allegro moderato – Scherzo allegretto (B) – Larghetto: Tema con V Variazioni (B)

Das an sich viersätzig konzipierte Werk ist unvollendet; von dem Rondo-Finale sind nur wenige Takte überliefert. Die Herausgeber für »Musica Rara« (D. Klöcker und W. Genuit) haben daher zur besseren Abrundung den Variationensatz von der zweiten an die dritte Stelle gerückt. Diesen Variationen liegt das Thema der »Romanze« aus dem Oktett op. 12 des Prinzen Louis Ferdinand zugrunde – offenbar eine Huldigung an den im Krieg gegen Napoleon gefallenen »Waffenbruder«, der auch in Wien sehr populär war. Man hört vor allem in Rhythmus und Agogik die nahe Beziehung zu Beethoven. Gegenüber dem nur mäßig hervortretenden Klavier sind Klarinette und

Cello sehr selbständig und dankbar behandelt. Insgesamt »a fine example of amateur composition . . . with some effective moments« (Hinson), technisch nicht allzu schwer und daher gerade für Hausmusik lohnend.

František Škroup (*1801–1862*)

op. 27   Es-Dur
             Allegro – Andante grazioso (As) – Scherzo: Allegretto – Finale: Allegro

Man spürt besonders im Schlußsatz den gewandten, offenbar von Weber beeinflußten Opernkomponisten; aber dieses lohnende, zu Unrecht völlig vergessene Werk zeigt durchaus auch tiefgründige, mit Schubert vergleichbare Züge einer verinnerlichten Kammermusik. Technisch für alle Beteiligten nicht gerade leicht, aber frei von aufgesetztem virtuosem Putzwerk ohne funktionell-musikalische Bedeutung. Besonders das reizend schlichte Scherzo mit seinem melodiösen As-Dur-Trio, in dem das Klavier nur eine zurückhaltende Akkordbegleitung hat, besitzt echt böhmischen Charme. Der alte Druck aus der Zeit, als Škroup in Prag Theaterkapellmeister war, ist zwar gut und anscheinend zuverlässig; eine moderne Neuausgabe mit Partitur wäre aber sehr zu wünschen.

Michail Glinka (*1804–1857*)

Trio pathétique d-Moll *(mit Fagott)*
Allegro moderato – Scherzo: Vivacissimo (C) – Largo (F) – Allegro con spirito

Das Motto des Stückes (»Ich kenne die Liebe nur aus den Qualen, die sie bereitet«) charakterisiert treffend das romantische Pathos, das in dieser Musik ein wenig äußerlich und rührselig zur Schau gestellt wird. Das Trio stammt etwa aus der gleichen Zeit wie das Klaviersextett, als Glinka in Italien lebte, und zeigt ebenfalls Anklänge an die damalige Salonmusik, ohne dabei allzu oberflächlich zu wirken, weil es jugendlichen Elan mit sauberer thematisch-kontrapunktischer Arbeit verbindet. Es läßt sich ganz gut auch mit Cello spielen, ist allerdings für alle Mitspieler nicht gerade leicht, so daß besonders das sehr lebhafte Scherzo und das sich im Tempo noch steigernde Finale allerseits gute Vorbereitung verlangen.

Robert Schumann (*1810–1856*)

op. 132   Märchenerzählungen B-Dur *(mit Viola)*
1. Lebhaft, nicht zu schnell – 2. Lebhaft und sehr markiert (g) – 3. Ruhiges Tempo, mit zartem Ausdruck (G) – 4. Lebhaft, sehr markiert

Diese – leider selten zu hörenden – hochromantischen Stücke in der reizvollen »Kegelstatt-Besetzung« formen sich zu einem knappen viersätzigen Trio. Schon im ersten Stück überrascht die kleinteilige kontrapunktische Verschränkung der Stimmen, die von volkstümlich-kindlicher Einfachheit ziemlich weit entfernt ist und präzises Zusammenspiel voraussetzt. Einem geradtaktigen Scherzo voll burschikoser Vitalität (nebst sanfterem Dur-»Trio«) ist ein langsamer Satz nachgestellt, in dem die Melodieinstrumente ihre melodiösen Kantilenen oft kanonartig alternierend vortragen. Am schwersten ist das Finale mit seinen heftigen, vollgriffigen punktierten Akkorden im Klavier und den aufgeregten Sechzehntel-Aufschwüngen von Klarinette und Bratsche; auch der leisere Ges-Dur-Mittelteil bleibt unruhig durch die unregelmäßige Untermalung in den unterbrochenen Akkordreihen des Klaviers, die man sich nicht nur der vielen Vorzeichen wegen vorher gut angesehen haben sollte.

Carl Reinecke (*1824–1910*)

op. 264   A-Dur *(mit Viola)*
Moderato – Intermezzo: Moderato (a) – Legende: Andante (fis) –
Finale: Allegro moderato

op. 274   B-Dur *(mit Horn)*
Allegro – Ein Märchen: Andante (G) – Scherzo: Allegro (g) – Finale:
Allegro

Weniger inspiriert als konstruiert wirken diese – hauptsächlich der ausgefallenen Besetzung wegen interessanten – Trios; besonders das A-Dur-Werk schien uns etwas blutarm und akademisch. Bei dem im ganzen lohnenderen Trio in B-Dur kann die Klarinette durch eine Geige, das Horn durch Viola ersetzt werden, doch macht die seltene Kombination mit dem weichen und trotzdem durchdringenden Bläserklang gerade den aparten Reiz des Stückes aus. Das Klavier tritt so an vielen Stellen ganz von selbst in den Hintergrund, während es in Verbindung mit Streichern mehr Zurückhaltung üben müßte, damit die klangliche Ausgewogenheit gewahrt bleibt.

Johannes Brahms (*1833–1897*)

op. 114   a-Moll
Allegro – Adagio (D) – Andantino grazioso (A) – Allegro

Eines der letzten Kammermusikwerke des Komponisten, von reifer Klarheit und Schlichtheit, mitunter fast karg im Klaviersatz, ohne alle virtuosen Ambitionen – daher auch für tüchtige Nicht-Profis einigermaßen zugänglich. Freilich liegen die Tücken im Zusammenspiel und in der musikalischen Gestaltung. Glücklich, wer einen guten Klarinettisten für diese reizvoll-intime Hausmusik begeistern kann. Die Transkription für Viola ist von Brahms selbst autorisiert (wie bei seinen beiden Klarinettensonaten) und somit sicher mehr als eine Notlösung; dagegen ist die Bearbeitung für Klaviertrio mit Violine nicht zu empfehlen.

Max Bruch (*1838–1920*)

op. 83   Acht Stücke *(mit Viola)*
I. Andante (a) – II. Allegro con moto (h) – III. Andante con moto (cis) –
IV. Allegro agitato (d) – V. Rumänische Melodie: Andante (f) – VI.
Nachtgesang: Andante con moto (g) – VII. Allegro vivace, ma non
troppo (H) – VIII. Moderato (es)

Weithin unbekannt, nur in Hörfunkprogrammen gelegentlich zu finden sind
diese ausdrucksvollen, hochromantischen Klangszenen, Schumanns Märchenerzählungen zwar von der Besetzung her verwandt, aber in der Grundstimmung viel abgeklärter und besinnlicher. Die Tonarten zeigen bereits, daß
der weiche, gedeckte Mollcharakter vorherrscht, und so müssen auch die
Spieler dynamisch sehr behutsam ans Werk gehen und vieles eher abschatie-
ren als grell beleuchten. Werden alle Stücke hintereinander gespielt, muß der
Klarinettist sein Instrument wechseln: Die Nummern 1–3 und 7 sind für die
A-, die übrigen für die B-Klarinette geschrieben. Die technischen Schwierigkeiten sind auch in den schnellen Sätzen nicht so groß, daß mit der Romantik
einigermaßen vertraute Liebhaber sich abschrecken lassen sollten; die fe-
dernde Rhythmik, die treibenden, das Klavier mitreißenden Linien der Melodieinstrumente und allgemein die sehr differenzierte Verschränkung der
Stimmen setzen allerdings Wendigkeit und sicheres Taktgefühl voraus.

Vincent d'Indy (*1851–1931*)

op. 29   B-Dur
Ouverture: Modéré – Divertissement: Vif et animé (Es) – Chant Elé-
giaque: Lent (Des) – Final: Animé

Gilt als das erste reife Kammermusikwerk des Komponisten, der als Schüler
César Francks zyklische Bezüge herstellt, deutlich jedenfalls zwischen Kopf-
satz und Finale, im übrigen alte Formen (wie die Chaconne im langsamen
Satz) suitenartig verwendet. Ein wichtiges Trio für die ziemlich seltene

Besetzung mit Klarinette, aber leider selten zu hören und für Liebhaber schwer zu realisieren, weil das Klavier sehr pianistisch traktiert sein will mit vollgriffigen Akkorden, Tremoli und weitgeschwungenen, oft gegenläufigen Arpeggien in beiden Händen. Es käme auf einen mutigen Annäherungsversuch an.

QUARTETT

Christian Cannabich (*1731–1798*)

Recueil des Airs du Ballet »Orphée« (Suite aus dem Ballett »Ulisse e Orphée«)
Ouverture (G) – Moderato assai (B) – Allegro smanioso (g) – Andantino cantabile/
un poco Allegro (G) – Allegretto (G) – Allegro molto vivace (D)

Die Bearbeitung für Klavierquartett stammt höchstwahrscheinlich von Mozart, der seinem Gastgeber in Mannheim damit gefällig sein wollte. Der Klavierpart ist leicht und auch für kleine Hände gut spielbar eingerichtet. Hübsche, gehobene Unterhaltungsmusik nach Art eines Divertimentos. »Smanioso« heißt »toll, wild« etwa wie »furioso«. Der Schlußsatz ist eine Sturmszene, bei der die nur unvollständig erhaltene Klavierstimme von Franz Beyer stilgerecht ergänzt wurde (Erstausgabe bei Eulenburg, 1973; Herausgeber: Robert Münster).

Joseph Haydn (*1732–1809*)

Vier Concertini *(mit 2 Geigen)*
Hob. XIV: 11–13 C-Dur, C-Dur, G-Dur
Hob. XVIII: F 2 F-Dur

Diese jeweils dreisätzigen Kompositionen mit zwei Violinen und Violoncello hat Haydn speziell für musikalische Amateure geschrieben. Sie sind frische, liebenswerte Hausmusik, aber die vierfache Besetzung täuscht insofern, als die beiden Geigen kaum mehr als das »konzertierende« – trotzdem nicht schwierige – Figurenwerk des Klaviers homophon stützen (oder umgekehrt: das Klavier ihre Linien figürlich umspielt) und das Cello dem Klavierbaß ziemlich genau folgt. Das Stimmengewebe ist also relativ dünn, wirkt aber erstaunlich vielseitig und wird nie langweilig, zumal die Sätze alle sehr knapp gefaßt sind. Für technisch nicht so versierte Liebhaber und zum ersten Einstieg ins kammermusikalische Leben jedenfalls warm zu empfehlen.

Johann Christian Bach (*1735–1782*)

G-Dur
Allegro – Rondo: Allegro

Das an sich vorgeschriebene Cembalo läßt sich bei diesem frühklassischen Werk ohne weiteres durch ein Klavier ersetzen, zumal hier gute dynamische Abschattierungen wichtig sind, um Eintönigkeit zu vermeiden. Das Streichtrio ist bereits sehr selbständig geführt und wird häufig alternierend dem Tasteninstrument gegenübergestellt. Der Schlußsatz ist sinngemäß eher als Allegretto aufzufassen und darf nicht zu rasch begonnen werden, damit später alle Beteiligten noch ihre Zweiunddreißigstel unterbringen können, vor allem auch in der überraschend lebhaften Coda.

op. V/KV 107 Drei Klaviersonaten in Mozarts Bearbeitung als Kleine Konzerte
(mit 2 Geigen und Cello)
D-Dur, G-Dur, Es-Dur

Der »Londoner Bach« hat auf den jungen Mozart großen Einfluß ausgeübt, wie gerade auch die Entwicklung des klassischen Klavierquartetts zeigt. Hier handelt es sich allerdings eher um konzertante Instrumentalmusik, bei der die Streicher möglichst chorisch zu besetzen wären. Der knapp zehnjährige Mozart hat sich diese Werke für seine Vortragsreisen als »Wunderkind« zurechtgemacht und anscheinend auch später noch gelegentlich gespielt, wie Kadenzen von seiner Hand aus reiferen Jahren beweisen.

Wolfgang Amadeus Mozart (*1756–1791*)

KV 478   g-Moll
Allegro – Andante (B) – Rondo/Allegro
KV 493   Es-Dur
Allegro – Larghetto (As) – Allegretto

Die beiden Werke sind etwa gleichzeitig mit dem »Figaro« entstanden, als Teil einer von dem Verleger Hoffmeister bestellten Dreierserie, die aber nicht vollendet wurde, nachdem bereits das erste Quartett als »zu schwer« und unverkäuflich galt, so daß der Verleger sich aus dem Vertrag löste. Mozart hat die Gattung, verglichen mit seinen Vorläufern (Schobert, Stamitz, auch dem jungen Beethoven!), genial bereichert und ausgebaut, indem er einem oft solistisch konzertierenden Klavier das Streichtrio als eigenen Klangkörper gegenüberstellt und das Cello überall gleichberechtigt in das Stimmengewebe einbezieht, nicht lediglich zur Verstärkung des Generalbasses verwendet. Das g-Moll-Quartett ist das bekanntere und mit seinem markanten Kopfthema eingängigere von beiden; der langsame Satz des zweiten ist ein besonders ernstes, mit vielen Moll-Trübungen und kühnen chromatischen Entwicklungen überraschendes Stück. In ihrer apollinischen Durchsichtigkeit sind diese Quartette nicht weniger heikel als Mozarts Trios, aber vielleicht für Hausmusikanten eher dankbarer und jedenfalls durchaus »zu machen«.

(KV 452)   Bearbeitung nach dem Quintett mit Bläsern Es-Dur
Largo – Allegro moderato – Larghetto (B) – Allegretto

Dieses Arrangement stammt wohl nicht, wie gelegentlich behauptet wird, von Mozart selbst, ist aber im ganzen nicht schlecht gemacht und lohnt sich gerade fürs häusliche Musizieren, um dieses Werk auch dann kennenzulernen, wenn man die eigentlich nötigen vier Bläser (Oboe, Klarinette, Horn, Fagott) nicht auftreiben kann. Das Ende des letzten Satzes scheint allerdings in der Bearbeitung merkwürdig verstümmelt zu sein, d. h. die 8 Takte vor den Schlußakkorden sind durch einen einzigen Überleitungstakt ersetzt, der den Satz allzu abrupt beendet. Wir haben uns die letzten 13 Takte durch eine wörtlichere Übertragung aus dem Original ergänzt und finden diesen Schluß wesentlich überzeugender. Mozart selbst schätzte sein Klavierquintett mit Bläsern besonders hoch ein und hielt es für das Beste, was er bis dahin je geschrieben habe. Man nehme die Tempi in allen Sätzen nicht zu schnell, damit auch die fein ziselierten Nebenstimmen zu ihrem Recht kommen. Besonders überraschende, beglückende Modulationen (u. a. nach C-Dur!) enthält der Mittelteil des B-Dur-Larghettos, das auch durch seine chromatischen Rückungen verminderter Septakkorde fast schon über die klassische Harmonik hinausweist.

Ignaz Pleyel (*1757–1831*)

Drei Quintettbearbeitungen

Trio I   D-Dur
Allegro – Adagio non troppo (G) – Rondo allegro

Trio II   B-Dur
Allegro – Adagio (Es) – Allegro

Trio III   a-Moll
Siciliano/Allegro Presto – Tempo di menuetto (A)

Es handelt sich offenbar um Streichquintette in einer Fassung für Klavierquartett, die – um die Verwirrung voll zu machen – als »Trios« bezeichnet sind, da das Cello stets dem Klavierbaß folgt und daher nur »ad libitum« vorgeschrieben ist. Trotzdem ist diese Besetzung dem Bratschentrio vorzuziehen, da der sonst etwas dünne Streicherklang dringend einer Baßgrundierung bedarf. Wohlklingende, technisch problemlose, etwas flache Divertimento-Musik der Mozart-Zeit. Die Bearbeitung stammt von einem gewissen Ludwig Wenzel Lachnith (1746–1820), einem in Paris lebenden böhmischen Hornisten, der sich offenbar gern mit fremden Federn schmückte und hauptsächlich als »Komponist« einer Verballhornung von Mozarts Zauberflöte (»Les Mystères d'Isis«, 1801) in die Musikgeschichte eingegangen ist.

Johann Ladislaus Dussek (*1760–1812*)

op. 56   Es-Dur
Allegro affectuoso – Larghetto quasi andante (As) – Rondo: Allegretto
moderatissimo

Ein weniger brillantes als echt kammermusikalisch abgetöntes Werk von
merkwürdig weicher, gedämpfter Stimmung, daher gerade für Hausmusik
sehr geeignet; nur gibt es leider noch keine moderne Ausgabe, so daß man
mit dem alten Breitkopf-Druck von 1804 ohne Partitur und mit einigen
offensichtlichen Stichfehlern zurechtkommen muß (dem Cellisten wird z. B.
im Finale sehr viel Geistesgegenwart zugemutet, wenn er zwei unter »Vide«
seiner Stimme als Fußnote angefügte Takte an der lückenhaften Stelle gleich
prima vista erfassen und mitspielen soll). Das Thema des langsamen Satzes
hat große Ähnlichkeit mit dem A-Dur-Larghetto aus Beethovens 2. Symphonie, die fast genau zur gleichen Zeit im Druck erschien und von der es ja
auch eine authentische Kammermusik-Version für Klaviertrio gibt. Das be-
häbige Rondo wiederum ähnelt im Charakter und in mancher originellen
harmonischen Wendung dem Schlußsatz aus Dusseks eigenem Klaviertrio
mit Flöte op. 65 in F-Dur. Insgesamt ist die Klavierstimme zwar fast immer
präsent, aber vergleichsweise wenig mit nur-virtuosem Figurenwerk beladen,
daher mit brauchbaren Fingersätzen verhältnismäßig leicht zu spielen und
nicht zu füllig, so daß sich auch die Streicher im Ensemble gut behaupten
können.

Franz Danzi (*1763–1826*)

op. 40   d-Moll (nach dem Qintett mit Bläsern op. 41)
Larghetto – Allegro – Andante sostenuto (F) – Allegretto

Ein speziell auch für Laienspieler empfehlenswertes, besonders in den Mittelsätzen dichtes und einfallsreiches Werk, sichtlich am Vorbild Mozarts

orientiert und über dessen Kammermusik stilistisch kaum hinausweisend, aber gerade dazu auch in der Quartettfassung eine reizvolle Ergänzung. Die Larghetto-Introduktion darf man nicht zu langsam nehmen, sonst reicht der Atem nicht, um einige relativ »leere« Stellen zu überbrücken. Im Allegro ist die rechte Hand des Klavierspielers mit viel virtuoser Geläufigkeit gefordert, was ausgeklügelte Fingersätze verlangt. Das lyrische Seitenthema sollte man durchweg mit langen Vorschlägen als Vorhalten spielen, um die sangliche Linie zu betonen. So ist es auch in dem alten Breitkopf-Stich aus der Zeit angegeben, der allerdings etwas mühsam zu lesen ist und keine Partitur bietet, was das Zusammenspiel erschwert. Eine praktische Neuausgabe würde sich bestimmt lohnen!

Ludwig van Beethoven (*1770–1827*)

WoO 36　　Nr. 1　Es-Dur
　　　　　　　　　　Adagio assai – Allegro con spirito (es) – (Tema con 6 variazio-
　　　　　　　　　　ni:) Cantabile
　　　　　　　　Nr. 2　D-Dur
　　　　　　　　　　Allegro moderato – Andante con moto (fis) – Rondo: Allegro
　　　　　　　　Nr. 3　C-Dur
　　　　　　　　　　Allegro vivace – Adagio con espressione (F) – Rondo: Allegro

Diese drei frühen Jugendwerke Beethovens sind gar nicht so harmlos-munter, wie es von einem Fünfzehnjährigen zu erwarten wäre, sondern zeigen an vielen Stellen schon die »Pranke des Löwen«, so z. B. in dem düster-grimmigen Allegrosatz des Es-Dur-Quartetts, das eigentlich, nach der ursprünglichen Handschrift, erst an zweiter Stelle (nach dem Werk in C-Dur) stand. Dem Klavierspieler liegen sie allesamt nicht sonderlich gut in der Hand, manche Stellen sind für die Zeit sogar ungewöhnlich schwierig und müssen gründlich geübt werden (es-Moll-Variation!). Dafür ist die spielfreudige Klavierstimme häufig sehr wirkungsvoll in eine Art Aura von Streicherakkorden gebettet – ein durchaus neuartiger Klangeffekt, der über die Vorklassik deutlich hinausweist. Das Streichtrio ist noch nicht so stark verselbständigt wie bei den (späteren!) Quartetten Mozarts, es wird nur gelegentlich taktweise im Wechsel dem Klavier gegenübergestellt. Einige Themen aus dem C-Dur-Quartett hat Beethoven in seinen frühen Klaviersonaten op. 2 wieder aufgegriffen.

op. 16 Es-Dur
Grave – Allegro, ma non troppo – Andante cantabile (B) – Rondo: Allegro, ma non troppo

Es handelt sich um die Umarbeitung seines Klavierquintetts mit Oboe, Klarinette, Horn und Fagott durch Beethoven selbst, und es ist lehrreich zu verfolgen, wie die Bläserstimmen keineswegs sklavisch getreu auf die Streicher verteilt, sondern (beispielsweise in der Oktavlage) teilweise auch verändert übertragen worden sind, um der neuen Besetzung klanglich besser zu entsprechen. Jedenfalls ein auch als Bearbeitung vollgültiges Meisterwerk, das den Streichern nicht minder lohnende Aufgaben stellt als dem (auch in kleinen Kadenzen) konzertierend hervortretenden Klavier. Das Original-

werk, das in Besetzung und Tonart(en), ja sogar in der Satzfolge mit KV 452 genau übereinstimmt, hat Beethoven offensichtlich nach dem Vorbild Mozarts komponiert. Zeitlich liegen nur zwölf Jahre dazwischen, und Beethoven war kaum jünger, als er sein »Pendant« schrieb. Trotzdem: Welche Gegensätze! Mozarts Musik weckt Begriffe wie apollinische Klarheit, Maß, Reife, vollendete Konzentration; für Beethovens Werk ist eher die dionysische Aufwallung charakteristisch, die große Geste und jugendlicher Überschwang, allerdings im ganzen noch »klassischer Form gemäß«. So verlangt dieses Werk viel Schwung und Temperament sowie Freude am musikalischen Wetteifern aller Mitspieler untereinander. Das Klavier gibt (außer ganz am Anfang in der Introduktion) jedesmal mit seinen Eingangs-Soli das Tempo an und darf besonders im Mittelsatz nicht schleppen, auch wenn später viele schwarze Balken drohend zur Mäßigung zwingen.

Prinz Louis Ferdinand von Preußen (*1772–1806*)

op. 4   Andante mit (sieben) Variationen B-Dur

Das einzige Werk des komponierenden preußischen Prinzen, das sich genau datieren läßt (10. 1. 1806), gehört zu seinen feinstgearbeiteten, auch zwischen Klavier und Streichern am besten ausgewogenen, und ist in seinem Feldquartier in Zwickau entstanden, »dem verwünschten kleinen Nest«, wohin er sich aus Leipzig »1 Ries liniertes Notenpapier« hatte schicken lassen. Es ist nach seinem Tode von Dussek unter einer irreführend niedrigen Opuszahl herausgegeben worden, und zwar aus unerfindlichem Grunde als »Andante mit Variationen«, obwohl es in der Originalhandschrift eindeutig mit »Larghetto« bezeichnet ist. Dieser kleine Unterschied ist nicht ganz belanglos: Das Thema muß nämlich extrem ruhig (wenn auch nicht schleppend) genommen werden, damit die allmähliche Temposteigerung durch die sich verkleinernden Notenwerte noch realisierbar bleibt. Originell und zugleich technisch heikel fürs Klavier ist besonders die 5. Variation alla Polacca im ³/₄-Takt, die Beethovens bekanntes Lob für des Prinzen Klavierspiel deutlich bestätigt. So mancher bürgerliche Hauspianist spielt da heute eher »prinzlich« (im negativen Sinne) und scheitert zunächst an den ungewohnten Folgen in Sechzehnteltriolen gebrochener Akkorde, die zum Glück nur die rechte Hand strapazieren, ähnlich den sehr raschen, aber insgesamt konventionelleren Spielfiguren in den beiden Schlußvariationen. Hier ist auch ohne Umblätterer im Ernstfall nicht auszukommen.

op. 5   Es-Dur
Allegro espressivo – Adagio espressivo (As) – Tempo di Menuetto, ma moderato (es) – Rondo: Tempo moderato

Ein liebenswürdiges, besonders in den Ecksätzen recht ausgedehntes Quartett mit viel spielfreudigem Passagenwerk in der Klavierstimme, das aber mit brauchbarem Fingersatz gut in der Hand liegt. Originell sind weniger die Themenerfindung und -verarbeitung als vielmehr die (für ihre Zeit) häufig gewagten Modulationen in entfernte Tonarten, die man – bei allgemein flüssigem Tempo – entsprechend hervorkehren und auskosten muß. Der langsame Satz hat durchaus Beethoven'sches Format; auch das Menuett ist im Hauptteil eher ein verkapptes Scherzo, sollte also forsch angegangen werden, während sein elegisches Trio in H-Dur etwas mehr ruhige Zurückhaltung verträgt.

op. 6   f-Moll
Allegro moderato – Menuetto: Agitato – Adagio lento e amoroso (Des) – Allegro ma moderato ed espressivo

Wohl das reifste Werk des Prinzen, zumindest in dieser Besetzung, und bei aller liebevoll-prächtigen Ausschmückung des Klavierparts auch für die Streicher dankbar, weil sie allesamt durchaus keine Nebenrollen zu spielen haben. Die elegische Grundstimmung und die moderaten Tempi der Ecksätze dürfen nicht zum Schleppen verführen; besonders der einprägsame, wie ein tröstliches Schlußwort wirkende Codagedanke im Finale muß – wie vorgeschrieben – fühlbar rascher genommen werden, damit am Ende die ruhigere Bewegung des Anfangs deutlich wiederkehren kann. Das Menuett ist zwischen den Trios I und II zu wiederholen, auch wenn es in der Partitur nicht ausdrücklich drinsteht, und lebt von dem Gegensatz zwischen seiner synkopischen Erregung und der besänftigenden Liedhaftigkeit der beiden Seitensätze. »Agitato« heißt hier nicht unbedingt, daß der Hof-Tanzcharakter durch allzu schnelles Tempo untergehen müßte. Am schwersten im Zusammenspiel ist der langsame Satz wegen der vielen brillanten, bereits Chopin vorausahnenden Verzierungen und Umspielungen der Oberstimme im Klavier. Da hilft nur eisernes Zählen der halben Achtel, und daß der Pianist sich vorher genau klarmacht, wie und auf welche Taktteile er seine Vierundsechzigstel und sonstigen ungeraden Arabesken unterbringen muß. Die Gefahr ist weniger, daß ihm dies nicht (ganz) gelingt, als daß er später die – fast gleich schwarzen – Zweiunddreißigstel zu schnell nimmt und dann dem Cello davonläuft. Nur bei seiner einsam-heroischen Kadenz vor der Reprise darf er sich ganz unreglementiert austoben.

Ferdinand Ries (*1784–1838*)

op. 13 f-Moll
Adagio/Allegro – Andantino (F) – Rondo: Allegretto moderato

Entgegen dem scharfen Verriß von Saam (»ärmlich in der Melodie . . . oberflächlich . . . etüdenhafter Anstrich«, erklärlich nur aus der unvollständigen Kenntnis ohne Hörerfahrung) fanden wir dieses Werk ausgesprochen abwechslungsreich und gehaltvoll, auch die Klavierstimme bei aller Spielfreude nicht virtuos überladen, kurz: »klassisch« im besten Sinne. Alle drei Streicher sind kammermusikalisch vollwertig und selbständig eingesetzt; das Fundament übernimmt häufig der Klavierbaß allein, während sich das Cello am melodischen Geschehen beteiligt. Einige Tücken hat das Zusammenspiel, so gleich am Anfang in der kurzen Introduktion ab Takt 9, wo das Viergespann ohne strenges Zählen unweigerlich umwirft, und im Finale bei der ausgedehnten, sogar bis in die Spiegelung des Themas sich versteigenden Fuge. Hier wäre eine Partitur sehr hilfreich und schon deswegen eine Neu-ausgabe (für die sich Altmann bereits eingesetzt hat) zu empfehlen.

op. 17   Es-Dur
Allegro – Adagio mesto (as) – Rondo: Allegro moderato

In dem alten Simrock-Druck als »Grand Quatuor« bezeichnet, was schon darauf hindeutet, daß alle obligaten Stimmen – auch das Cello – stellenweise recht konzertant hervortreten. Besonders der prächtig ausgeschmückte Ein-gangssatz zeigt manche Anklänge an Beethovens Tripelkonzert. Der Vorzei-chenrekord von sieben b's in dem – wie meist bei Ries – sehr knappen, aber durchaus gehaltvollen langsamen Satz führt unter allzu temperiert gestimm-ten Dilettanten gern zu Diskussionen, ob man dasselbe mit fünf Kreuzen nicht einfacher hätte notieren können. Im Finale hat der Klavierist bei dem lustigen Hauptthema in Terzsprüngen vor allem mit den vielen ungewohnten Vorschlägen zu kämpfen, aber auch sonst mit allerlei Arpeggio-»Koloratu-ren«, die nicht immer gut in der Hand liegen. Nicht leicht im Zusammenspiel ist der Übergang zum Allegro molto der Coda, in der die Streicher nachein-ander noch einmal »groß herauskommen«. Insgesamt jedenfalls lohnend und für eine festlichere Hausmusik bei guter Vorbereitung sehr geeignet.

Friedrich Kalkbrenner (*1785–1849*)

op. 2   D-Dur
Allegro vivace – Adagio non troppo (g/G) – Rondo: Allegro assai

Ein noch ganz klassisch aufgebautes, etwas schulmäßig klingendes Werk von schlicht-eingängiger Thematik ohne große Überraschungen, abgesehen von der stellenweise reichlich kühnen Harmonik im langsamen Satz, der mit seinem reizvollen Moll-Dur-Wechsel überhaupt am meisten kammermusika-lisch empfunden ist. Die Ecksätze sind deutlich vom Klavier her komponiert,

freilich ohne allzu viel virtuoses Geklingel, was die Sache auch den Streichern erträglich macht und zügige Tempi erlaubt. Besonders im Finale mit
dem ansprechend gearbeiteten d-Moll-Fugato erhalten sogar Bratsche und
Cello einige dankbare Aufgaben, während sonst im Streichtrio die Geige als
Widerpart zur Klavierstimme stark dominiert. Zum Kennenlernen des »Um-
feldes« der Wiener Klassik und als technisch – auch für den Pianisten – nicht
schweres Stück zum Einspielen durchaus zu empfehlen.

Carl Maria von Weber (*1786–1826*)

op. 8   B-Dur
Allegro – Adagio ma non troppo – Menuetto: Allegro – Finale: Presto

Ein frühes, noch ganz »klassisch« aufgebautes Werk, das doch schon manche
typische Wendung enthält, die der Hörer aus dem Freischütz kennt. Das
Klavier hat in den Ecksätzen viel spielerisches Passagenwerk zu absolvieren,
das man ein bißchen geübt haben sollte. Originell ist der langsame Satz mit
seiner fragenden Einleitung und den schwer unter Spannung durchzuhalten-
den Generalpausen. Das zopfig-vergnügte Menuett darf nicht so rasch daherkommen, wie es die Tempobezeichnung »Allegro« an sich nahelegt; man
merkt es spätestens beim Trio, wenn das Cello Zeit haben muß, seinen
Ländler gemütlich auszuspielen.

Friedrich Kuhlau (*1786–1832*)

op. 50   A-Dur
Allegro – Adagio ma non troppo (F) – Scherzo: Presto (a) – Finale:
Allegro di molto

Klangschöne, vielseitige Melodik mit kleinen gefühlvoll-empfindsamen Aus-
weitungen, freilich noch ganz in die herkömmlichen klassischen Formen

gefaßt. Man spürt die zeitliche Nähe Webers, aber auch Prinz Louis Ferdinand und gelegentlich Beethoven – z. B. in dem sehr konzentriert gearbeiteten Scherzo – stehen nicht fern. Besonders im Klavier ziemlich virtuos angelegt, so daß die schnellen Sätze im richtigen Tempo viel sichere Geläufigkeit speziell der rechten Hand voraussetzen. Trotz des langen Tastensolos gleich am Anfang, wo die Streicher gut zählen müssen, um in der Endphase der Themavorstellung rechtzeitig dabei zu sein, ist es aber nicht etwa eines dieser unerfreulichen »Klavierkonzerte mit schwach besetztem Orchester«, weil auch die anderen Instrumente nicht vernachlässigt, vielmehr mit wesentlichen Beiträgen durchaus gleichberechtigt eingefügt sind. Bestes Zeichen für musikalische Qualität: Auch bei notgedrungen etwas zurückgenommenen Zeitmaßen stellt sich keine Langeweile ein; das reizvolle, aus Hornmotiven zusammengesetzte Seitenthema im Finale gewinnt vielleicht sogar, wenn sein »Scherzando« eher tändelnd als hurtig jagend aufgefaßt wird.

Franz Xaver Wolfgang Mozart (*1791–1844*)

op. 1   g-Moll
Allegro vivace – Adagio, ma non troppo (B) – Thema con Variazioni:
Allegretto (G)

Die Beurteilungen schwanken zwischen ». . . reveals a noteworthy musical talent« (Hinson) und ». . . als völlig talentloses Produkt unter dem berühmten Namen zu bedauern« (Saam). Als wohltemperierte Kompromißler fanden wir manches recht gelungene Detail, besonders die reizvollen Imitationen im langsamen Satz, und das Werk insgesamt zum Kennenlernen jedenfalls interessant, auch wenn es häufiger zu spielen und zu hören sicher nicht lohnt. Wegen der raschen Terzengänge im Kopfsatz und beidhändig verschiedenen Arpeggien- und Laufwerks in der 5. und 9. Variation ist es fürs Klavier technisch nicht ganz anspruchslos, das Cello muß bei seinen (seltenen) Soli ziemlich hoch hinauf, und auch die anderen Streicher haben in den – zugegeben – sehr schülerhaft figurierten Variationen des Finales jeder sein übliches »Bravourstück«. Von einem Elfjährigen kann man aber gewiß nicht mehr verlangen, und der Sohn eines berühmten Vaters hat es immer doppelt schwer, unsere erbbiologisch-statistisch ganz unberechtigten Erwartungen zu erfüllen.

Heinrich Marschner (*1795–1861*)

op. 158   G-Dur
Allegro risoluto – Andante (h) – Scherzo: Allegro molto (e) – Finale:
Vivace

Ein nicht sehr tiefschürfendes, aber dankbar gefälliges, gelegentlich mit aparten harmonischen Wendungen gewürztes Werk aus der theatralisch-romantischen Zauberwelt um Weber und Mendelssohn. Manche Themen und Schlußsequenzen klingen uns heute etwas banal, weil davon später noch lange die leichte Muse der Operettenkomponisten gezehrt hat; so nimmt z. B. das E-Dur-Trio des Scherzos geradezu Strauß'sche Walzerseligkeit vorweg. Der Klavierpart ist nicht besonders kompliziert, schont weitgehend die linke Hand und beschränkt sich in seinem »virtuosen« Teil auf die konventionellen Skalen und Arpeggien. Die Streicher sind meist ziemlich eigenständig geführt, haben allerdings in den Ecksätzen auch viele Unisoni untereinander und mit dem Klavier, die dringend eine saubere, der Klavierstimmung angepaßte Intonation verlangen.

Franz Schubert (*1797–1828*)

op. posth.   Adagio und Rondo F-Dur
(D 487)   Adagio – Rondo: Allegro vivace

Abgesehen von der nachdenklichen Einleitung handelt es sich um ein musikantisch sprudelndes, heiteres Stück mit thematisch reizvollen Einfällen, aber ohne sonderlichen Tiefgang, vom Typ her um ein Konzertrondo für Klavier, wobei die Streicher die Orchesterbegleitung ersetzen und sonst nicht viel Selbständiges zu sagen haben. Bei den auch in der Klavierstimme ausgesetzten Tutti-Passagen sollte der Pianist – außer in den 16 Schlußtakten – ruhig pausieren, um zwischen all seinen virtuosen Geläufigkeiten etwas zu verschnaufen und dem Streichtrio auch mal allein eine Chance zu geben. Daß dieses Quartettchen »geradezu Beifallsstürme entfessele« (wie Heimeran meinte), konnten wir nicht feststellen; aber das mag an dem nicht so brillanten Klavierspieler gelegen haben.

Felix Mendelssohn-Bartholdy (*1809–1847*)

op. 1 c-Moll
Allegro vivace – Adagio (As) – Scherzo: Presto – Allegro moderato
op. 2 f-Moll
Allegro molto – Adagio (Des) – Intermezzo: Allegro moderato – Allegro molto vivace
op. 3 h-Moll
Allegro molto – Andante (E) – Allegro molto (fis) – Finale: Allegro vivace

Diese beachtlichen Talentproben des halbwüchsigen Wunderkindes Felix zeigen eine erstaunliche Reife und Geschliffenheit des musikalischen Ausdrucks im Umbruch zwischen Klassizismus und Romantik. Das Klavier hat zwar viele virtuose Passagen, das beidhändige, häufig in Oktaven oder in weiter Terzlage geführte Arpeggien- und Laufwerk dient aber meist nur als brillante Untermalung des sehr selbständig angelegten Streichtriosatzes. Nicht selten auch »Piano tacet«, und wenn das Klavier kontrapunktisch in das Stimmengeflecht einbezogen wird, so ist es oft nur monodisch mit einer Hand beteiligt, so daß ein strenger Satz »a quattro voci« entsteht. Diese Werke sind daher auch als Hausmusik für die Streicher dankbar und insgesamt lohnend, wenn der Pianist mit seiner Geläufigkeit einigermaßen zurechtkommt und die Schwärze des Notenbildes ihn nicht zu unziemlich lautem Getrommel verführt. Das Quartett op. 3 – übrigens Goethe gewidmet – ist schon deutlich freier in der formalen Anlage der einzelnen Sätze; sein mitreißender Schwung ist bereits früh bewundert worden, wovon Mendelssohn selbst in einem Brief aus Paris an die Familie (vom April 1825) berichtet: ».. . Mit Baillot, Mial und Norblin habe ich neulich bei Mde. Kiéné mein Quartett aus h-Moll (op. 3) gespielt . . . Im letzten Stück war nun aber gar der Teufel los. In der Stelle ganz am Ende, wo das Thema in h-Moll noch einmal fortissimo kommt, raste Baillot wirklich furchtbar in die Saiten; ich bekam vor meinem eigenen Quartett Furcht. Und so wie es aus war, kam er auf mich zu, wieder ohne ein Wort zu sagen, und umarmte mich zweimal, als wollte er mich erdrücken . . .«

Robert Schumann (*1810–1856*)

op. V (posth.) c-Moll
       Allegro molto affetuoso – Minuetto. Presto (G) – Andante (g) –
       Allegro giusto. Presto

Dieses als echt verbürgte Jugendwerk, dessen (nicht ganz vollständiges) Manuskript lange Zeit in Privatbesitz schlummerte, ist erstmals im Jahre 1979 veröffentlicht worden, und zwar mit einem »schonenden Ergänzungsversuch« des Göttinger Schumann-Experten Wolfgang Boetticher, der vor allem die linke Hand der Klavierstimme und den Schluß des ersten Satzes (z. T. nach den Skizzenbüchern) gewissenhaft rekonstruiert hat. Stark spürbar ist noch der Einfluß von Beethoven und Schubert, was auch durch eigene Tagebuchnotizen aus der Zeit bestätigt wird. Aber »ein von der alten Musik abweichender Geist«, »ein neues poetisches Leben« (wie Schumann selbst es nennt), regt sich nicht nur bei den chromatischen Binnentonstufen mancher Akkordfolgen in dem e-Moll-Trio des Scherzosatzes, die er selbst als »romantisch« empfand, sondern auch z. B. bei einer die »Mondnacht« vorausahnenden Sekundreibung zwischen Cello und Bratsche im Finale (ab Takt 68). Trotz seiner klanglich vielfach orchestralen Konzeption – nicht umsonst hat Schumann damals nach eigenem Zeugnis »das Quartett . . . zur Symphonie umgeschustert« – ist dieses frühe Opus, das man nicht nach der etwas fragmentarischen Klavierstimme allein beurteilen darf, besonders auch für die Streicher lohnend und tüchtigeren Laienmusikanten durchaus zugänglich.

op. 47   Es-Dur
         Sostenuto assai – Allegro ma non troppo – Scherzo: Molto vivace (g) –
         Andante cantabile (B) – Finale: Vivace

Eines der bekanntesten und auch unter Dilettanten wohl beliebtesten Klavierquartette, in seinem blühenden Erfindungsreichtum und mitreißenden Schwung sicher ein Höhepunkt romantischer Kammermusik überhaupt. Nicht nur im ersten Satz ist es »sempre con molto sentimento« zu spielen, und doch verlangt es klare Durchhörbarkeit. Besonders die Übergänge von dem geheimnisvoll-ruhigen Einleitungsgedanken auf die vier Schläge des Hauptthemas setzen gutes Aufeinander-Eingespieltsein des Ensembles voraus. Die Mittelsätze erinnern an Mendelssohn: Das Scherzo ist ein huschender Elfentanz mit zwei gegensätzlichen Trio-Einschüben, wobei die synkopische Zählung der Akkorde im Trio II gut durchgehalten werden muß, damit die Anschlüsse nicht ins Wackeln geraten. In dem folgenden »Lied ohne Worte« darf der Cellist eine herrliche Kantilene ausspielen und muß – seltenes Kuriosum – kurz vor Schluß, während er pausiert, seine C-Saite um einen Ganzton tiefer stimmen, um zuletzt für einen langen Orgelpunkt das Kontra-B als Oktavverstärkung beisteuern zu können. Über das Finale sind die Streicher wegen des eher pianistisch empfundenen Laufwerks meist nicht sehr entzückt; es darf jedenfalls (auch im Klavier) nicht wie eine Etüde klingen. Die wirkungsvolle Schluß-Stretta weckt auch den schläfrigsten Zuhörer und führt unweigerlich zu heftigem Applaus.

Vinzenz Lachner (*1811–1893*)

op. 10 g-Moll
Allegro non troppo – Scherzo: Vivace assai – Adagio ma non troppo
(Es) – Allegro

Erinnert gleich im Kopfsatz so deutlich an Mendelssohn (vgl. dessen frühes f-Moll-Klavierquartett op. 2!), daß sich daran unter Kennern hitzige Debatten über Melodiebereien, musikalische Strukturentwicklung und schöpferische Originalität entzünden können. Sehr ähnlich sind auch die gute Ausgewogenheit der Stimmverteilung und die Fassung des stellenweise recht brillanten, trotzdem nicht überladenen Klavierparts. Jedenfalls ein gekonnt durchgestaltetes, damals übrigens preisgekröntes Werk des jüngsten der drei Lachner-Brüder, das nicht zuletzt wegen der launigen Verwendung eines alten Münchner Gassenhauers (»Mir san net von Pasing . . .«), der im Scherzo eingearbeitet ist und im Finale nochmals auftaucht, allen Hausmusikliebhabern mit Beziehungen zur »Weltstadt mit Herz« viel Spaß machen wird. Ein Nachdruck der alten Schott-Ausgabe würde sich unbedingt lohnen.

Alexander Fesca (*1820–1849*)

op. 28 d-Moll (nach dem 2. Septett)
Allegro con spirito – Andante con moto (B) – Tempo di Minuetto (D) –
Allegro moderato

Routiniert und zumeist etwas weitschweifig geschriebene Musik für den Biedermeier-Salon, die an Mendelssohn anknüpft und außer opernhaft aufgeputztem Schönklang nicht allzu viel Eigenes bietet. Durch die Transkription von sieben auf vier Stimmen gewinnt der musikalische Satz zwar an Dichte, aber es fehlen dafür die farbig glänzenden Obertöne der Bläser. Das Klavier hat viel virtuose Brillanz auszuspielen, was in den schnellen Sätzen selbst dann noch schwerfällt, wenn man sich die häufigen Oktavengänge in beiden Händen ein bißchen vereinfacht. Solche »Ausdünnung« ist auch schon deswegen gut, um das Streichtrio nicht vollends zu erschlagen. Das Andante enthält reichliche Mengen Süßstoff, so sehr sich der Cellist über seine traumhafte Eingangskantilene freut. Am besten gefiel uns das knapp und kernig gefaßte Menuett samt Trio, das als mitreißende Ballettmusik für ein kleines Puppentheater vorstellbar wäre.

Friedrich Kiel (*1821–1885*)

op. 43   a-Moll
Allegro moderato con spirito – Adagio con moto (E) – Scherzo: Allegro con spirito – Finale: Vivace

Ein musikalisch reiches, klangvolles Werk mit frühromantischem Gestus in spätklassischer, sehr konzentrierter Form. Große Melodiebögen neben viel thematischer Arbeit und motivischer Entwicklung, wobei die interessante Stimmführung immer den gewieften Kontrapunktiker erkennen läßt. Der Klaviersatz ist streckenweise vollgriffig, aber nicht unnötig virtuos; auch Bratsche und Cello haben dankbare Aufgaben, die Geige ohnehin, z. B. in der melodiösen Phrase des Trios, das den hurtigen Scherzo-Dreiertakt in seinen sechs Vierteln aufnimmt und im Charakter etwas ruhiger fortspinnt. Erstaunlich, daß ein so lohnendes Quartett fast völlig in Vergessenheit geraten konnte; eine Neuausgabe wäre wirklich wünschenswert.

Anton Rubinstein (*1829–1894*)

op. 66   C-Dur
Allegro moderato – Allegro vivace (F) – Andante assai (a) – Allegro non troppo ma con fuoco

Ein großzügiges, durch manche harmonische Kühnheiten und eigenwillige, von russischer Folklore beeinflußte Thematik interessantes Werk, freilich etwas plakativ gestaltet ohne viel kontrapunktische Entwicklung, zudem stark klavierbetont. Am originellsten und dankbarsten auch für die Streicher schien uns der – trotz $^2/_4$-Takt – scherzoartige zweite Satz, der einen ähnlich »zerrissenen« Vorspann wie das Finale zur Einleitung des Hauptthemas benutzt. Die Violine hat im langsamen Satz zu Klaviertremoli einige hoch hinaufreichende virtuose Aufschwünge mit Kadenzcharakter; auch sonst ist dieser Satz im Zusammenspiel nicht leicht. Das ausgedehnte Finale gewinnt durch ein möglichst zügiges Alla-breve-Tempo.

Johannes Brahms (*1833–1897*)

op. 25   g-Moll
Allegro – Intermezzo: Allegro ma non troppo (c) – Andante con moto (Es) – Rondo alla Zingarese: Presto

Ein trotz jugendlicher Ausdruckskraft in der Grundstimmung eher schwermütiges Werk, wohl das meistgespielte und populärste der drei Brahms-Klavierquartette wegen des mitreißenden, aus der Zigeunermusik abgeleiteten Rondothemas im Finale. Dieser Schlußsatz ist besonders im Klavier höllisch schwer, jedenfalls wenn man ihn wirklich »presto« und in der Coda sogar »molto presto« spielen will. Die größte Klippe fürs Zusammenspiel bildet der marschartige Mittelteil des langsamen Satzes; hier muß der punktierte Rhythmus in allen Instrumenten auch gegen die – hauptsächlich im Klavier auftretende – Triolenbewegung ganz exakt durchgehalten werden. Speziell für die Streicher schwierig ist der »Intermezzo« genannte Scherzosatz; Geige und Bratsche haben sich gleich am Anfang, wenn das Streichtrio »con sordini« unter sich ist, sehr genau an den schnellen Achtelrepetitionen des Cellos zu orientieren. Der Pianist sollte viel vom zweiten Pedal Gebrauch machen, außer natürlich bei den wenigen Forte-Stellen und bei den hervorgehobenen Espressivo-Wendungen (z. B. ab Takt 42). Vor allem das letzte Animato der Coda, in der das Thema des As-Dur-Trios nochmals in C-Dur aufgegriffen wird, muß geschwind, aber hauchzart an- und verklingen, um hinter die so geheimnisvolle Wirkung dieses wahren Kabinettstücks romantischer Kammermusik noch den richtigen Schlußpunkt zu setzen.

op. 26   A-Dur
Allegro non troppo – Poco Adagio (E) – Scherzo: Poco Allegro –
Finale: Allegro

Zumindest vom Klavier her gesehen ist dieses Werk, im ganzen freundlich und lebensbejahend, in »schöner Harmonie« in sich ruhend mit einer Fülle eingängiger Melodien und Motive, wohl am besten geeignet, Quartettliebhabern als Einstieg in die Brahms'sche Klangwelt zu dienen. Nicht daß es etwa »leicht« wäre – Vollgriffigkeit, weite Sprünge und rhythmische Vielfalt bieten Probleme genug; aber schon die Tonart liest sich bequemer (bzw. moduliert nicht in allzu abseitige Regionen des Quintenzirkels), und die Schwierigkeiten sind zwischen Klavier und Streichtrio, entsprechend der besonders ausgewogenen, selbständigen Beteiligung aller Instrumente, sehr gerecht und gleichmäßig verteilt. Das Adagio darf man nur so langsam nehmen, daß die durchs zweite Pedal gedämpften, harfenartig gebrochenen Akkorde noch deutlich artikulierbar bleiben; vor allem darf der Pianist bei seinem kraftvollen Solo in h-Moll (bei C in der Peters-Ausgabe) nicht ins Schleppen geraten, sondern sollte das Tempo eher etwas anziehen. Das Scherzo verträgt etwas ländlerartige Gemächlichkeit, was auch der Trefferquote bei den Oktavengängen des Trios zugute kommt. Das Finale wirklich als wilden Zigeunertanz »hinzulegen«, wird brave Hausmusikanten meist überfordern, aber schon ein tendenziell gelungener Versuch macht Spaß und weckt begeisterte Übe-Vorsätze.

op. 60   c-Moll
Allegro non troppo – Scherzo: Allegro – Andante (E) – Finale: Allegro
comodo

Es handelt sich um die reife Ausarbeitung eines ursprünglich in cis-Moll konzipierten, schon 15 Jahre früher begonnenen Klavierquartetts von sehr ernster, geradezu düsterer Grundstimmung. Brahms hat selbst die Vorstellung von Selbstmordgedanken damit verbunden, und man vermutet wohl zu Recht, daß hier ganz persönliche Erfahrungen im Zusammenhang mit seiner unglücklichen Liebe zu Clara Schumann künstlerischen Ausdruck gefunden haben. Die Klavierstimme wirkt streckenweise »zerrissen« mit ihren oft kurzatmigen Einwürfen und streng aufs Wesentliche beschränkten Beiträgen zum Gesamtklang, der dem Streichtrio viel selbständigen Raum läßt. Für nicht-professionelle Musikanten ist dieses Werk normalerweise jenseits der Grenze ihrer Möglichkeiten; vor allem Scherzo und Finale sind, im richtigen Tempo genommen, für alle Beteiligten extrem schwer. Am ehesten verhilft ihnen noch der friedlich dahinströmende langsame Satz zu anhörbaren Erfolgserlebnissen, wenn sie die stetig fließende Bewegung mit den auskomponierten Zäsuren gleichmäßig durchhalten und sich von den häufig gegen Triolen gesetzten Achtelsynkopen nicht aus der Ruhe bringen lassen. Zur richtigen Einstimmung gehört vor allem ein gut deklamierender Cellist, der sich bei seiner 16taktigen (!) solistischen Eingangskantilene mit Herz und Lust ins Zeug legen kann.

Camille Saint-Saëns (*1835–1921*)

op. 41   B-Dur
Allegretto – Andante maestoso ma con moto (g) – Poco allegro più tosto moderato (d) – Allegro

Ein äußerst musikantisches, erfindungsreiches und glänzend gestaltetes Werk, das sich auch (fortgeschrittenere) Liebhaber nicht entgehen lassen sollten. Besonders charakteristisch sind die beiden Mittelsätze: Der langsame mit seiner ganz barock gefaßten, rhythmisch stereotypen Begleitung zu einer schlichten Choralmelodie klingt wie eine Huldigung an Bach; das geniale Scherzo lebt von den synkopischen Akzentverschiebungen seines eingängigen Themas, den flächenhaften Tonrepetitionen der Streicher und den glitzernd eingestreuten Arpeggien im Klavier – in der richtigen Elfen-Leichtigkeit à la Mendelssohn doppelt schwer für alle Beteiligten. Das ausgedehnte Finale ist vergleichsweise harmloser und müßte im zügigen Alla-breve-Tempo gerafft werden; es rundet das Werk durch Wiederaufnahme der Hauptgedanken aus den beiden ersten Sätzen auf überzeugende Weise ab.

Joseph Rheinberger (*1839–1901*)

op. 38   Es-Dur
          Allegro non troppo – Adagio (G) – Menuett: Andantino (g) – Allegro

Hübsche Einfälle und solide kontrapunktische Verarbeitung kennzeichnen dieses technisch nicht allzu anspruchsvolle Werk, dessen Feinheiten herauszuarbeiten gerade für Dilettanten noch immer lohnend ist. Das Menuett samt »Alternativo« (B) ist ein besonders origineller Satz und verlangt ein ruhiges, aber nicht schleppendes Tempo. Im Schlußsatz findet sich eine großangelegte Fuge, die aber gut durchschaubar bleibt. Interessant für heutige Ohren ist die eigenartige Verbindung von gelegentlich etwas banaler Harmonik und sonstigen Elementen der Salonmusik (bombastische Schlüsse!) mit der hohen satztechnischen Kunst des Komponisten.

Hermann Goetz (*1840–1876*)

op. 6   E-Dur
          Rasch und feurig – Langsam (e) – Scherzo: Sehr lebhaft – Sehr langsam
          (cis)/Frisch und lebendig

Ein viel zu wenig bekanntes, in seiner klaren, durchsichtigen Schreibweise ganz eigenständiges, für ein hochromantisches Werk beinahe untypisches Klavierquartett, sicher eines der gehaltvollsten und interessantesten seiner Gattung. Die Originalität liegt weniger in der Harmonik als im formalen Aufbau, in der vielseitigen Durchführung der Themen und in den rhythmischen Raffinessen, die den Zugang für Laienspieler (denen es Goetz mit seinen hohen technischen Anforderungen ohnehin nicht leicht macht) noch zusätzlich erschweren. Gleich das Hauptthema des Kopfsatzes verwandelt mit seiner überwiegend zwischen die Taktschläge fallenden Linie die vier Viertel in einen unregelmäßigen, fast an Jazz-time erinnernden Dreiertakt, der etwas eigentümlich S(ch)wingendes hat und anfangs nur mit Mühe gelingt. Schwer sind auch besonders im Klavier die widerborstigen Begleitfiguren in den Variationen des langsamen Satzes, deren letzte bereits das Scherzothema mit seiner Motivumkehr (nach Es-Dur »herabgestimmt«) anklingen läßt. Insgesamt ein schwieriges, aber für alle Instrumente gleichmäßig lohnendes Quartett; seine musikalische Dichte verträgt zum häuslichen Kennenlernen etwas gemäßigte Tempi, wenn auch der Grundcharakter frohgestimmter Leichtigkeit und Beherztheit dadurch möglichst nicht verloren gehen darf.

Antonín Dvořák (*1841–1904*)

op. 23   D-Dur
Allegro moderato – Andantino (h) – Finale: Allegretto scherzando

Ein jugendfrisches Werk mit eigenwilligen harmonischen Wendungen, viel kontrapunktischer Arbeit und kleinteiliger Motivik, die – oft als Begleitfiguren verwendet – speziell dem Bratschisten zu schaffen macht. Der Cellist ist zwar mit herrlichen Kantilenen reich bedacht, muß sich aber vor allem in hohen Lagen tummeln und auch deswegen im Violinschlüssel zu Hause sein. Überhaupt ist dieses Quartett – ein seltener Fall in der romantischen Literatur – für die Streicher technisch schwerer als fürs Klavier. Außerdem hat es im Zusammenspiel erhebliche Tücken, besonders in den schnellen Ecksätzen. Auch der im Grundtypus langsame Variationensatz erschließt sich mit seinen vielen Tempoänderungen erst nach mehrmaligem Spielen und Hören. Aber es ist wie immer bei Dvořák: Hat man ihn erst einmal richtig im Ohr (notfalls mittels Schallplatte!), so ist es eine bei aller Kunstfertigkeit sehr natürlich fließende und unmittelbar eingängige Musik, die auch Dilettanten viel Freude macht.

op. 47   Bagatellen *(für 2 Violinen, Violoncello und Harmonium)*
Allegretto scherzando (g) – Tempo di Minuetto. Grazioso (G) – Allegretto scherzando (g) – Canon: Andante con moto (E) – Poco Allegro (e/G)

Einfallsreiche und klangvolle Musik mit sparsamen Mitteln, formell ganz ungebunden und von schlichter Intimität, geschrieben kurz nach Vollendung der »Slawischen Tänze« für den musikalischen Zirkel des Musikschriftstellers Josef Srb-Debrnov, in dessen Haus nur ein Harmonium als einziges Tasteninstrument vorhanden war. Der Verleger legte Wert auf die Angabe des Klaviers als Alternativbesetzung, aber die vielen orgelpunktartigen, über mehrere Takte hinübergebundenen langen Notenwerte lassen sich auf dem besten Flügel nur unvollkommen realisieren und sind als gleichmäßig schwebendes Klanggerüst doch wichtig. Die fünf knappen Sätze bilden kein zufälliges Potpourri, sondern sind durch das Hauptthema des ersten Satzes verklammert, das im Mittelsatz wörtlich und im Finale in variierter Form wiederkehrt. Technisch für alle Beteiligten nicht anspruchsvoll, aber die Streicher, besonders der Primgeiger, müssen kräftig und rein intonieren können.

op. 87   Es-Dur
Allegro con fuoco – Lento (Ges) – Allegro moderato – Allegro ma non troppo

Mit seiner reich strömenden Fülle musikalischer Gedanken in dennoch sehr konzentrierter Form ein Zeugnis reifer Meisterschaft, kurz vor der 8. Symphonie komponiert. Gegenüber dem berühmten Klavierquintett op. 81 ist dieses Werk viel weniger bekannt und gehört doch zu den gelungensten Schöpfungen der ganzen Gattung, ja der Kammermusik mit Klavier überhaupt. Allerdings ist es für Hausmusikfreunde ähnlich schwer zugänglich wie das Trio op. 65, dem es in seinem klassischen Zuschnitt ähnelt. Folkloristisch-tänzerische Elemente bringt im wesentlichen nur das Scherzo, wobei die originelle monotone Harmonik an orientalische Klänge erinnert. Der langsame Satz beschert dem Cellisten eine herrliche lyrische Kantilene und enthält Motive, die in den folgenden Sätzen mehr oder weniger verwandelt wiederkehren. Gute Verständigung verlangt im Kopfsatz das intermezzoartige Einhalten bei »Poco sostenuto e tranquillo« kurz vor der Schlußsteigerung. Im übrigen hat der Pianist gelegentlich (was er so liebt) Achteltriolen gegen vier Sechzehntel zu spielen, und während er sich mit seinen weitgespannten Arpeggien, vollgriffigen Akkorden und Doppeloktaven plagt, haben die Streicher in den Unisoni und auch sonst erhebliche Intonationsprobleme.

Heinrich von Herzogenberg (*1843–1900*)

op. 75   e-Moll
Allegro ma non troppo – Andante quasi Allegretto (H) – Vivace –
Moderato (E)

Ein außerordentlich dicht gearbeitetes, vielfach geradezu barocker Polyphonie nahestehendes Werk, trotzdem klangvoll-melodiös und harmonisch im erweiterten romantischen Gewande der Brahms-Zeit; für Hausmusikanten mit etwas Routine sehr lohnend und interessant, zumal die Klavierstimme – unter Betonung der tiefen, sonoren Register – nirgends mit rein virtuosen Spielfiguren überfrachtet ist und die Streicher ganz gleichberechtigt und individuell zu Wort kommen. Probleme entstehen hauptsächlich im Zusammenspiel wegen der starken Selbständigkeit aller Stimmen, so daß sogar der Klavierspieler manchmal gut daran tut mitzuzählen, obwohl er die Partitur vor Augen hat (z. B. im Kopfsatz vier Takte nach dem Einsatz des Seitenthemas). Leider fehlen in der 1981 – verdienstvollerweise – erschienenen Neuausgabe die üblichen Orientierungsbuchstaben bzw. Taktzahlen, was anfangs die Wiederholung mißglückter Abschnitte erschwert. Die Komposition ist teilweise entstanden, während v. Herzogenbergs Frau im Sterben lag, und kurz nach ihrem Tod vollendet worden. Zu spüren ist dies besonders im Hauptthema des Finales, das an choralartige Kirchenmusik erinnert und mutatis mutandis aus einer Bach'schen Passion stammen könnte. Es mündet schließlich, ruhig verklingend, in eine tröstlich-gefaßte Wiederaufnahme des Schlußmotivs aus dem langsamen Satz.

Gabriel Fauré (*1845–1924*)

op. 15   c-Moll
Allegro molto moderato – Scherzo: Allegro vivo (Es) – Adagio (Es) –
Allegro molto

Dieses schöne, leider so selten zu hörende Quartett erinnert in seiner klassizistisch-beherrschten Form und spielerischen Faktur noch an Mendelssohn, weist aber selbstverständlich in der Harmonik weit darüber hinaus, nämlich schon deutlich auf Wagner und Debussy hin. Wem Doppelkreuze, häufige Vorzeichenänderungen, enharmonische Verwechslungen und ähnliche Späße unüberwindliche Greuel sind, der sollte besser die Finger davon lassen. Dem geduldigen, für neuere Klangreize begeisterungsfähigen Musizierer erschließt sich aber hier bestimmt eines der wertvollsten Werke der Gattung, einfallsreich und dicht gearbeitet, so daß es notfalls auch etwas vorsichtig-zurückhaltende Tempi verträgt. Besonders genial ist das duftige ⁶/₈-Scherzo mit seinen koboldartigen Pizzicati und Triolenketten, die immer wieder zu geradtaktigen Einwürfen umgeformt und darin aufgefangen werden, auch im Trio, das als Intermezzo eine mehr schwärmerische Melodie dem untergründig schalkhaften Treiben entgegensetzt. Das Finale erinnert von ferne an Brahms, besonders an dessen (späteres!) c-Moll-Trio op. 101, dessen Schlußsatz ähnliche Arpeggio-Wellen aufweist. Jedenfalls ein ganz großer Wurf der Kammermusikliteratur, zu Unrecht vernachlässigt und im Zusammenspiel auch nicht schwerer als Schumann oder Brahms.

op. 45   g-Moll
Allegro molto moderato – Allegro molto (c) – Adagio non troppo (Es) –
Allegro molto

Wie Max Favre in seiner Monographie über Faurés Kammermusik im einzelnen nachgewiesen hat, ist dieses nicht minder lohnende Quartett, wohl unter
dem Einfluß von César Franck, von einer »idée fixe« beherrscht, also einer
starken thematischen Verbindung der einzelnen Sätze, so daß eine besonders
geschlossene, einheitliche Wirkung entsteht. Viele klangvolle Soli erfreuen
das Herz des Bratschers. In die überraschenden harmonischen Wendungen
und Binnentonstufungen seiner Begleitarpeggien muß sich der Pianist erst
allmählich hineinhören, aber bei gemäßigten Tempi und mit einiger Geduld
für die Klippen des Zusammenspiels ist das für alle Beteiligten technisch
durchaus zu machen, wenn man nicht gerade Podiumsreife anstrebt. Schwer
ist vor allem der zweite Satz mit Scherzocharakter, »ein mitunter geradezu
geistvolles Stück« (wie sogar Altmann in seiner ablehnenden Fehleinschät-
zung des Werkes zugesteht). Man zählt am besten nur die ganzen Takte, weil
die $^6/_8$ häufig als $^3/_4$ synkopiert sind. Auch die $^9/_8$ des langsamen Satzes werden
im Klavier gleich zu Anfang von einer Bewegung in zueinander versetzten
Vierteln überlagert, so daß sich die unvorbereiteten Mitspieler zunächst
ziemlich genasführt vorkommen müssen; hier hilft nur ruhiges Im-Sinn-Be-
halten der Achteltriolen, und daß das Tempo insgesamt flüssig bleibt. Im
langsamen Satz hat Fauré (nach eigenem Bekunden) »fast unwillkürlich die
ferne Erinnerung an Glockengeläut einfangen können, das uns nachts in
Montgauzy von einem Dorf namens Cadirac erreichte, wenn der Wind von
Westen wehte«.

Robert Fuchs (*1847–1927*)

op. 15   g-Moll
Allegro moderato – Allegretto (B) – Adagio (D) – Finale: Allegro molto

Ein sauber und durchsichtig gearbeitetes, unmittelbar eingängiges Werk, das im Klaviersatz wohltuend schlank ist und alle Stimmen etwa gleichmäßig bedenkt, allerdings die Streicher auch öfter paarweise unisono führt. Das ländlerhafte Scherzo ist nicht, wie in der wohl einzigen (Erst-)Ausgabe bei Kistner irrtümlich vorgeschrieben, im ⁶/₈-, sondern eindeutig im ³/₄-Takt zu spielen; der Hauptteil wird zunächst nicht wiederholt (nur als Dakapo), die erste Klammer enthält nur die Überleitung zum Trio (und die zweite einen weiteren Druckfehler: der Schluß im Klavier muß natürlich auch rechts ein zweifaches »b« im Violinschlüssel sein!). Der stürmische Schlußsatz im alla-breve-Takt verlangt von Anfang an ein sehr zügiges Tempo; die mit allmählichem Stringendo zum Prestissimo hinführende Coda ist technisch simpel und erlaubt dann immer noch eine effektvolle Stretta.

op. 75   h-Moll
Allegro risoluto – Andante con variazione (D) – Scherzo: Allegro vivace (G) – Finale: Allegro comodo

Nicht nur wegen seiner Anklänge an Schuberts Trio op. 100 im Kopfsatz wirkt dieses Werk – bei aller harmonisch interessanten Einfärbung durch die ganze Wagner-Brahms-Palette – immer noch sozusagen »klassisch« wegen seiner straffen Formstrenge und gediegenen kontrapunktischen Arbeit. Die melodiösen Themen scheinen uns heute nicht immer sehr originell, sind aber niemals trivial und werden fantasievoll entwickelt. Jedenfalls für Hausmusikliebhaber sehr zu empfehlen, da sich die Schwierigkeiten gerade auch fürs Klavier in Grenzen halten. Unangenehm zu spielen und daher speziell übebedürftig sind eigentlich nur die in Sechzehnteltriolen gebrochenen Akkordketten in der dritten Variation des langsamen Satzes. Freilich darf man auch sonst keine Angst vor häufig wechselnden Vorzeichen haben und sollte mit spätromantischen Modulationen einigermaßen vertraut sein.

Hans Huber (*1852–1921*)

op. 110   B-Dur
Allegro moderato – Adagio ma non troppo con molto sentimento (fis) –
Presto (g) – Allegro vivace

Einprägsame, wandlungsfähige Themen und brahmsisch volltönender Satz
nicht nur bei dem in der Klavierstimme etwas überladenen »Grandioso« im
Adagio, auch kammermusikalisch gut ausgearbeitet trotz mancher verstär-
kender Parallelführung der Streicher untereinander und mit dem Klavier. Im
Finale (»Alla svizzera«) sind volkstümliche Tanzmelodien aus der Schweiz
verwendet, die den sonst eher eleganten Stil ein wenig ins Robuste wenden.
Im Schwierigkeitsgrad für Dilettanten – jedenfalls mit den richtigen Tempi –
an der oberen Grenze und speziell für den Klavieristen schon als Leseaufgabe anspruchsvoll.

Ernest Chausson (*1855–1899*)

op. 30   A-Dur
Animé – Très calme (Des/cis) – Simple et sans hâte (d) – Animé

Gilt als das ausgewogenste Kammermusikwerk des Franck-Schülers; es rückt
besonders in den impressionistischen Klängen des Eingangssatzes schon in
die Nähe von Debussy, die Ruhe des langsamen Satzes läßt an mystische
Religiosität denken, und der exotische iberische Tanz des Scherzos, das auch
die charakteristische spanisch-arabische Tonleiter aus Ganztönen und kleinen Terzen enthält, könnte eine Huldigung an den befreundeten Gönner
Isaac Albeniz darstellen. Die beiden Mittelsätze bildeten nach eigenem
Zeugnis des Komponisten auch die Keimzellen des Ganzen. In einem Brief
schrieb Chausson, das Quartett sei überhaupt kein »oeuvre noire«, sondern
eher ausgelassen (»folâtre«) und » très facile«. Damit ist wohl sein Streben
nach musikalischer Einfachheit gemeint, die das Werk trotz aller Gedanken-

fülle mit seinen zyklischen Entsprechungen sehr durchsichtig und auch für Nicht-Profis anziehend macht. Technisch leicht ist es aber leider keineswegs, ganz im Gegenteil für alle Instrumente höchst anspruchsvoll.

Gustav Mahler (*1860–1911*)

op. posth. Quartettsatz a-Moll

Es handelt sich um den erst nach 100 Jahren wiederentdeckten Eingangssatz eines im übrigen (bis auf ein kurzes Fragment des Scherzos) verschollenen Jugendwerks des sechzehnjährigen Mahler, das noch deutliche Einflüsse von Schumann und Brahms zeigt und seinerzeit z. B. von Graedener stark beachtet wurde. Das Stück entwickelt aus wenigen Motiven einen harmonisch sehr spannungsgeladenen Verlauf und verlangt von allen Mitspielern viel Expressivität, ohne daß die Musik sich zu einem ungestalten Tonbrei aufschaukeln darf. Am Anfang muß der ruhige Alla-breve-Grundtakt vom Klavier möglichst unbeirrt durchgehalten werden; später ist der gemeinsame Übergang zu den wohl schneller gedachten $^4/_4$-Abschnitten nicht leicht und führt erfahrungsgemäß prima vista zum ersten Schmiß. Hat man sich aber erst einmal in das Werk mit seinen verschiedenen Motivgruppen eingehört, so ist es auch für Dilettanten sehr lohnend und mit einiger Vorbereitung durchaus zugänglich.

Richard Strauß (*1864–1949*)

op. 13 c-Moll
Allegro – Scherzo: Presto (Es) – Andante (f) – Finale: Vivace

Mit dieser Komposition gewann der Zwanzigjährige den ersten Preis in einem Wettbewerb des Berliner Tonkünstlervereins. Etwas Brahms steckt noch im Eingangssatz, einiger Mendelssohn im Andante und ein wenig

Schumann im Finale, aber insgesamt enthält das Quartett mit seinen weitgeschwungenen Melodiebögen und delikaten Harmonisierungen doch schon
viel Eigenes, das ähnlich in reiferen Werken wiederkehrt. Die Streicher
haben oft unisono oder alternierend zu spielen; so bleibt der musikalische
Satz überwiegend schlank und durchsichtig, was die Sache allerdings kaum
leichter macht. Besonders die spritzige Brillanz des Scherzos, dessen kantabler Trioteil kurz vor der Prestissimo-Coda nochmals aufgenommen wird,
setzt im richtigen Tempo (allzu) viel technische Präzision voraus. Hier und
im Schlußsatz, der an manchen imitatorisch eng verzahnten Stellen auch
Probleme im Zusammenspiel schafft, können uns Liebhabern allenfalls Nä-
herungswerte einer adäquaten Interpretation gelingen.

Max Reger (*1873–1916*)

op. 113   d-Moll
        Allegro moderato ma con passione – Vivace – Larghetto (E) – Allegro
        energico

Dieses sehr ausgedehnte, von grandiosem Pathos erfüllte Werk ist fürs häusliche Musizieren mehrere Nummern zu groß, so schön es im Konzertsaal, von
echten Könnern einstudiert, klingen mag. Reger selbst hat es zur Uraufführung in Zürich (1910) mit bissigem, gegen seine Kritiker gerichteten Witz
wie folgt charakterisiert: »Das Werk hat natürlich vier Sätze, welche Tatsa-
che in meiner Vielschreiberei begründet ist. Das Larghetto (dritter Satz) geht
ziemlich langsam; die anderen drei Sätze nimmt man nach altem Gebrauch
natürlich schneller. Doch: man kann es bei diesem Werk auch umgekehrt
machen – diese Musik wird immer schrecklich klingen. Tonart d-moll – für
welche äußerst verwegene Behauptung ich keine Garantie übernehme. Themen aufzuführen ist zwecklos, da diese doch niemals zu hören sind. Eine
verehrliche Polizei wird hiermit aufmerksam gemacht, daß ich gerade in
diesem Werke – wie leider schon so oft – ganz entsetzlich gestohlen habe.

Von Fugen und ähnlichem Unfug habe ich jedoch – merkwürdigerweise – abgesehen. PS. Sollte die Harmonik nicht immer ganz bazillenfrei sein, so bitte ich alle tonalen Keuschheitsapostel um Vergebung.«

op. 133   a-Moll
Allegro con passione – Vivace (d) – Largo con gran espressione (E) – Allegro con spirito (A)

Ein fein gearbeitetes, klangvolles, in seiner herben Süße stellenweise an Brahms und Mahler erinnerndes Werk, für geübte Dilettanten nicht aussichtslos, wenn sie die Sache Satz für Satz und mit Geduld angehen. Technisch tun sich die Streicher vergleichsweise erheblich leichter als das Klavier, nachdem sie sich in ihre chromatischen Linien eingehört haben. Der Pianist scheut zunächst vor der in ungewohnten Harmonien hin- und hermodulierenden Vielstimmigkeit seines Parts zurück, fürchtet vom ständigen Wechsel der Vorzeichen seekrank zu werden und möchte an manchen Stellen drei Hände haben. Solides Üben führt aber bald zu mehr Durchblick und Fingergefühl für die richtigen Akkordgriffe. Wichtig sind für den Anfang sehr gemäßigte Tempi (die nur dem koboldig-heiteren Schlußsatz schlecht bekommen) und die Hervorhebung der im polyphonen Geflecht jeweils führenden Stimme, was Reger durch seine fast pedantisch genauen dynamischen Angaben und Akzentuierungen erleichtert. Insgesamt also nichts zum Vorspielen, aber zur Erweiterung des musikalischen Horizonts sehr zu empfehlen.

QUINTETT

Luigi Boccherini (*1743–1805*)

op. 57   Nr. 6   C-Dur
Allegretto/Un poco presto – Marcia (con 11 Variazioni)/Polonaise:
Allegretto

Wohl das bekannteste von den insgesamt zwölf Werken dieser Besetzung, die Boccherini als eigene Bearbeitung von Streichquintetten hinterlassen hat. Die Form des Klavierquintetts war damals ziemlich neu und ist hier noch eine merkwürdige Mischung von Violinsonate mit Klavierkonzert- und Divertimento-Elementen. Im Stil ist es ähnlich wie manche frühen Haydn-Trios.

Besonders reizvoll ist der Variationensatz über die Marschmelodie der Nachtwache von Madrid, deren Anrücken und Verschwinden ganz allmählich durch dynamisches An- und Abschwellen, teilweise auch durch kompositorische Verdichtung angedeutet wird. Die Streicher sollen am Anfang möglichst bläserartig klingen (»flautato«) und übernehmen später durch rasche Tonrepetition nacheinander das Rollen der Trommeln. Das Tempo dieses Marschsatzes darf man nicht zu rasch nehmen, damit die rhythmisch vielfältigen Begleitfiguren auch in Zweiunddreißigstelbewegung noch sauber untergebracht werden können.

Ein technisch nicht allzu schweres Kabinettstückchen, das sich z. B. als gehobener Silvesterscherz eignet, aber prima vista doch zumindest im Zusammenspiel einige Schwierigkeiten bereitet.

Wolfgang Amadeus Mozart (*1756–1791*)

KV 413–415 Kammerkonzerte F-Dur, A-Dur, C-Dur
KV 449 Es-Dur

Streng genommen – trotz des mißverständlichen Titels – keine echte Kammermusik, sondern Klavierkonzerte mit reiner Streicherbegleitung, die auch solistisch ausgeführt werden kann. Mit einem guten Pianisten könnte ein Streichquartett, das sich orchestrale Tuttiwirkungen zutraut, hier eine Reihe wenig bekannter Werke auch für Hausmusik in größerem Rahmen erschließen. Das Es-Dur-Konzert hat Mozart für eine seiner begabtesten Klavierschülerinnen komponiert und als erstes in sein eigenes Werkverzeichnis eingetragen. Zufall oder besondere Wertschätzung?

Ludwig van Beethoven (*1770–1827*)

WoO 6 Rondo B-Dur
Allegro/Presto

Es handelt sich um die zeitgenössische Bearbeitung eines frühen Konzert-Rondos mit Orchester, das in Beethovens Nachlaß gefunden und von Cerny – da die Klavierstimme streckenweise nur skizziert war – ergänzt und postum herausgegeben wurde. Möglicherweise war der Satz ursprünglich als Finale für das 2. Klavierkonzert op. 19 gedacht; jedenfalls ist er auch in der bearbeiteten Form nicht als Kammermusik im echten Sinne anzusprechen. Der stellenweise etwas äußerlich-routinierte Charakter des solistischen Passagenwerks geht vermutlich auf Czernys Konto und verlangt eine sehr gut geölte Technik in beiden Händen. Die Tuttiabschnitte, soweit sie im Klavier wörtlich parallel laufen, sollte man – abgesehen von den letzten acht Takten – besser dem Streichquartett allein überlassen, wenn es nicht zu »mickrig« besetzt ist; das erhöht den Spaß und die Einsatzfreude der Mitspieler ganz erheblich.

Louis Ferdinand, Prinz von Preußen (*1772–1806*)

op. 1   c-Moll
Allegro con fuoco – Menuetto (Es) – Andante con Variazione (As) –
Rondo: Allegro giojoso

Vielleicht das schönste Werk dieser Besetzung aus hochklassischer Zeit, mit
einer Fülle reizvoller und geschmackvoll instrumentierter thematischer Einfälle, die freilich mehr aneinandergereiht und durch brillante Klavierpassa-
gen verbunden als motivisch verarbeitet werden, gewidmet dem Pianisten
Friedrich Heinrich Himmel, damals Kapellmeister am preußischen Hofe, der
zeitweise zusammen mit Dussek zum musikalischen Gefolge des Prinzen
gehörte (nach Beethovens Urteil »ein artiges Talent, weiter aber nichts; sein
Klavierspielen ist elegant und angenehm, allein mit dem Prinzen Louis
Ferdinand ist er gar nicht zu vergleichen«). Von in der Tat unvergleichlich
tiefer Empfindung ist vor allem der langsame Satz beseelt, der auch kammermusikalisch besonders ausgewogen ist: Gleich in der ersten Variation kommt
das Cello groß heraus, die zweite ist das Paradestück des Pianisten, in der
Moll-Abwandlung präludiert die Violine, und bei der Wiederaufnahme des
Themas kurz vor der Coda wird das Streichquartett allein dem Klavier
gegenübergestellt. Auch in dem As-Dur-Trio des volkstümlich-ländlerarti-
gen Menuetts hat die erste Geige ein dankbares Solo. Die Ecksätze sind
etwas weitschweifig angelegt, wenn auch abwechslungsreich; sie verlangen
zügige Tempi und entsprechend geläufige Finger des Klavieristen, der seine
Stimme »wol praepariret« haben sollte, bevor er sich ins Getümmel stürzt.

Ernst Theodor Amadeus Hoffmann (*1776–1822*)

Harfenquintett c-Moll
Allegro moderato – Adagio (As) – Allegro

In seiner vom Komponisten ausdrücklich autorisierten Besetzung mit Klavier
wirkt dieses – trotz pathetischer Tonart und vielen ostinat klopfenden Tonre-

petitionen – im Grunde zart-poesievolle Werk ein wenig zu »klassisch«, auch wenn man versucht, den (ausgesprochen leichten) Klavierpart durch viel Pedal und manche zusätzliche Arpeggierung dem Harfenklang möglichst anzunähern. Das Hauptthema des Finales könnte von Bach sein, und doch liegt bei aller ernsthaften kontrapunktischen Arbeit ein eigenartiger Hauch von Romantik über dieser Musik, die sonst, besonders auch im langsamen Satz (den die Streicher übrigens allein beschließen), stark an Mozart und Beethoven erinnert. Jedenfalls ein wertvolles, zwischen Streichquartett und Harfe/Klavier wohl ausgewogenes Stück intimer Hausmusik, das auch technisch nicht so ausgefuchsten Liebhabern wegen seiner mäßigen Tempi und des allgemein geringen Schwierigkeitsgrades warm empfohlen werden kann.

Louis Spohr (*1784–1859*)

op. 130   d-Moll
Allegro moderato – Scherzo: Moderato – Adagio (A) – Finale: Vivace

Ein liebenswürdiges, nicht allzu klavierbetontes Werk von eleganter Noblesse, besonders in den beiden Mittelsätzen auch heute noch fesselnd durch Reife des Ausdrucks und viele Feinheiten in der satztechnischen Ausarbeitung. Der Eingangssatz ist für Klavier und Geige nicht leicht wegen des zierlichen Rankenwerks der Sechzehntelsechstolen, die perlend gespielt und möglichst akkurat ineinander verwoben werden müßten. Schwer im Zusammenspiel ist speziell der fugierte Teil der Durchführung, den die Streicher zunächst allein beginnen; auch hier darf nicht gehetzt werden. Das Trio im Scherzosatz gewinnt ebenfalls durch ein bewußt moderates Tempo, weil nur so die Triolengirlanden, die an sich den ornamentalen Figuren des Kopfsatzes sehr ähnlich sind, hier selbständige Melodiequalität erhalten. Vollends die $^{12}/_8$ des tief-empfindsamen Adagios müssen sehr ruhig ausgespielt werden und sind nicht etwa – wie manchmal in der Barockmusik – als durchgezählte Triolen eines $^4/_4$-Takts zu verstehen. Dafür verlangt das Finale ein ausgesprochen flinkes Vivace, da sonst die häufige Wiederholung der wenigen und dabei wenig originellen Themen ermüdend wirken würde.

Friedrich Kalkbrenner (*1785–1849*)

op. 30   C-Dur
            Con spirito – Romanza: Andante (F) – Rondo: Vivace

Ein Kontrabaß kann nach Belieben die Cellostimme verstärken, aber es lohnt kaum der Mühe; denn es handelt sich eher um ein Klavierkonzert mit sehr simpler und wenig dankbarer Streicherbegleitung, typisch für die Zeit der reisenden Klaviervirtuosen, die sich ihre Bravourstücke selbst auf den Leib schrieben und an manchen Orten mit wenig trainierten Mitspielern rechnen mußten. Nur im langsamen Satz schweigt oder begleitet gelegentlich das Klavier, aber dies kommt fast ausschließlich dem Primgeiger zugute. Da die leere Brillanz mit allerlei etüdenhaften Figuren, Terzengängen und Kadenzen den mageren musikalischen Gehalt weitgehend überwuchert, ist dieses Werk für die seltenen Gelegenheiten, bei denen ein ganzes Streichquartett es übers Herz bringt, sich mit einem Klavieristen einzulassen, kaum zu empfehlen.

Franz Berwald (*1796–1868*)

op. 5   c-Moll
            Allegro molto/Scherzo: Poco Allegretto (C) – Adagio quasi Andante –
            Allegro assai e con spirito

op. 6   A-Dur
            Allegro con gusto – Allegro vivace (h) – Poco Andante (F) – Allegro
            molto

Obwohl in Deutschland schon Mitte des vorigen Jahrhunderts herausgegeben, sind diese Quintette bei uns nahezu unbekannt geblieben und nicht einmal in den gängigen Kammermusikführern erwähnt – ein Grund mehr, sich als fortgeschrittene Liebhaber ihrer anzunehmen. Sie stehen stilistisch zwischen Schubert und Mendelssohn, sind aber formal in origineller Weise durchkomponiert, indem die einzelnen Sätze ineinander übergehen. Dabei zeigen sie gediegene thematisch-kontrapunktische Arbeit und sind auch für die Streicher lohnend, die manchmal zu viert unisono dem Klavier gegenübergestellt werden, was allerdings Intonationsprobleme schafft. Überhaupt sind die technischen Schwierigkeiten, auch im rhythmischen Zusammenspiel, nicht zu unterschätzen. So muß z. B. das in den Kopfsatz des op. 5 eingebettete Scherzo vom Klavier zart, aber sehr prägnant gespielt werden, was bei den zahlreichen Verzierungen und sonstigen ungewohnten und vertrackten Begleitfiguren schwerfällt. Auch in den langsamen Sätzen hat der Pianist mit viel unregelmäßig-schwarzbalkigem Unterholz zu kämpfen. Das spätere Werk in A-Dur ist übrigens Franz Liszt gewidmet, der sich anerkennend darüber geäußert hat; kein Wunder also, daß es pianistisch nicht gerade harmlos ausgestaltet ist.

Franz Lachner (*1803–1890*)

op. 139 c-Moll
Allegro – Andante pesante, quasi Adagio (As) – Menuetto: Allegro –
Finale: Allegro non troppo

op. 145 a-Moll
Allegro – Adagio non troppo (F) – Allegretto, Tempo di Menuetto (A)
– Finale: Allegro

Nicht aufregend originell, aber solide und einfallsreich komponierte, kammermusikalisch gut ausgewogene Musik mit auch harmonisch reizvollen, oft an Schubert erinnernden Wendungen. Das Streichquartett wird zwar manchmal – vor allem in den Außenstimmen – parallel zum Klavier geführt, sonst aber recht selbständig behandelt, das Klavier oft nur begleitend, mitunter sehr geschickt auch mit einer melodischen Nebenstimme eingeflochten, hie

und da solistisch abwechselnd dem reinen Streicherklang gegenübergestellt.
Für Hausmusik ganz ideal, da die technischen Schwierigkeiten das »klassische« Maß nie überschreiten, und jedenfalls eine wichtige Bereicherung der
relativ seltenen Gattung; ein Nachdruck der alten Schott-Ausgaben von
1870/71 wäre sehr zu wünschen.

Robert Schumann (*1810–1856*)

op. 44   Es-Dur
           Allegro brillante – In modo d'una Marcia: Un poco largamente (c) –
           Scherzo: Molto vivace – Allegro, ma non troppo

Im Vergleich zu dem im selben Jahr komponierten Klavierquartett op. 47
wirkt das früher veröffentlichte, Clara Schumann gewidmete Quintett weniger intim, eher prächtig-diesseitig. Die Klavierstimme ist etwas schwerer,
jedenfalls scheitern hochgemute Dilettanten gern in der Durchführung des
Kopfsatzes bei den gewiß reizvollen Tonarten as- und ges-Moll und später im
Trio II des Scherzos, wo sie im Eiltempo durch eine ähnlich vertrackte, mit
bb gespickte Chromatik hindurchfinden müssen. Gründliches Üben sei also
dringend angeraten. Der Trauermarsch ist wohl die Keimzelle des ganzen
Werkes und birgt, besonders auch in seinem Agitato-Teil, einige Probleme
fürs Zusammenspiel. Die Coda des Schlußsatzes, der ursprünglich 114 Takte
kürzer war, hat Schumann nachträglich hinzugefügt. Hier tritt das vergrößer-
te Hauptthema des ersten Satzes in fugierter Form hinzu, und ein Motiv
daraus taucht im Klavier als besänftigender Seitengedanke auf (dessen syn-
kopisches Nachhinken auf Anhieb nicht leicht gelingt). Die thematische
Verklammerung der einzelnen Sätze geht aber noch viel weiter; besonders
die Motive des doppelten Quintfalls und der absteigenden Sekundschritte
lassen sich an vielen Stellen nachweisen und scheinen für die Beziehung
Schumanns zu Clara von tiefer Bedeutung gewesen zu sein. (Vgl. die Ausfüh-
rungen von H. Kohlhase und D. Conrad in den beiden 1981/82 erschienenen
Schumann-Sonderbänden der Zeitschrift »Musik-Konzepte«.)

Friedrich Kiel (*1821–1885*)

op. 75   A-Dur
Allegro moderato ma con spirito – Allegro molto (a) – Adagio con
espressione (Fis) – Tempo di Menuetto: Allegretto grazioso (D) –
Allegro

op. 76   c-Moll
Allegro maestoso – Arioso: Larghetto con moto (As) – Intermezzo:
Presto assai (f) – Introduzione: Andante sostenuto, ma non troppo/
Rondo: Allegro

Diese beiden Klavierquintette gehören neben denen von Schumann, Brahms
und Dvořák zum Besten, was die Gattung – jedenfalls im Bereich der
Romantik – zu bieten hat; sehr zu Unrecht sind sie heute fast völlig vergessen. Kiel steht zwar mit seinen reifen, formvollendet aufgebauten Spätwerken als »Nachklassiker« besonders deutlich in der Tradition von Bach und
Beethoven; auch die Harmonik ist weniger revolutionär als milde fortschritt-
lich – freilich mit Ausnahmen, so z. B. bei den scharfen Sekundreibungen in
der Triolenbegleitung des Klaviers gleich im Kopfsatz von op. 75. Aber die
herbe Melodik und der Sinn für große Steigerungen, die niemals unorganisch
oder gar bombastisch wirken, zeigen doch viel eigenen Charakter. Die technischen Anforderungen sind nicht gering; der Klavierist braucht häufig gute
Sprungsicherheit und muß mit raschen Oktavengängen zurechtkommen (soweit er nicht zu kleinen vereinfachenden Mogeleien Zuflucht nimmt). Im
allgemeinen ist der Klaviersatz jedoch sympathisch durchsichtig und nicht
mit lauten Akkorden überladen, so daß die Streicher keine Mühe haben,
auch einzeln und in wechselnden Kombinationen dagegen aufzukommen.
Der knappe, melodiöse Arioso-Satz von op. 76 gibt bei der richtigen Tempo-
findung Probleme auf: Die Metronomangabe (M.M. 80 für jedes der neun
Achtel) schien uns reichlich langsam; andererseits gelingt wohl nur so der
nahtlose Anschluß zu dem ³/₈-Takt des E-Dur-Seitengedankens. Insgesamt
für Liebhaber jedenfalls lohnend und bei guter Vorbereitung mit einigem
Anstand zu schaffen. Auch professionelle Ensembles sollten diese gehaltvollen Werke nicht weiter so achtlos vernachlässigen.

César Franck (*1822–1890*)

FWV 7 f-Moll
Molto moderato, quasi lento/Allegro – Lento, con molto sentimento (a)
– Allegro non troppo, ma con fuoco (F)

Gilt heute musikgeschichtlich als Gipfelpunkt der Ausdrucksmöglichkeiten dieser Besetzung, war aber zur Zeit seiner Entstehung sehr umstritten. Saint-Saëns, dem das Quintett gewidmet ist und der bei der Uraufführung (1880) den Klavierpart spielte, verhielt sich dennoch ablehnend, auch Liszt fand es »zu dramatisch« und Debussy kritisierte den »immerwährenden Paroxysmus« dieser Musik. Aus mehr als hundertjährigem Abstand wirkt ihr Gefühlsüberschwang nicht mehr so schockierend, zumal die formalen Beziehungen der Themen und ihre kontrapunktische Verarbeitung die chromatische Expressivität bändigen und stets durchgeistigt erscheinen lassen. Das zweite Thema des Kopfsatzes (»tenero, ma con passione«) dient in mancherlei Verwandlung als Klammer für alle drei Sätze, und ein mehr beiläufiges Gegenmotiv des langsamen Satzes wird im Finale als selbständiges Seitenthema wieder aufgenommen. Insgesamt ein zwar lohnendes, aber für die Streicher ebenso wie im Klavier – allein schon als Leseaufgabe – schwieriges Werk, das auch dynamisch den Rahmen üblicher Hausmusik sprengt.

Anton Rubinstein (*1829–1894*)

op. 99 g-Moll
Molto lento/Allegro moderato – Moderato (c) – Moderato con moto (Es) – Moderato

»Pathetico«, »largamente« und »con espressione« sind hier häufige Vortragsbezeichnungen, und so muß man sich auf spätromantische Gefühlsbetontheit gefaßt machen, wie sie dem damaligen Zeitgeschmack der musikalischen Salons entsprach. Das Klavier ist vor allem im Kopfsatz mit thematischen Soli und brillant-virtuosen Passagen stark bevorzugt, während die

Streicher hier mehr zur Überleitung und Untermalung beitragen. Recht originell und ausgewogener ist der intermezzoartige zweite Satz, der das Scherzo vertritt, und sein kantabler Mittelteil, in dem das Streichquartett ausnahmsweise führt. Auch der folgende, harmonisch interessante Variationensatz bietet den Streichern immerhin – abwechselnd mit dem Klavier – einiges an »Dolce« und »Espressivo«. Das energische Finale verarbeitet u. a. eine nach Folklore klingende (russische?) Melodie, die dann auch kunstvoll als Begleitfigur weitergesponnen wird. Rasches Alla-breve-Zeitmaß mildert die etwas langatmige Breite des Satzes, setzt aber im Klavier an einigen Stellen gute Geläufigkeit voraus. Altmann meinte, das Werk sei zu Unrecht in Vergessenheit geraten; im Zeichen der Nostalgie könnte man es heute sicher mit Gewinn wieder einmal ausgraben.

Johannes Brahms (*1833–1897*)

op. 34   f-Moll
Allegro non troppo – Andante un poco Adagio (As) – Scherzo: Allegro (c) – Finale: Poco sostenuto/Allegro non troppo

Sicher ein Höhepunkt dieser an unbestrittenen Meisterwerken nicht sehr reichen Gattung, aber für Hausmusik eigentlich zu anspruchsvoll. Interessanterweise war die Urfassung ein Streichquintett, das Brahms zunächst zu einer Sonate für zwei Klaviere (op. 34 b) und schließlich zum Klavierquintett umarbeitete, übrigens gegen den Rat von Clara Schumann, der eine Orchesterversion vorschwebte. In der Tat ist die Komposition derart dicht und allein schon im Klaviersatz oft so vielstimmig verwoben, daß ein klanglich noch farbigeres Arrangement denkbar wäre auf Kosten der Vollgriffigkeit und Polyphonie, die dem Pianisten technisch zu schaffen macht. Die Streicher sind häufig unisono geführt und haben auch sonst Intonationsprobleme. Kurz: Dilettanten müssen schon ein sehr hohes Niveau haben, wenn sie mit dieser gewichtigen Musik auch nur einigermaßen zurechtkommen wollen, und Stümperei verträgt sie besonders schlecht.

René de Boisdeffre (*1838–1906*)

op. 11   d-Moll
             Allegro con brio – Scherzo: Allegro vivo (D) – Andante ma non troppo
             (B) – Final: Allegro deciso

Dieses Gounod gewidmete Quintett wirkt in seiner recht langatmigen Beiläufigkeit sowohl der Themen als auch ihrer Entwicklung wie musikalischer »small talk« ohne Aussagekraft; es ist handwerklich routiniert gemacht, ermüdet aber mit seinen vielen dürftigen Sequenzen. Am abwechslungsreichsten ist noch das Finale, in dem ein Fugato eingebaut ist und das Seitenthema aus dem Eingangssatz wiederkehrt. Positiv berührt die schlichte Durchsichtigkeit ohne virtuose Aufdonnerung der Stimmen, so daß man auch fürs Klavier nicht viel Übezeit als Fehlinvestition riskiert. Aber es gibt von Boisdeffre wohl bessere Sachen für Quintettbesetzung (vgl. Register), so vor allem das von Altmann gelobte op. 25 in D-Dur mit Kontrabaß; nur waren uns die Noten dazu leider nicht zugänglich.

Josef Rheinberger (*1839–1901*)

op. 114   C-Dur
             Allegro – Adagio (Es) – Scherzo: Vivo (c) – Finale: Allegro

Wirkt bei aller kontrapunktischer Feinarbeit – nicht nur, aber besonders im Finale – ein wenig schablonenhaft und konventionell, sozusagen wie feierliche Kirchenmusik für brave Bürger im Sonntagsstaat. Eingängige Themen, sehr gekonnte Entwicklung und Verarbeitung, auch kammermusikalisch ausgewogen, indem das Klavier sich häufiger dem Streichquartett unterordnet als umgekehrt. Da die technischen Schwierigkeiten nicht sehr groß sind, können gerade Hausmusikliebhaber hier klangvollen Honig saugen und ihre Freude an dem sauberen Stimmengefüge haben. Sie werden aber manchmal ein gewisses Gefühl der Langeweile nur schwer unterdrücken können, und etwaige Zuhörer erst recht.

Antonín Dvořák (*1841–1904*)

op. 5 A-Dur
Allegro ma non troppo – Andante sostenuto (F) – Finale: Allegro con brio

Wenig bekannt ist dieses »Vorläufermodell« des mit Recht berühmteren und oft zu hörenden Klavierquintetts op. 81; Hausmusikanten sollten es aber nicht ganz unbeachtet lassen, zumal es technisch weniger anspruchsvoll ist, von einigen Klippen im Zusammenspiel abgesehen (so vor allem im Schlußsatz mit seiner häufigen ³/₄-Teilung gegen den ⁶/₈-Takt). Mag es noch viel von Schubert und Schumann und manche formal ungezügelte Längen enthalten, so ist es doch nicht nur den drei Kreuzen nach auf den gleichen »Ton« gestimmt, sondern vielfach auch in der Melodiebildung und Rhythmik. Die zeitgenössische Kritik bescheinigte ihm immerhin »lebendige, an schwungvollen und poetischen Gedanken überschäumende Phantasie, Gewandtheit und Kühnheit in der Harmonisierung und Modulation, sowie in der polyphonen Durchflechtung der Stimmen und der Instrumentation«. Dvořák selbst hat 15 Jahre später eine Umarbeitung in Angriff genommen, dabei vieles gekürzt und verändert, sich aber anscheinend doch nicht mehr so recht mit seinem frühen Werk identifizieren können. Am besten gefiel uns der langsame Satz, ein klangvolles, besonders auch für Primgeige und Cello mit dankbaren Kantilenen erfülltes Stimmungsbild; es ist von vielseitig gebrochenen Nebenfiguren als »Zwischentönen« untermalt und setzt daher – nicht nur im Klavier – viel Taktfestigkeit voraus. Ein mehrfaches Dakapo ist aber ausnahmsweise sogar den Zuhörern willkommen.

op. 81 A-Dur
Allegro, ma non tanto – Dumka: Andante con moto (fis) – Scherzo (Furiant): Molto vivace – Finale: Allegro

Ein vor allem im Zusammenspiel schwieriges, aber gerade auch für die Streicher dankbares Werk, da das Klavier nicht zu stark dominiert. Für den Kopfsatz muß man sich streng an ein ruhiges Alla-breve-Zeitmaß halten, sonst gerät das Ensemble bei den vielfältigen gegenläufigen Unterteilungen der Halbtakte (2:3, 3:4, gelegentlich sogar 5:8!) sehr rasch ins Wackeln. Dasselbe gilt für den $^2/_4$-Takt der Dumka, dem gefühlvollen ukrainisch-polnischen Volkslied im Balladenton (vgl. auch Dvořáks Dumky-Trio, S. 100). Hinzu kommen kleine Temposchwankungen, die sich aber aus dem musikalischen Verlauf wie von selbst ergeben; bei dem Vivace-Abschnitt setzt sich die Bewegung der langsamen Viertel einfach als die Eins der $^2/_8$-Takte fort. »Furiant« ist ein böhmischer Volkstanz von feurigem Charakter, dessen üblicher Taktwechsel ($^2/_4$:$^3/_4$) jedoch hier nicht nacheinander, sondern gegeneinander komponiert ist (was die Sache nicht leichter macht). Das spielerische Rondothema des Finales wird beim zweiten Einsatz bald nach Moll gewendet, entwickelt sich stellenweise zur bloßen Begleitfigur, läuft später als Fuge durch alle Instrumente und bildet auch die Keimzelle des mitreißenden Schlußgedankens.

Gabriel Fauré (*1845–1924*)

op. 89   d-Moll
          Molto moderato – Adagio (G) – Allegretto moderato (D)

An diesem Werk hat Fauré, der sowieso für seine Kompositionen immer viel Zeit brauchte, besonders lange gearbeitet; schon 1887 kamen ihm erste Ideen, damals noch für ein drittes Klavierquartett, das sich dann allmählich, wohl unter dem Einfluß des seinerzeit beliebten Streichquartetts von Eugène Ysaye, zur Quintettbesetzung erweiterte. Bereits 1896 kündigte sein damaliger Verleger Hamelle das Quintett (noch als op. 60!) an, aber erst 1907 erschien es schließlich (bei Schirmer, New York), nachdem Fauré es während dreier Sommeraufenthalte in der Schweiz gründlich umgestaltet hatte. Charakteristisch ist das Fehlen eines Scherzos; dafür bringt der Seitengedanke des langsamen Satzes die notwendige belebende Abwechslung. Die durchweg gemäßigten Tempi kommen zwar einer hausmusikalischen Annäherung

entgegen, aber die beginnende Auflösung klarer Tonalität und die streckenweise komplizierte Polyphonie bringen doch erhebliche Probleme der Intonation und im Zusammenspiel; außerdem hat der Pianist mit zahllosen
unangenehmen Arpeggien zu kämpfen, vor allem in den beiden ersten Sätzen. Das Finale erinnert mit seinem Hauptthema, das zunächst als viertaktige
Passacaglia durchgeführt wird, an Beethovens »Freude, schöner Götterfun-
ken« aus dem Schlußchor der 9. Symphonie.

op. 115   c-Moll
Allegro moderato – Allegro vivo (Es) – Andante moderato (G) –
Allegro molto

Obwohl sicherlich ein meisterhaftes Spätwerk, das geradezu als musikalisches Testament Faurés gelten kann, kamen uns die Ecksätze in ihrem allzu
lyrisch eingeebneten Stil reifer Besinnlichkeit etwas monoton und langatmig
vor – also offenbar keine leichte Kost für schlichtere Dilettantengemüter.
Das geniale, in seiner unbestimmten Tonalität sehr abwechslungsreiche
Scherzo scheitert dann wieder mehr an technischen Schwierigkeiten, jedenfalls in dem geforderten (und nötigen) lebhaften Tempo. Vielleicht ist die
sangliche, durch die eigenwillig irisierende Harmonik nirgends sentimental-
kitschige Süße des langsamen Satzes noch am ehesten etwas für bemühte
Liebhaber; allerdings setzt sie viel Tonschönheit bei den Streichern und
Anschlagskultur im Klavier voraus.

Philipp Scharwenka (*1847–1917*)

op. 118   h-Moll
Allegro non tanto, ma energico – Adagio con intimo sentimento (E) –
Moderato/Finale: Allegro

Ein frisches, klangfreudiges Werk, das in der Thematik oft an Liszt, harmonisch an Dvořák erinnert und, wenig von des Gedankens Blässe angekrän-

kelt, munter querfeldein marschiert. Auch opernhafte Motive tauchen auf, die man von Wagner oder Humperdinck her zu kennen glaubt. Technisch nicht besonders schwer und daher auch fortgeschritteneren Hausmusikanten zugänglich, wenn sie einen nicht zu engen, für größere Phonstärken aufnahmefähigen Raum zur Verfügung haben. Die zahlreichen kleinen Temposchwankungen innerhalb der einzelnen Sätze verlangen gutes, aufmerksames Ensemblespiel; sie sind aber jeweils sehr genau bezeichnet, und mit Hilfe der exzellenten Italienischkenntnisse des Cellisten, die er gern an alle Mitspieler weitergibt, kann eigentlich kaum etwas schiefgehen.

Zdenko Fibich (*1850–1900*)

op. 42   D-Dur
Allegro non tanto – Largo (B) – Scherzo: Mit wildem Humor (d) –
Finale: Allegro con spirito

Ein frisches, musikantisches und für alle fünf Instrumente dankbares Werk der Smetana-Dvořák-Nachfolge, in den Mittelstimmen an sich für Klarinette und Horn gedacht, vom Komponisten aber ausdrücklich auch mit zweiter Violine und Viola vorgesehen. Das Klavier führt zwar manche der melodiösen Themen solistisch ein, ist aber im ganzen nicht überfrachtet und wird häufig auch nur zur farbigen Untermalung des sehr selbständig, oft polyphon gearbeiteten Quartettsatzes der Melodieinstrumente benutzt. Vor allem in den beiden ersten Sätzen gibt es Leseprobleme mit reichlich abseitigen B-Tonarten wie Es-Es-Dur und ähnliche Scherze, die auch routiniertere Vom-Blatt-Spieler leicht aus der Bahn werfen können. Ein keckes Kabinettstückchen ist das humorige Scherzo mit seinen beiden Trios, in denen einmal ganz romantisch das Horn (bzw. die Bratsche), zum anderen die Klarinette (2. Geige) mit dem Cello zu synkopischer Klavierbegleitung hervortreten. Beim Schluß-Dakapo muß der knappe Scherzo-Hauptteil »con fuoco e feroce«, d. h. noch etwas wilder im Tempo genommen werden als am Anfang, schon damit seine dritte wörtliche Wiederholung nicht ermüdend wirkt.

Auch das ausgedehnte Finale gewinnt durch zügiges Tempo. Allerdings darf die »Grandioso«-Coda nach der Generalpause dann etwas ruhiger ausgespielt werden, sonst kommt die (erste) Geige mit ihren himmelstürmenden Umspielungen allzusehr ins Gedränge.

Sergej Tanejew (*1856–1915*)

op. 30   g-Moll
Introduzione: Adagio mesto – Scherzo: Presto (Es) – Largo (C) – Finale

Ein originelles, von russischer Urmusikalität durchdrungenes Werk, gehaltvoll und zwischen Klavier und Streichquartett gut ausgewogen, aber es paßt schon in seinen gewaltigen, symphonisch anmutenden Dimensionen eher in den Konzertsaal. Die sogenannte Introduktion umfaßt in der Partitur allein 42 von 100 Seiten. Auch der technische Schwierigkeitsgrad liegt jedenfalls in den beiden schnellen Sätzen, besonders im Finale, oberhalb der von Amateuren im allgemeinen erreichbaren Marke. Es wäre aber gewiß lohnend, wenn wenigstens Berufsmusiker sich solcher bei uns wenig bekannter Werke gelegentlich wieder annähmen.

Christian Sinding (*1856–1941*)

op. 5   e-Moll
Allegro ma non troppo – Andante (C) – Intermezzo: Vivace (G) –
Finale: Allegro vivace (E)

Dieses stark an Grieg und Wagner anklingende, reichlich pathetische Werk, 1889 in Leipzig mit F. Busoni am Klavier uraufgeführt, war damals schon heftig umstritten und ist heute ziemlich in Vergessenheit geraten. Es bildet eine merkwürdige Mischung aus einfacher, nordisch-volkstümlicher Melodik und einem opernhaften Klangrausch mit exzessiver Chromatik, wobei das

Klavier mit langen Soli am dankbarsten behandelt ist, aber auch das Streichquartett als selbständiger Klangkörper zu Wort kommt, z. B. den langsamen
Satz recht stimmungsvoll allein eröffnet und beschließt. Der ballettmusikarti-
ge Scherzosatz verlangt lebhaftes Tempo, auch um in dem weniger inspirier-
ten Trioteil die etwas trivialen »Kurkonzert«-Anklänge möglichst zu über-
spielen. Auch das Finale muß im Alla-breve-Takt sehr zügig genommen
werden, was mit den vielen chromatischen Skalen nicht gerade einfach ist;
zwischendurch läßt das »Meistersinger«-Vorspiel grüßen. Kurzum: Für
Hausmusik eigentlich zu laut, und unvorbereiteten, nicht besonders leidens-
starken Zuhörern nur bei professionell gekonnter Wiedergabe zumutbar.

Hans Pfitzner (*1869–1949*)

op. 23   C-Dur
Allegro, ma non troppo – Intermezzo – Adagio – Gemächlich bewegt
(Allegretto commodo)

Gilt als eines der gelungensten Kammermusikwerke Pfitzners, der es in
Straßburg nach eigenem Zeugnis nebenbei zur Erholung von seinen »anti-
musikalischen Angelegenheiten« als Direktor des dortigen Konservatoriums
geschrieben hat. Es ist Bruno Walter zugeeignet und trägt gewiß stellenweise
auch symphonische und konzertante Züge, ist aber doch kammermusikalisch
zwischen Streichquartett und Klavier gut ausgewogen. Hinson meint, es sei
»durch und durch romantisch und deutsch« und mute heute etwas überreif
an (»overblown«), sei aber für den Pianisten glänzend geschrieben. Zumindest das Finalthema ist jedoch bei dem überwiegend grüblerischen Charakter
der anderen Sätze – das Adagio enthält einen tief melancholischen Trauermarsch mit imitiertem Trommelwirbel – wohltuend diesseitig, beinahe naiv,
und für die Streicher ist das Werk nicht minder dankbar, so z. B. das ausgedehnte Cello-Solo gleich zu Anfang und die Bratschenkantilene im langsamen Satz, zu der die übrigen Streicher »con sordino« sehr zart hinzutreten.

Am schwersten ist das skurrile Intermezzo mit seinen bizarren Einwürfen und brillanten Läufen. Kurz gesagt: Lohnend, aber für Dilettanten nur mit sehr viel Einsatzfreude halbwegs zugänglich.

Paul Juon (*1872–1940*)

op. 44   F-Dur
Allegro moderato – Commodo (A) – Sostenuto (d) – Risoluto, irato e con impeto

In der Schwierigkeit der Ausführung etwa mit Reger zu vergleichen und daher für nicht-professionelle Hausmusikanten fast unerreichbar. Altmann bemängelte »harmonische Härten sondergleichen« und hielt die Erfindung der Themen für »weniger vornehm«. Ob dieses Urteil heute noch standhält, oder besser: als negativ zu werten wäre, scheint bei diesem originellen, seiner russischen Heimat hörbar verpflichteten Komponisten sehr zweifelhaft. Vielleicht könnten sich auch Berufsmusiker wieder einmal seiner annehmen.

Max Reger (*1873–1916*)

op. posth.   c-Moll
Agitato – Andantino con grazia (h) – Adagio (Es) – Presto ma non tanto, à la Capriccio

Eine Huldigung des damals 25 Jahre alten Reger an Brahms (mit Anlehnung an dessen Sapphische Ode op. 94 Nr. 4 im Thema des langsamen Variationensatzes), aber erst nach seinem Tode (1922) uraufgeführt. Der Pianist hat mit einer gegenüber Brahms womöglich noch verdichteten Vollgriffigkeit zu kämpfen und wird auch von der symphonischen Breite des schnellen Eingangssatzes zunächst abgeschreckt. Eingängiger sind die Mittelsätze, besonders das reizvolle Intermezzo mit Klavierarabesken zu Streicherpizzicati, das sich als Einstieg am besten eignet. Sehr schwer ist wieder das Finale mit seiner über das Hauptthema gearbeiteten Fuge, das bereits ganz typisch den geistsprühenden, untergründigen Humor Regers widerspiegelt und möglichst spritzig gespielt werden müßte. Mit viel »Frustrationstoleranz« im akustisch gut abgeschirmten Heimstudio nicht absolut hoffnungslos – und jedenfalls interessant, um die Stilfindung des jungen Komponisten zu verfolgen.

QUINTETT MIT KONTRABASS

Florian Leopold Gassmann (*1729–1774*)

Quartett B-Dur *(für Oboe, Viola, Violoncello und Basso continuo)*
Andantino – Poco Allegro – Menuetto

Ein interessantes, trotz kontrapunktischer Vielstimmigkeit insgesamt schon recht lieblich-homophon klingendes Werk der Frühklassik, das aber in Form und (in Grenzen variabler) Besetzung noch deutlich in der barocken Tradition steht.

Am reizvollsten und historisch angemessensten ist sicher die Originalbesetzung als »Quatuor« – entsprechend der Triosonate – mit Oboe und Cembalo, wobei ein zweites Cello den bezifferten Baß mitspielen muß.

Die Oboe läßt sich auch durch eine Geige ersetzen und die Continuostimme durchaus dem modernen Klavier anvertrauen, wobei zusätzlich ein Kontrabaß das Fundament »ad libitum« verstärken kann; damit wäre man dann bei der »Forellenquintett-Besetzung«, für die es sich als gehaltvolles Stück zum Einspielen bestens eignet. Die Tempi sind durchweg mäßig, besonders auch in dem »schnellen« Mittelsatz und in den beiden Triosätzen des Menuett-Finales, zwischen die man den Hauptteil nach damaliger Übung rondoartig nochmals einschalten sollte (auch wenn dies früher – als selbstverständlich – nicht immer notiert wurde und wohl daher in modernen Ausgaben so nicht angegeben ist).

Johann Ladislaus Dussek (*1760–1812*)

op. 41   f-Moll
Allegro moderato ma con fuoco – Adagio espressivo (As) – Finale:
Allegretto ma espressivo e moderato

Ein schwungvolles, gerade fürs häusliche Musizieren lohnendes Werk mit einem streckenweise konzertierend hervorgehobenen Klavier, dem aber die vier Streicher mit vereinten Kräften durchaus eigenständigen Widerpart leisten. Der Kontrabaß versteht sich »ad libitum« – notfalls genügt also auch die Besetzung als Klavierquartett. Der Pianist muß sich im Kopfsatz, der auch für modulatorische Überraschungen sorgt, für die geläufigen Passagen einen guten Fingersatz zurechtlegen. In dem stark figurierten langsamen Satz heißt es, Ruhe bewahren und die mit bis zu vier schwarzen Balken verbundenen Arpeggien und Doppelschläge kaltblütig – und möglichst zutreffend – auf die Achtel als Grundzählzeit verteilen; hier vermißt der verwöhnte Klavierspieler von heute auch in der Neuausgabe am schmerzlichsten die Partitur, weil er sich nicht wie sonst so leicht an den anderen Stimmen orientieren kann. Die kritischste Stelle ist kurz vor Schluß, wenn im Klavier quodlibetartig eine ganz neue Wendung hinzutritt, die wie ein bedeutsames Zitat wirkt (vielleicht zur Erinnerung an Louis Ferdinand?). Das Finale schließt höchst effektvoll mit einer auf der Terz endenden melodischen f-Moll-Tonleiter im Klavier.

Johann Nepomuk Hummel (*1778–1837*)

op. 87   Es-Dur
Allegro e risoluto assai – Menuetto: Allegro con fuoco – Largo – Finale:
Allegro agitato

Schon Heimeran hat dieses Werk allen Hausmusikanten als Pendant zum Forellenquintett für ein schönes Abendprogramm mit dem »Nachzügler« Kontrabaß warm empfohlen und hat es mit Recht »ganz entzückend« und

»äußerst musikantisch« genannt. Die Tonart ist eigentlich überwiegend es-*Moll*. Das Klavier dominiert zwar deutlich und hat keinen leichten Part, aber seiner Brillanz wird das baßbetonte Streichquartett mit sonorer Klangfülle wirkungsvoll entgegengesetzt. Die harmonische Entwicklung erinnert manchmal schon an Schubert (z. B. im Menuett), die kraftvoll-pathetische Thematik der Ecksätze hat dem mittleren Beethoven einiges zu verdanken – im ganzen aber für den Eklektiker Hummel recht originelle Musik und für Liebhaber jedenfalls immer noch lohnend.

Ferdinand Ries (*1784–1838*)

op. 74 h-Moll
Grave/Allegro con brio – Larghetto (E) – Rondo: Allegro

Ein etwas dünner Aufguß von Beethovens Konzertstil, das Klavier sehr virtuos und klangprächtig im Vordergrund, die Streicher fast ohne eigenständige Beteiligung und selbst in den wenigen kurzen Tuttistellen nur mit den gängigsten Ein- und Überleitungsfloskeln bedacht. Unfreiwillig erheiternd schien uns das überraschende eintaktige Baß-»Solo« von ganzen vier Pizzikato-Noten im Kopfsatz vor Beginn des zweiten Themas, das dann natürlich wieder vom Klavier vorgestellt wird. Die Knappheit der Themenentwicklung wirkt nicht konzentriert, sondern eher kümmerlich. Sehr hübsch ist im (sonst recht belanglosen) Finale allerdings das dort eingebaute Andantino im $^6/_8$-Siciliano-Takt, das im Grundcharakter an Mozarts Ständchen aus der »Entführung« erinnert und den Streicherklang sinnvoll und echt kammermusikalisch dem Klavier gegenüberstellt. Insgesamt ist das Werk opferbereiten Streichern nur dann zu empfehlen, wenn sie einem wirklich brillanten Pianisten zuarbeiten, für den es lohnt, vorübergehend Entsagung zu üben.

Georges Onslow (*1784–1853*)

op. 79   B-Dur
           Allegro moderato – Scherzo: Vivace (g) – Andante, molto cantabile e
           grazioso (D) – Finale: Allegretto

Dasselbe Werk gibt es auch als Septett mit Bläserquintett und Kontrabaß. Es
bringt gefällige, leichtflüssige Musik der Frühromantik mit überwiegend
lieblichen, noch klassisch ebenmäßigen Themen in vielseitiger, auch harmonisch fesselnder Abwandlung und Verarbeitung. Im Finale wird ein aus dem
Hauptthema entwickeltes Motiv sogar zu einem längeren Fugato ausgespon-
nen. Dabei spürt man überall den erfahrenen Kammermusikkomponisten;
denn die Instrumente sind gleichmäßig dankbar behandelt, das Klavier hat
oft nur kolorierende Begleitfiguren, die z. B. im Trio des Scherzos sehr
deutlich an Schubert erinnern, und drängelt sich nicht unangenehm nach
vorne. Allerdings hat es auch manche recht virtuose Passagen zu meistern, so
vor allem bei den Zweiunddreißigsteln der Schlußcoda, die leider auch noch
»poco più animato« hingelegt werden sollen. Trotz der relativ großen Besetzung im Zusammenspiel nicht schwierig, also für Hausmusik eigentlich ideal
und eine schöne Bereicherung für die ausgefallene Gattung, so daß sich eine
Neuausgabe – notfalls auch ohne Partitur – bestimmt lohnen würde.

Franz Schubert (*1797–1828*)

op. 114   A-Dur (»Forellen-Quintett«)
(D 667)   Allegro vivace – Andante (F) – Scherzo: Presto – Andantino (Tema con
           variazioni, D) – Finale: Allegro giusto

Sicher das bekannteste und beliebteste, aber wohl auch das musikalisch
reichste Werk dieser Besetzung, für viele Liebhaber der Hausmusik mit
Klavier das hochgesteckte Ziel ihrer Träume schlechthin. Es mit zwei Celli zu
spielen, ist nur ein (nicht empfehlenswerter) Notbehelf, weil »des Basses
Grundgewalt« ein notwendiges Gegengewicht zu der meist hoch im Diskant

liegenden, häufig in Oktaven geführten Klavierstimme bildet. Auch die Geige versteigt sich an einigen Stellen in hohe Lagen und muß neben dem Klavier recht sattelfest sein. Ein Kabinettstück und die Seele des Quintetts ist natürlich der Variationensatz über das Schubert-Lied »In einem Bächlein helle . . .«. Hier bekommt jedes Instrument einmal das Thema und ein andermal technisch besonders schwierige Umspielungen zugewiesen. Die Schlußwiederholung des Themas im Allegretto-Zeitmaß kommt dann der originalen »Forelle« am nächsten, und hier müssen die raschen Begleitfiguren möglichst lebendig murmeln und plätschern. Insgesamt ist das Werk im Zusammenspiel für tüchtige Musikanten keine Hexerei, zumal jeder es mehr oder weniger im Ohr hat und der musikalische Verlauf so eingängig und wie von selbst verständlich scheint.

Hermann Goetz (*1840–1876*)

op. 16   c-Moll
Andante sostenuto/Allegro con fuoco – Andante con moto (As) –
Allegro moderato (quasi Menuetto) – Allegro vivace

Dieses bekenntnishafte, in seinen Ecksätzen aufwühlend leidenschaftliche Quintett hat der schwerkranke Goetz erst kurz vor seinem frühen Tod vollendet. Unter die Partitur hat er als Motto die Worte von Goethes Tasso gesetzt: »Und wenn der Mensch in seiner Qual verstummt, gab mir ein Gott, zu sagen, was ich leide.« Ein tiefer Ernst durchzieht das ganze, stark von Schumann beeinflußte, aber formal noch sehr »klassische« Werk – auch dort, wo eine friedlichere Seelenstimmung einkehrt, wie in dem liedhaften Andante und dem an Schubert anklingenden lieblichen Trio des Scherzosatzes mit seinem schlichten Kanon. Sonst aber sind (außer der gleichen Besetzung) kaum irgendwelche Parallelen zum Forellenquintett zu erkennen. Der Kontrabaß hat kaum melodische Linien und dient nur zur düsteren Untermalung. Der musikalische Satz ist allgemein sehr dicht und polyphon – im Finale ist sogar eine kurze Fuge eingebaut – und verlangt viel rhythmische Präzision, was auch das Zusammenspiel erschwert. Überhaupt darf man die Schwierigkeit besonders der schnellen Sätze nicht unterschätzen; sie liegt für Dilettanten an der oberen Grenze ihrer Möglichkeiten. Im langsamen Satz kann der Bratschist, wenn er nicht so hoch hinaus will, seine Kantilene ab Takt 41 notfalls auch der Geige überlassen, was er aber sicher nicht gern tun wird.

Josef Labor (*1842–1924*)

op. 3   e-Moll
Allegro – Scherzo: Allegro vivace (G) – Andante (C) – Allegro ma non troppo

Ein interessantes, von Brahms nicht weit entferntes und doch originelles Werk mit sprunghaften Gesten und einer schon sehr spätromantischen Harmonik, technisch ziemlich schwer und für Dilettanten nicht auf Anhieb zu bewältigen. Der mit Oktaven und weitgriffigen Akkorden gespickte Klaviersatz liegt nicht gut in den Händen und bedarf dringend intensiven Übens. Aber auch den Streichern wird einiges zugemutet. Schwer ist vor allem das lustige, rhythmisch vertrackte Scherzo, in dessen zweitem Trio der Kontrabaß »mit Humor al basso buffo« ein besonderes Schelmenstückchen hinzulegen hat. Auch sonst hat es der Baß nicht leicht, weil er nicht nur als Harmoniestütze, sondern auch thematisch beteiligt und ganz selbständig geführt ist. Das Finale nimmt zuletzt die Thematik des Kopfsatzes wieder auf und verbindet sie höchst kunstvoll mit seinem Hauptthema.

SEXTETT

Aloys Schmitt (*1788–1866*)

op. 104   C-Dur
Allegro moderato – Andante con moto (F) – Menuetto moderato (E) –
Presto scherzando

Dieses »Grand Sextuor« zeigt reizvolle Anklänge an Spohr und Weber,
bewegt sich allerdings mit seiner recht simplen Themenbildung und -umspie-
lung noch ganz in dem üblichen Figurenkanon einer Spätklassik, die oft zur
leeren Virtuosität abzugleiten droht. Das Streichquintett wird häufig paarweise in Oktavverdopplungen geführt und bildet kaum mehr als den klanglichen Hintergrund und Rahmen, vor und in dem sich das weitgehend konzert-
mäßig behandelte Klavier meist »con bravura e forza« aufspielen kann. Kein
Wunder, daß kammermusikalisch anspruchsvollere Streicher sich hier als
streckenweise ziemlich ohnmächtige »Tuttisten« mißbraucht fühlen. Wer
ihnen als Klavierspieler diese Rolle zumutet, sollte jedenfalls seinen Part, der
an sich nur flinke Geläufigkeit Cramer'scher Schule und besonders im Menuett gute Taktsicherheit voraussetzt, auf zügige Tempi hin geübt haben und
brillant »hinlegen« können, damit sich für seine unterbeschäftigten Mitspieler wenigstens das Zuhören lohnt.

Henri Bertini (*1798–1876*)

op. 90   E-Dur
Allegro – Andante (A) – Menuet: Presto (e) – Allegro

Von den sechs im Druck überlieferten Klaviersextetten Bertinis, von denen
drei statt der zweiten Geige eine zweite Bratsche verwenden, haben wir nur

dieses eine (bisher) kennengelernt, das es auch in einer verdienstvollen Platteneinspielung zusammen mit dem Hummel-Quintett (ohne zweite Geige) gibt. Es handelt sich um geschmackvolle, gefällig-anmutige Kammermusik im Stil der Nachklassik. Das Klavier wird zwar mit brillanten Skalen, Tonrepetitionen und ähnlichen etüdenverdächtigen Figuren virtuos herausgestellt, aber das Streichquintett dabei nicht vernachlässigt, sondern vom Klavier vielfach nur begleitet und zur Ausschmückung umspielt. Der Kontrabaß ist mit dem Cello zusammen in einer Stimme notiert und verstärkt im wesentlichen dessen Baßlinien in der tieferen Oktave, ohne ihm jedoch sklavisch zu folgen. Im ganzen mit einem flinken Pianisten, der die richtigen Tempi schafft, als gute Abendunterhaltung durchaus zu empfehlen; man darf nur nicht allzu viel musikalischen Tiefgang erwarten.

Michail Glinka (*1804–1857*)

WoO　　Es-Dur
　　　　　Allegro/Maestoso – Andante (G) – Finale: Allegro con spirito

Als »Gran Sestetto originale« einem Fräulein Sofia Medici de Marchesi di Marignani gewidmet und von durchaus mediterran-höfischer Eleganz, stellenweise aber auch süßlich-pathetischer Salonmusik nicht fern. Für die Streicher dankbar, weil dicht gesetzt und kantilenenreich; das Klavier wird vielfach nur als harmonisch stützende Begleitung benutzt, im übrigen ist seine Stimme – fast Chopin vorausnehmend – wie ein prächtiger Kronleuchter mit allerlei farbig funkelnden Girlanden behängt, besonders in den beiden ersten Sätzen. Das Finale beginnt düster-chromatisch wie ein aufheulender Steppenwind, als ob Iwan der Schreckliche sich nähere, und verlangt für die von Synkopen markierte Unruhe des Hauptthemas viel »Drive«. Der lieblichere Seitengedanke, zu Streicherpizzicati vom Klavier erst einfach und dann im Kanon vorgetragen, soll »leggiero e con garbo« (= leicht und mit Anstand, also graziös) gespielt werden, was in dem raschen Alla-breve-Tempo nur schwer gelingen will. Bei dem letzten Klaviersolo vor der Coda empfiehlt sich etwas Zurückhaltung, nicht nur in der Lautstärke, damit die Schlußstretta dann um so wirkungsvoller herauskommen kann.

Felix Mendelssohn-Bartholdy (*1809–1847*)

op. 110   D-Dur (mit zwei Bratschen)
Allegro vivace – Adagio (Fis) – Menuetto: Agitato (d) – Allegro vivace

Trotz der irreführend hohen Opuszahl handelt es sich um ein Jugendwerk, freilich um ein sehr gekonntes, im Charakter ähnlich den frühen Quartetten op. 1–3, vielleicht etwas glatter und weniger tiefschürfend in dem rein spielerischen Ablauf. Das Klavier hat im Kopfsatz viel übebedürftige Geläufigkeitsakrobatik als farbige Untermalung des Streichquintetts zu leisten, das aber hier wie in den beiden Mittelsätzen ganz selbständig geführt ist und oft in abwechselnder Gegenüberstellung zum Klavier durchaus dankbare Aufgaben hat. Im Finale sind auch der Geige einige rasche Passagen zugedacht, im übrigen überwiegt aber hier – schon durch das thematische Material bedingt – eindeutig das pianistische Element und verlangt möglichst bravouröse Brillanz des Klavieristen. Interessant und formell neuartig ist die zunächst fast wörtliche Wiederaufnahme des Menuetts, bevor sich das Hauptthema »con fuoco« zur heftigen Schlußsteigerung aufbäumt.

William Sterndale Bennett (*1816–1875*)

op. 8   fis-Moll
Allegro moderato ma con passione – Scherzo: Quasi Presto (h) – Andante grazioso (D) – Finale: Allegro assai ed energico

Klingt ganz nach Mendelssohn und ist ein schönes Musterbeispiel für klavierbetonte Kammermusik; immerhin werden aber den Streichern gleich die

Vorstellung des Hauptthemas im Kopfsatz und auch sonst manche Episoden ganz oder fast allein überlassen (so z. B. auch das H-Dur-Trio im Scherzo), und der Kontrabaß hat im dritten und vierten Satz sogar je ein kurzes Solo zu spielen. Am originellsten und lohnendsten sind wohl die beiden Mittelsätze: das spritzige Scherzo, in dem die Geigen zugunsten von Bratsche und Cello ganz zurücktreten, und der langsame Satz, der das liedhafte Thema von Dur nach Moll und vom Graziösen ins Majestätische abwandelt. Die schnellen Sätze mit ihren eingängigen Themen und heute vielleicht allzu selbstverständlich anmutenden Entwicklungen setzen jedenfalls straffe Zeitmaße voraus, was vom Pianisten wegen des überschäumenden Figurenreichtums seiner Stimme (die aber – sofern geübt – nicht schlecht in den Händen liegt) nicht nur frisches Musikantentum, sondern vor allem eine sehr solide Technik verlangt. Nach der überraschend leise abschließenden Coda des Finales hat Bennett kurioserweise mit drei Takten Generalpause das ehrfurchtsvolle Staunen des Publikums vor dem – hoffentlich – donnernden Applaus gleich mitkomponiert.

Camille Saint-Saëns (*1835–1921*)

op. 14   Quintett A-Dur
           Allegro moderato e maestoso – Andante sostenuto (F) – Presto (a) –
           Allegro assai, ma tranquillo

Der Kontrabaß ist hier nur »ad libitum« und nur im Scherzo als Baßverstärkung beteiligt, unterstreicht aber wirkungsvoll dessen aufgeregte Phantastik. Dieser Satz ist wohl überhaupt der beste des ganzen Werkes, das insgesamt einen effektvollen, aber wenig geschlossenen, musikalisch gleichsam dünn gewebten Eindruck macht. Mit brillanter Technik ist da (wie im Radio gelegentlich zu hören) sicher eine Menge herauszuholen, aber für dilettierende Hausmusikanten sind solche Werke kaum geeignet, weil das virtuose Element einen zu großen Teil des Gehalts ausmacht.

Sergej Ljapunow (*1859–1924*)

op. 63   b-Moll
Allegro maestoso – Scherzo: Allegro vivace (D) – Nocturne: Lento ma
non troppo (Fis) – Finale: Allegro risoluto

Kein Brahms mehr und (trotz viel Chromatik und fugierter Stimmführung)
noch kein Reger – in das uns bekannte Spektrum also schwer einzuordnen,
was für einige Originalität spricht. Jedenfalls ein spätromantisches Werk von
echt kammermusikalischem Charakter, das sehr dicht gearbeitet und auch
für die Streicher dankbar ist. Allerdings schrecken die entsetzlich vielen
Vorzeichen und vor allem deren ständige Auflösung, so daß sich jeder
verzweifelt fragt, wozu eigentlich 5 b's oder 6 Kreuze vorgeschrieben sind,
wenn dies in Reinkultur bestenfalls für Anfang und Schluß des Satzes gilt.
Leichter zu lesen ist nur das muntere Scherzo, dessen Thema im erheblich
langsameren Trioteil als begleitend-umspielender Kontrapunkt im Klavier
(»quasi flauto«) und in der ersten Geige wiederkehrt. In dem stimmungsvollen »Nachtstück« kann der Cellist in einer himmlisch langen Kantilene
schwelgen, während das Klavier überwiegend untermalende Funktion hat.
Wenn es später das Thema (auch) hat, werden die Streicher auf recht
kunstreiche Weise dazu in zunehmend engerem Abstand kanonisch geführt,
was im Zusammenspiel zunächst verwirrt, besonders gegen Schluß (zwischen
den Orientierungsnummern 9 und 10). Auch im Finale baut sich unter den
Streichern, beginnend mit der Viola, eine regelrechte Quartettfuge auf –
Cello und Baß gehen zusammen –, die aber keine besonderen Probleme
bietet.

Felix Weingartner (*1863–1942*)

op. 33 e-Moll
Allegro appassionato – Allegretto (cis) – Adagio. In carattere d'una improvisazione, ma in tempo (E) – Danza funebre: Allegro molto moderato

»Not a great work«, meint Hinson, aber es ist zumindest interessant und wirkungsvoll und gefiel uns in seiner gleichsam weltläufigen Großzügigkeit nicht schlecht. Die spätromantische Harmonik der Brahms-Nachfolge bringt in allen Stimmen erhebliche Leseprobleme; versucht es der Klavierist tollkühn »prima vista«, so ist er dankbar, wenn ihm der pianistisch versierte Umblätterer gelegentlich bei der ihm nächstgelegenen Außenstimme spontan aushilft, was im Notfall besonders bei den schwierigen Stellen im Hauptteil des Scherzos einigermaßen funktioniert. Das Klavier ist aber nicht konzertant behandelt, hat manchmal auch nur relativ eintönige Begleitungsfunktion und ist dem Streichquintett jedenfalls kammermusikalisch geschickt zu- und eingeordnet. Nicht leicht im Zusammenspiel ist vor allem der langsame Satz wegen seiner verschiedenen, phantasieartig wechselnden Tempi, ebenso der »Totentanz« des Finales, das ziemlich ruhig genommen werden muß, damit die originell hinkende Rhythmik präzise herauskommt.

Hans Pfitzner (*1869–1949*)

op. 55 g-Moll *(mit Klarinette)*
Allegro con passione – Quasi minuetto (G) – Rondoletto: Allegretto (Es) – Semplice, misterioso (E) – Comodo (G)

Ein reifes Spätwerk, schlicht-melodiös und gehaltvoll mit sparsamen Mitteln, daher für Hausmusik ideal, wenn man mit einiger Mühe die ausgefallene Besetzung zusammenbekommt und im außergewöhnlichen Glücksfall vielleicht sogar noch auf einem alten Blüthner aus Pfitzners Nachlaß spielen kann. Es ist originell nicht zuletzt durch den farbigen Diskant des Blasinstruments und die untergründig rumorende Streichbaßlinie, die zu Beginn des vierten Satzes auch allein »geheimnisvoll« miteinander duettieren, bevor die Mittelstimmen das Thema als Streicherterzett aufnehmen und das Klavier es in einem kurzen Solo mit klangvollen Akkorden fortspinnt. Überhaupt ergeben sich in guter Ausgewogenheit vielfältige Kombinationen, die allen Beteiligten dankbare Aufgaben stellen. Das Klavier ist nirgends überladen, oft eher zurückgenommen, und hat nur wenige schwierigere Stellen (hauptsächlich im »Rondoletto«). Nicht ganz leicht fallen allerdings das richtige Finden der Zeitmaße und das Zusammenspiel bei den nicht seltenen Fermaten und Tempoänderungen im Verlauf der Sätze. Den leidenschaftlichen Eingangssatz darf man nicht zu langsam beginnen, die beiden folgenden nicht zu schnell; das Finale wiederum (»gemächlich, doch mit Fluß«) – mehr ein Nachsatz in Gestalt einer ausgedehnten Coda – ist als wohlgelaunter Kehraus zu verstehen und entsprechend flott zu spielen.

Gesamtregister

Das Register enthält nur Kammermusik *mit Klavier* (außer Duo) und ist alphabetisch nach den Namen der Komponisten geordnet. Soweit diese allgemein bekannt sind, erübrigten sich biographische Notizen.

Zeichenerklärung:

III		Klaviertrio mit Violine und Violoncello
III	V, Va	Klaviertrio mit Violine und Viola
III	Fl, Vc	Klaviertrio mit Querflöte und Violoncello
III	Klr, Vc	Klaviertrio mit Klarinette und Violoncello
IV		Klavierquartett mit Violine, Viola und Violoncello
V		Klavierquintett mit zwei Violinen, Viola und Violoncello
V	Kb	Klavierquintett
		mit Violine, Viola, Violoncello und Kontrabaß
VI		Klaviersextett
		mit zwei Violinen, Viola, Violoncello und Kontrabaß

Sonstige Besetzungen werden sinngemäß mit folgenden Abkürzungen angegeben:

V	=	Violine	Hrf	=	Harfe	Ob	=	Oboe
Va	=	Viola	Git	=	Gitarre	Klr	=	Klarinette
Vc	=	Violoncello	Klv	=	2. Klavier	H	=	Horn
Kb	=	Kontrabaß	Hrm	=	Harmonium	Fag	=	Fagott
Str	=	Streichinstru-	Org	=	Orgel	Trp	=	Trompete
		mente (allgemein)	Fl	=	Querflöte			

ad lib. = ad libitum (nach Belieben, kann wegbleiben)
eig. m. = eigentlich mit (Originalbesetzung)

Tonarten: Große (Anfangs-)Buchstaben = Dur, kleine = Moll. In einigen Fällen waren die Werkdaten (Tonarten, Opuszahlen, Besetzungen) nicht näher zu ermitteln.

Die Jahreszahlen in Klammern bezeichnen – soweit bekannt – die (vermutliche) Entstehungszeit oder das Jahr der Erstveröffentlichung.
Kursive Ziffern rechts am Rande verweisen auf die Seiten dieses Buches, auf denen das Werk näher behandelt ist.

Arensky, Anton Stepanowitsch

    * 11. 8. 1861 Nowgorod   † 25. 2. 1906 Terioki/Finnland

Schüler von Rimsky-Korssakow in Petersburg, mit 22 Jahren Professor für Musiktheorie in Moskau; befreundet mit Tschaikowsky und Tanejew; später Leiter der Hofsängerkapelle in Petersburg. Zählt zur spätromantischen russischen Schule, ließ sich auch von russischer und orientalischer Volksmusik anregen. Schrieb neben sonstiger Kammermusik auch Klavierwerke und Lieder sowie Konzerte, Symphonien, Ballette und Opern.

III	d	op. 32 (1894)	*105*
	f	op. 73 (1905)	
V	D	op. 51 (1900)	

Bach, Johann Christian

    * 5. 9. 1735 Leipzig   † 1. 1. 1782 London

Jüngster der Bach-Söhne, Schüler seines Stiefbruders C. Ph. E. Bach in Berlin, Kontrapunktstudien bei Padre Martini in Bologna; durch dessen Vermittlung nach Übertritt zur katholischen Kirche Domorganist in Mailand; eine Zeitlang als Opernkomponist in Neapel, ab 1762 »Musikmeister der Königin« Sophia Charlotte in London; wurde Vorbild des jungen Mozart, mit dem er gemeinsam am Cembalo improvisierte; befreundet u. a. mit dem Maler Th. Gainsborough, der ihn porträtierte; begründete mit K. F. Abel die beliebten Bach-Abel-Konzerte, geriet aber damit bald in finanzielle Schwierigkeiten. Soll auch im Englischen zeitlebens gesächselt haben. Schrieb neben weiterer Kammermusik und Klavierwerken zahlreiche Sinfonien, Konzerte, Vokalwerke aller Art und Opern.

III	Fl, Vc	Sonaten F, G, D, C, A, Es	op. 2 (1763)	*123*
IV		G		*146*
	2 V, Vc	Triosonaten G, D, E, F, B, Es		
		Klaviersonaten D, G, Es		
		(bearbeitet von W. A. Mozart)	op. 5 (1768)	*146*

V	2 V, Va, Vc	Quintett B (auch mit 2 Ob)	(1770)
	Fl, Ob, V, Vc	Quintett D	op. 22 Nr. 1 (1770)
	Ob, V, Va, Vc	Quintett F	op. 22 Nr. 2 (1770)
VI	Fl, Ob, V, Va, Vc	Quintette C, G, F, Es, A, D	op. 11 (1774)

Bach, Johann Christoph Friedrich

* 21. 6. 1732 Leipzig † 26. 1. 1795 Bückeburg

Thomasschüler, Jurastudium; später Kammermusikus, Konzert- und Kapellmeister am Bückeburger Hof, wo er zeitlebens blieb, von einigen Reisen u. a. zu seinen Brüdern Carl Philipp Emmanuel und Johann Christian nach Hamburg und London abgesehen; nähere Verbindung zu Herder, der zeitweise in Bückeburg Hofprediger war. Schrieb neben einigen Klavierwerken auch Kammermusik ohne Klavier, Kantaten und Oratorien.

III		Mehrere Triosonaten verschiedener Besetzung, darunter:		
	V, Va	Sonaten A, G		*110*
	Fl, Vc	Sonate D		*122*
IV	Fl, Va, Vc	Sonate e		
V	Fl, V, Va, Vc	Sonate D		
VI	Ob, 2 H, V, Vc	c	op. 3	

Beethoven, Ludwig van

* 16. 12. 1770 Bonn † 26. 3. 1827 Wien

III		Es, G, c	op. 1 (1795)	*65*
		Variationen Es	op. 44 (?–1792)	*69*
		D, Es	op. 70 (1808)	*66*
		B	op. 97 (1811)	*68*
		Variationen G (Schneider Kakadu)	op. 121a (1823)	*69*
		Es	WoO 38 (?–1792)	*68*
		D (nach der 2. Symphonie)	(op. 36, 1804)	*70*
		B	WoO 39 (1812)	*69*
	Klr, Vc	B	op. 11 (1798)	*136*
		Es (nach dem Septett op. 20)	op. 38 (1800)	*137*
	Fl, Fag	G	WoO 37 (1787)	*129*
IV		C, Es, D	WoO 36 (1785)	*150*
		Es (nach dem Quintett mit Bläsern)	op. 16 (1796?)	*151*
V		Rondo B	WoO 6 (1798)	*179*
	Ob, Klr, H, Fag	Es	op. 16 (1796)	*151*

Bennett, (Sir) William Sterndale

  * 13. 4. 1816 Sheffield   † 1. 2. 1875 London

Mit acht Jahren Chorknabe in Cambridge, mit zehn Akademieschüler (u. a. von C. Potter) in London, machte mit 17 durch sein Klavierkonzert op. 1 Mendelssohn auf sich aufmerksam; mehrere Studienaufenthalte in Deutschland, in Leipzig freundschaftliche Beziehungen zu Mendelssohn und Schumann, der ihm seine Symphonischen Etüden widmete; Gründer der London Bach Society (1849), Kapellmeister, Musikprofessor in Cambridge, Akademiedirektor, Ehrendoktor von Oxford, 1871 geadelt. Schrieb sonst viel Klaviermusik und Lieder, auch Chor- und Orchesterwerke.

III	Chamber Trio A	op. 26 (1840)	*86*
VI	fis	op. 8 (1835)	*205*

Bertini, Henri(-Jérôme, le jeune)

  * 28. 10. 1798 London   † 1. 10. 1876 Meylan

Klavierschüler seines Bruders Auguste Benoît, dessen Lehrer Clementi war; schon mit 13 Jahren Konzertreisen durch Westeuropa; Kompositionsstudien in Paris; lebte dort seit 1821 als Pianist und Klavierlehrer, zuletzt zurückgezogen auf einem Landsitz bei Grenoble. Schrieb ausschließlich Klavierwerke, vor allem (heute noch geschätzte) Etüden, sowie etwas Kammermusik. Virtuose Brillanz war ihm kein Selbstzweck; Schumann lobte Anmut und Phantasie seiner Musik.

III		op. 20	
		op. 21	
		op. 22	
		op. 43	
IV	5 Serenaden		
VI	D	op. 79 (1839)	
	Es	op. 85	
	E	op. 90 (1839)	*203*
V, 2 Va, Vc, Kb	e	op. 114	
	Es	op. 124 (1841)	
	Es	op. 172	
IX	Fl, Ob, H, Fag, Trp, Va, Vc, Kb		

Berwald, Franz Adolf

  * 23. 7. 1796 Stockholm   † 3. 4. 1868 Stockholm

Als Geiger schon mit 16 Jahren in der schwedischen Hofkapelle, später viel auf Konzertreisen, konnte sich mit seinen unkonventionellen Kompositionen nur schwer durchsetzen; lebte längere Zeit in Berlin als Orthopäde, konstruierte dabei eigene mechanische Hilfsmittel und heiratete später eine junge Pflegerin seines Instituts, war vorübergehend auch Leiter von Glashütten und einer Ziegelei; erst ab 1849 Hofkapellmeister in Stockholm, zuletzt Kompositionslehrer am Konservatorium. Schrieb auch Streichquartette, Klavier- und Orgelwerke, Konzerte, Symphonien, Opern. Gilt heute als der wichtigste Vertreter der symphonischen Musik seiner Zeit in Skandinavien.

III		C	(1845)	77
		Es	(1849)	77
		f	(1851)	77
		d	(1851)	77
IV	Klr, H, Fag	Es (auch V, Va, Vc)	op. 1 (1819)	
V		c	op. 5 (1853)	*182*
		A	op. 6 (1857)	*182*
		Larghetto und Scherzo A		

Boccherini, Luigi

* 19. 2. 1743 Lucca   † 28. 5. 1805 Madrid

Sohn eines Kontrabassisten, Musikstudium in Rom, Konzertreisen als Cellist durch Österreich und Frankreich, bald auch als Komponist beliebt; Kammervirtuose und Kapellmeister in Madrid, später zugleich preußischer Hofkompositeur, zuletzt krank und verarmt. Schrieb sehr viel Kammermusik für Streicher, darunter das berühmte Menuett aus dem Streichquintett op. 13 Nr. 5, Cellokonzerte, Symphonien, auch Vokalwerke.

III	2 V	12 Triosonaten		
V		e, F, C, Es, D, a	op. 56	
		A, B, e, d, E,		
		C (Nachtwache in Madrid)	op. 57 (1799)	*178*

Boisdeffre, Charles-Henri-René de

* 3. 4. 1838 Vesoul   † 25. 11. 1906 Vézelise

So gründlich vergessen, daß die meisten neueren Nachschlagewerke ihn schon gar nicht mehr verzeichnen. Lebte wohl die überwiegende Zeit seines Lebens in Paris; erhielt 1883 in Anerkennung seiner Verdienste um die Kammermusik den Prix Chartier. Schrieb außerdem Klaviersonaten sowie einige Orchesterwerke und Oratorien.

III		Es	op. 10	
		g	op. 32	
		Suite D	op. 83	*96*
	Ob, Vc	Poême pastoral	op. 87	

IV		g	op. 13	
		Es	op. 91 (1906)	
V		d	op. 11 (1883)	*188*
		B	op. 43	
		a	op. 81 (1900)	
	Kb	D	op. 25 (1890)	*188*
VI	Fl, Ob, Klr, H, Kb	B	op. 49	

Brahms, Johannes

* 7. 5. 1833 Hamburg   † 3. 4. 1897 Wien

III		A	(1853?)	*93*
		H	op. 8 (1854, Um-	
			arbeitung 1889)	*93*
		C	op. 87 (1882)	*94*
		c	op. 101 (1886)	*94*
	V, H	Es (auch mit Va)	op. 40 (1865)	*116*
	Klr, Vc	a	op. 114 (1891)	*142*
IV		g	op. 25 (1861)	*164*
		A	op. 26 (1861)	*165*
		c	op. 60 (1875)	*165*
V		f	op. 34 (1864)	*187*

Bruch, Max

* 6. 1. 1838 Köln   † 2. 10. 1920 Berlin

Sohn einer Sängerin und Musikpädagogin, gewann als Vierzehnjähriger mit einem Streichquartett ein Stipendium der Mozartstiftung, Schüler von F. Hiller und C. Reinecke, ab 1861 Studienreisen u. a. nach Berlin, Leipzig, Wien, Dresden, München und Mannheim, dann nacheinander Musikdirektor in Koblenz, Hofkapellmeister in Sondershausen, Dirigent des Liverpool Philharmonic Orchestra, Direktor des Orchestervereins in Breslau; seit 1891 Kompositionslehrer an der Berliner Musikakademie. Schrieb hauptsächlich konzertante Musik für Violine, Violoncello und Klarinette sowie große Chorwerke mit Orchester.

III		c	op. 5 (1857)	*96*
	2 V	Frühlingslied E		
	Klr, Va	Acht Stücke	op. 83 (1910)	*143*

Cannabich, Christian

* 27. 12. 1731 Mannheim   † 20. 1. 1798 Frankfurt am Main

Schüler von J. Stamitz in Mannheim, später dessen Nachfolger als Konzertmeister, seit 1774 Leiter des berühmten Hoforchesters, führte die Klarinette als Orchesterinstrument ein; seine Tochter Rose war Klavierschülerin von Mozart, der während seines Mannheimer Aufenthalts (1777/78) häufiger Gast auch bei den musikalischen Akademien im Hause C. war. Von seiner Kammermusik sind nur Streichquartette überliefert; schrieb sonst hauptsächlich Ballettmusik und Symphonien.

IV	Suite aus dem Ballett „Ulisse e Orphée" (1777) (Bearbeitung von W. A. Mozart)	*145*

Chaminade, Cécile Louise Stéphanie

* 8. 8. 1861 Paris   † 18. 4. 1944 Monte Carlo

Schrieb mit acht Jahren ihre erste Kirchenmusik, war Schülerin in der Klavierklasse für Damen am Pariser Conservatoire, konzertierte als Pianistin erstmals mit 18 Jahren; später zahlreiche Konzertreisen, vor allem in Frankreich und England, beim Publikum damals sehr beliebt. Komponierte neben Klavierstücken auch Duosachen, Orchesterwerke, Lieder, Ballette und eine komische Oper. Die MGG-Enzyklopädie würdigt sie keiner Zeile; das Grove Dictionary bescheinigt ihr immerhin »real charm and clever writing«, ihre Stücke erhöben sich aber nicht über das Niveau von Salonmusik.

III	g	op. 11 (1880)	*105*
	a	op. 34 (1887)	

Chausson, Ernest Amadée

* 21. 1. 1855 Paris   † 10. 6. 1899 Limay bei Mantes

Anfangs nur Dilettant, von einer Patin musikalisch gefördert; studierte zunächst mit Erfolg Jura, wollte nach dem Referendarexamen promovieren, folgte aber einer (auf Grund einiger früher Kompositionen ausgesprochenen) Einladung Massenets, dessen Schüler zu werden; wandte sich später C. Franck als Lehrer zu; lebte als vermögender Privatier, sein Pariser Haus glich einem kleinen Museum; verwandte sich als Generalsekretär der Société Nationale für deren Öffnung auch für ausländische Komponisten (worauf deren Gründer, Saint-Saëns, austrat); reiste mehrfach nach Bayreuth, von Wagners Musik stark angezogen und beeinflußt. Gilt als Bindeglied zwischen Franck und Debussy und als einer der Begründer des impressionistischen Stils. Schrieb auch Orchester- und Chorwerke, Konzerte, Lieder (u. a. Vertonungen von Verlaine und Maeterlinck), Klavierstücke sowie ein unvollendetes Streichquartett.

III	g	op. 3 (1881)	
IV	A	op. 30 (1897)	*174*
VI	SoloV, 2 V, Va, Vc Konzert	op. 21 (1889)	

Chopin, Frédéric François

* 1. 3. 1810 bei Warschau   † 17. 10. 1849 Paris

III	g	op. 8 (1828/29)	*81*

Clementi, Muzio

* 23. 1. 1752 Rom   † 10. 3. 1832 Evesham/Worcester

Sohn eines Goldschmieds, Mutter vermutlich Deutsche, schon mit neun Jahren Organist, weitere Ausbildung in England, Konzertpianist und Klavierlehrer in London (seine bekanntesten Schüler: Cramer, Field, Moscheles, Kalkbrenner), dort auch Kapellmeister an der italienischen Oper; zahlreiche Konzertreisen auf dem Kontinent. 1781 pianistischen Wettbewerb mit Mozart ehrenvoll bestanden; Beteiligung an englischem Musikverlag und Klavierfabrik, erfinderische Beiträge zu einer verbesserten Klaviermechanik; seit 1807 mit Beethoven, der ihn sehr schätzte, persönlich bekannt, verlegte z. B. dessen Streichquartette op. 59 für England. Schrieb vor allem Klavierwerke; bekannt auch heute noch sein Etüdenwerk »Gradus ad Parnassum« sowie die im Klavierunterricht viel gespielten Sonatinen. Angeregt von D. Scarlatti, kompositorisch ganz den neuen Möglichkeiten des Hammerklaviers zugewandt, bahnbrechend für die Ausbildung der spätklassischen, ins Virtuose spielenden Klaviersonate.

III	Fl, Vc	3 Sonaten D, G, C	op. 21 (1788)	
		3 Sonaten D, G, C (La Chasse)	op. 22 (1789)	*124*

Czerny, Carl

* 20. 2. 1791 Wien   † 15. 7. 1857 Wien

Schüler Beethovens, Hummels und Clementis; einige Konzertreisen, sonst nur Lehrtätigkeit in Wien; Beethovens Neffe Karl hatte bei ihm Klavierunterricht, ebenso Liszt, Kullak und viele andere. Schrieb neben Kirchenmusik und Orchesterwerken hauptsächlich Klavieretüden und bearbeitete fremde Orchesterwerke für Klavier.

III		Es (auch mit V, H)	op. 105	
		A	op. 166	
		Grand Trio E	op. 173	
		A	op. 211	
		a	op. 289	
	Fl, Vc	Fantasia concertante	op. 256	*133*
IV		c	op. 148	
		F, G	op. 224	
		C, Es, F	op. 262	

Danzi, Franz

* 15. 5. 1763 Schwetzingen † 13. 4. 1826 Karlsruhe

Sohn eines aus Italien stammenden Cellisten, Schüler seines Vaters und später selbst dessen Nachfolger in der kurfürstlichen Kapelle in München, zuletzt als Vizekapellmeister; lernte Komposition bei Abbé Vogler, schrieb mehrere Opern und reiste mit einer Operntruppe, mußte seinem eifersüchtigen Gegenspieler Peter von Winter weichen, der die italienische Oper in München durchsetzte; zuletzt Hofkapellmeister in Stuttgart und Karlsruhe; mit C. M. v. Weber befreundet, beeinflußte dessen Arbeit und setzte sich auch als Dirigent für ihn ein. Sonstige Werke: Lieder, Duosonaten, Konzerte, Symphonien und Kirchenmusik.

III		3 Sonaten	op. 1 (1821?)	
IV		d (nach dem Quintett mit Bläsern)	op. 40	*149*
V	Fl, Ob, Klr, Fag	F	op. 53 (1821?)	
		D	op. 54 (1821?)	
	Ob, Klr, H, Fag	d	op. 41 (1810)	*149*

Dietrich, Albert

* 28. 8. 1829 bei Meißen † 20. 11. 1908 Berlin

Kreuzschüler in Dresden, weitere Musikausbildung bei Moscheles, Rietz und M. Hauptmann in Leipzig; ab 1851 mehrere Jahre bei Schumann in Düsseldorf; später Stadtmusikdirektor in Bonn und Hofkapellmeister in Oldenburg, zuletzt Königlich preußischer Professor in Berlin. Schrieb außerdem Klavierstücke, Duosonaten, Instrumentalkonzerte, Vokalwerke und Opern. Bekannt ist seine Beteiligung an der dem Geiger J. Joachim gewidmeten F-A-E-Sonate (»frei, aber einsam«), zu der er das Eingangsallegro, Brahms das Scherzo und Schumann ein Intermezzo und das Finale beisteuerten.

III	c	op. 9 (1855)	*92*
	A	op. 14	

Donizetti, Gaetano

* 29. 11. 1797 Bergamo † 8. 4. 1848 Bergamo

Zum Baßbuffo ausgebildet, schon zu seiner Zeit berühmter Opernkomponist; 1834 Professor für Kontrapunkt in Neapel, 1842 Hofkompositeur in Wien, dazwischen längerer Aufenthalt in Paris. Schrieb auch Kirchenmusik und Symphonien, an Kammermusik sonst nur Streichquartette. Verdi nannte ihn nach Rossini den »Siegelbewahrer der italienischen Melodie«.

III	Va, Vc	Es	
	Fl, Fag	F	*133*

Dussek, Johann Ladislaus

* 9. 2. 1760 Tschaslau/Böhmen † 20. 3. 1812 bei Paris

Jesuitenzögling und Chorknabe in Iglau, Philosophiestudium in Prag, dann Organist und Erzieher in Holland, 1783/84 in Hamburg von C. Ph. E. Bach gefördert; Konzertreisen als Pianist und Glasharmonika-Virtuose, spielte in Petersburg und Litauen beim Fürsten Radziwill, in Paris vor Marie Antoinette; 1790 Flucht vor der Revolution nach London, mit Clementi befreundet, wirkte bei Haydns Benefizkonzerten mit; beteiligte sich am Musikverlag seines Schwiegervaters, mußte 1800 als Bankrotteur nach Hamburg fliehen; wurde Begleiter, Freund und Lehrer des Prinzen Louis Ferdinand von Preußen, dessen Werke er später herausgab. Nach 1806 beim Prinzen von Isenburg, zuletzt Kapellmeister bei Talleyrand in Paris. Schrieb neben Klaviermusik, Violinsonaten und Klavierkonzerten auch zwei Opern und eine Messe. Gilt nach Beethoven und Clementi als der bedeutendste Klavierkomponist seiner Zeit.

III		F, D, B	op. 24 (= 29)	
		B, D, C	op. 31 (1796?)	
		Favorite Sonate (eig. m. Harfe, bearbeitet von J. B. Cramer)	op. 37 (1799)	
	V, Kb	Es, B (Nr. 2 vollendet von S. Neukomm)	op. posth. (1812)	
	V, H	Notturno concertante Es (auch V, Va)	op. 68 (1808)	*112*
	Fl, Vc	C	op. 21 (1793)	
		Grand Sonata F	op. 65 (1793)	*127*
IV		Es	op. 56 (1804)	*149*
V	Kb	f	op. 41	*198*

Dvořák, Antonín

* 8. 9. 1841 Nehalozeves/Moldau † 1. 5. 1904 Prag

III		B	op. 21 (1875)	*98*
		g	op. 26 (1876)	*99*
		f	op. 65 (1883)	*99*
		Dumky	op. 90 (1890/91)	*100*
IV		D	op. 23 (1875)	*168*
		Es	op. 87 (1889)	*169*
	2 V, Vc	Bagatellen (eig. m. Harmonium)	op. 47 (1878)	*169*
V		A	op. 5 (1872?)	*189*
		A	op. 81 (1887)	*189*

Eberl, Anton

* 13. 6. 1765 Wien   † 11. 3. 1807 Wien

Frühreifes Wunderkind, auf das schon Gluck aufmerksam wurde; Schüler Mozarts, dessen Witwe Konstanze er später unterstützte, bevor er 1796 nach Petersburg ging, wo er sich als Musiklehrer und Komponist einen Namen machte; seit 1800 wieder in Wien. Mit seinen Opern hatte er keine großen Erfolge, wohl aber als Symphoniker. Von seinen Klavier- und Kammermusikwerken sind einige zunächst Mozart zugeschrieben worden.

III		Sonate c	(1797)	
		Es, B, c	op. 8 (1799?)	
	Klr, Vc	Grand Trio Es	op. 36 (1806)	*135*
		Potpourri Es	op. 44 (1803)	
IV		C	op. 18 (1803)	
		g	op. 25 (1804)	
V	Ob, Str	C	op. 48 (1806)	
	Klr, 2 Va, Vc	g	op. 41 (1808)	
VI	Klr, H, V, Va, Vc	Es	op. 47 (1800)	

Fauré, Gabriel

* 12. 5. 1845 Pamiers/Ariège   † 4. 11. 1924 Paris

Jüngstes von sechs Kindern, Schüler u. a. von Saint-Saëns, Organist in Rennes und Paris, Mitbegründer der Société Nationale de Musique, Studienreisen zu Franz Liszt und nach Bayreuth, von Wagner begeistert; später Professor für Komposition am Pariser Conservatoire, ab 1905 dessen Leiter; Musikkritiker für den »Figaro«; Konzertreisen durch ganz Europa, z. T. mit dem Capet-Quartett; im Alter stark zunehmende Fehlhörigkeit und Taubheit, schrieb aber noch kurz vor dem Tode sein einziges Streichquartett op. 121. Sonstige Kompositionen: Klavierwerke, Violin- und Cellosonaten, Lieder, Oratorien (das berühmte Requiem!), konzertante Orchester- und Bühnenmusik. Im brillanten Orchestersatz sah F. die Gefahr der Vertuschung dürftiger Einfälle; nur die Kammermusik sei »la véritable musique et la traduction la plus sincère d'une personnalité«.

III		d	op. 120 (1923)	
IV		c	op. 15 (1879)	*171*
		g	op. 45 (1886)	*172*
V		d	op. 89 (1906)	*190*
		c	op. 115 (1921)	*191*

Fesca, Alexander Ernst

* 22. 5. 1820 Karlsruhe   † 22. 2. 1849 Braunschweig

Sohn des Sologeigers (Konzertmeisters) und Komponisten Friedrich Ernst F., Schüler Rungenhagens und Tauberts in Berlin, geschätzter Pianist, Kammervirtuose beim Prinzen Carl Egon von Fürstenberg; als Opernkomponist von Lortzing und Marschner beeinflußt, gilt besonders mit seinen Liedern als typischer Vertreter des Biedermeier.

III		B	op. 11	88
		e	op. 12	88
		G	op. 23	88
		e	op. 31	
		h	op. 46	
		F	op. 54	
IV		c (nach dem 1. Septett)	op. 26	
		d (nach dem 2. Septett)	op. 28	162
VI		B	op. 8	
VII	Ob, H, V, Va, Vc, Kb	c	op. 26 (1842)	
		d	op. 28 (1843)	

Fibich, Zdenko

* 21. 12. 1850 bei Tschaslau/Böhmen   † 15. 10. 1900 Prag

Musikstudien in Prag, Leipzig (bei Moscheles, Richter, Jadassohn) und Mannheim (V. Lachner), ab 1875 Kapellmeister am Nationaltheater und Chordirektor in Prag; von Mendelssohn und Schumann beeinflußt, weniger von Smetana und Dvorák, daher keine betont national-folkloristischen Bestrebungen. Schrieb neben Klaviermusik, Melodramen, Liedern und zwei Streichquartetten auch Orchesterwerke und vor allem Opern und Bühnenmusik.

III		f	(1872)	102
IV		e	op. 11 (1874)	
V	Klr, H, V, Vc	D (auch 2V, Va, Vc)	op. 42 (1893)	192

Franck, César

* 10. 12. 1822 Lüttich   † 9. 11. 1890 Paris

Französischer Organist und Komponist deutscher Abstammung, Schüler Reichas in Paris, dort später Klavierlehrer und Orgelprofessor am Conservatoire (bedeutende Schüler: d'Indy, Chausson, Debussy, Pierné, Ropartz, Lekeu); wirkte allgemein schulbildend auch auf Chabrier, Fauré, Roussel und Ravel; bekannt durch seine zyklischen Formen (Verklammerung der Sätze mit wiederkehrenden Motiven).

Schrieb außer Orgelmusik ein Streichquartett, eine Violinsonate, Lieder, Chor-, Orchester- und Bühnenwerke.

III	Fis, B, h		op. 1 (1841)	89
	h		op. 2 (1842)	
V	f		(1879)	186

Fuchs, Robert

* 15. 2. 1847 Frauenthal/Steiermark † 19. 2. 1927 Wien

Jüngster Sohn einer kinderreichen Lehrersfamilie, sollte eigentlich selbst Volksschullehrer werden, wanderte mit 18 Jahren nach Wien, erhielt ein Staatsstipendium und wurde Schüler von Dessoff am Konservatorium, wo er später 37 Jahre lang als Professor für Theorie und Kontrapunkt lehrte (bedeutende Schüler: Hugo Wolf, Mahler, Franz Schmidt, Schreker, v. Zemlinsky, Leo Fall, R. Heuberger); daneben Hoforganist. Schrieb neben Klavierwerken viel Kammermusik mit und ohne Klavier, Lieder, zwei Opern, Chor- und Kirchenmusik, Orchesterwerke (am bekanntesten seine Streicherserenaden). Nach dem Zeugnis Heubergers soll Brahms über ihn gesagt haben: »F. ist doch ein famoser Musiker, alles ist so fein, so gewandt, so reizend erfunden! Man hat immer seine Freude daran!«

III		C	op. 22 (1879)	101
		B	op. 72 (1903)	101
	V, Va	7 Phantasiestücke	op. 57 (1897)	119
		fis	op. 115 (1926)	119
IV		g	op. 15 (1876)	173
		h	op. 75 (1905)	173

Gade, Niels Wilhelm

* 22. 2. 1817 Kopenhagen † 21. 12. 1890 Kopenhagen

Sohn eines Tischlers und Instrumentenmachers, zum Geiger ausgebildet, sonst musikalisch weitgehend Autodidakt, erstes Konzert mit 16 Jahren; Mitglied der dänischen Hofkapelle; mit königlichem Stipendium nach Leipzig, Freundschaft mit Mendelssohn und Schumann, die seine hohe Instrumentierungskunst und den »nordischen Ton« schätzten; durch die Förderung Mendelssohns zunächst dessen Vertreter, später für kurze Zeit Nachfolger am Leipziger Gewandhaus; 1848 zurück nach Dänemark, fortan führende Rolle im Musikleben Kopenhagens als Komponist, Dirigent, Organist, später auch als Konservatoriumsdirektor. Schrieb neben Klavierstücken und Duosachen eine Reihe von Kammermusikwerken für Streicher allein, außerdem Lieder, Chorwerke, Bühnenmusiken, Symphonien und Ouvertüren; seinem 1841 preisgekrönten Opus 1 (Ouvertüre »Nachklänge von Ossian«) gab er Uhlands Verse als Motto: »Formel hält uns nicht gebunden, unsere Kunst heißt Poesie«.

III	Novelletten a	op. 29 (1853)	86
	F	op. 42 (1863)	87

Gassmann, Florian Leopold

   * 3. 5. 1729 Brüx/Böhmen   † 20. 1. 1774 Wien

Aus dem Elternhaus und einer kaufmännischen Lehre entflohen; verdiente sich in Karlsbad mit
Harfenspiel das Reisegeld für Italien; Kontrapunktstudien in Bologna; Musiklehrer in Venedig,
machte sich dort als Opernkomponist einen Namen; seit 1763 in Wien; seine Ballette gefielen
bei Hofe, Salieri wurde sein Schüler; Friedrich der Große versuchte vergeblich, ihn nach Berlin
zu holen, da ihn seine Buffo-Oper »La Contessina« begeisterte; 1772 zum Hofkapellmeister
ernannt. Schrieb viel Kirchenmusik, von Haydn und Mozart sehr anerkannt, außerdem zahlreiche Symphonien und Opern. Seine reichhaltige Kammermusik ist ganz überwiegend für Streicher ohne Klavier komponiert; nach barocker Tradition kann aber häufig das Cembalo als
Generalbaßinstrument hinzutreten. An modernen Ausgaben sind erreichbar:

IV		Trio D (eig. m. Va d'amore)	
	2 V, Vc	Divertimento C	
V	Kb	Quartett B (eig. m. Ob, Va, Vc, Basso continuo)	*197*

Giordani, Tommaso

   * um 1730 Neapel   † Ende Februar 1806 Dublin

Seine Lebensgeschichte teilweise unbekannt, ursprünglich als Mitglied der elterlichen Wander-
oper auf Tournee über Graz, Frankfurt/M., Amsterdam nach London; seit 1753 als Operndirigent und Musiklehrer abwechselnd in London und Dublin, eine eigene, 1783 gegründete
Operntruppe ging bald bankrott. Als Komponist Vertreter des »galanten Stils« und damals sehr
beliebt, Dilettanten schätzten besonders seine Concerti op. 14; wurde von Zeitgenossen des
Plagiats bezichtigt. Schrieb zahlreiche Opern, Kantaten und Lieder (aber vermutlich nicht das
ihm oft zugeschriebene berühmte »Caro mio ben«) sowie neben Klavier- und Flötenkonzerten
hauptsächlich Kammermusik für verschiedenste Besetzungen von Duo bis Quintett.

III		3 Sonaten	op. 31 (1785)	
	Fl, Va	3 Sonaten	op. 30 (1782)	*110*
IV	2 V, Vc	6 Concerti	op. 14 (1775/76)	
		6 Concerti	op. 23 (1785)	
		3 Concerti	op. 33a (vor 1789)	
	Fl, V, Vc	3 Quartette	op. 3 (1775)	
		6 Quartette	op. 17 (1780)	
V		6 Quintette	op. 1 (1771)	

Glinka, Michail

* 1. 6. 1804 bei Smolensk   † 15. 2. 1857 Berlin

Sohn aus reichem Hause, unstet und ohne großen Ehrgeiz; Musikunterricht in Petersburg (u. a. Klavier bei J. Field); 1830/33 aus gesundheitlichen Gründen Reisen in Italien, dort Bekanntschaft mit Bellini, Donizetti und Mendelssohn; Studium der Harmonielehre und des Kontrapunkts bei S. Dehn in Berlin; Ehe sehr bald gescheitert; 1837 als Direktor der kaiserlichen Kapelle nach Petersburg berufen, zeitweise auch im Verkehrsministerium tätig; mit Puschkin bekannt, der ihm den Stoff zu seiner Oper »Russlan und Ljudmilla« lieferte; 1844 nach Paris, Freundschaft mit Berlioz; 1845 Studium der spanischen Folklore in Andalusien; 1848/51 in Warschau, später wieder in Petersburg bei seiner Schwester, Memoiren schreibend; zuletzt Studium der alten Kirchentonarten, nochmals in Berlin. Seine frühe Klavier- und Kammermusik gilt als relativ unbedeutend, dagegen wurden seine Opern und Orchesterwerke von den nachfolgenden russischen Komponisten in ihrer nationalen Eigenart als vorbildlich empfunden.

III	Klr, Fag	Trio Pathétique d (auch Klr, Vc)	(1827?)	*140*
VI		Es	(1832)	*204*
		Divertimento brillante über Themen		
		aus der »Schlafwandlerin« von Bellini		
VII	Hrf, H, Fag, Va, Vc,	Serenade über Themen aus »Anna		
	Kb	Bolena« von Donizetti		

Goetz, Hermann

* 7. 12. 1840 Königsberg   † 3. 12. 1876 bei Zürich

Entstammt einer Kaufmannsfamilie; schon mit 14 Jahren erste Lungenbeschwerden, Studium in Berlin, 1863/70 Organist in Winterthur als Nachfolger von Th. Kirchner, danach krankheitshalber nur noch der Komposition lebend, arbeitete oft an der frischen Luft im Freien; zeitweise auch Musikkritiker bei der Neuen Zürcher Zeitung; mit Brahms gut bekannt, der ihn sehr schätzte. Schrieb außer Klavier- und Kammermusik auch Orchester- und Chorwerke; am bekanntesten ist seine einzige (vollendete) Oper »Der Widerspenstigen Zähmung« nach Shakespeare.

III		g	op. 1 (1863)	*97*
IV		E	op. 6 (1870)	*167*
V	Kb	c	op. 16 (1874)	*201*

Gyrowetz, Adalbert (= Jírovec, Vojtěch)

* 19. 2. 1763 Budweis   † 19. 3. 1850 Wien

Sohn des Domkantors, musikalisches Talent früh erkannt, lernte Gesang, Geige, Orgel, Generalbaßspiel, außerdem gründliche Gymnasialbildung; neben musikalischen Aktivitäten Jurastudium in Prag, wegen längerer Krankheit abgebrochen; erste Erfolge mit Symphonien in Brünn und Wien, dort von Mozart anerkannt und gefördert; Italienreise als Sekretär des Fürsten Ruspoli, besichtigte Rom in Gesellschaft Goethes, mit dem er später nochmals in Neapel zusammentraf; dort Musikstudien bei Paisiello und Sala; weitere Reisen durch Europa mit längeren Aufenthalten in Paris und London, dann in Wien als Kompositeur und Kapellmeister der k. k. Hoftheater; geriet mit höherem Alter in Vergessenheit und Armut, war nur noch »stiller Beobachter«, wie er sich in seiner bescheiden-selbstkritischen Autobiographie (Wien 1848) nennt; letztes Konzert im Musikvereinssaal Dezember 1844; im März 1848 erschien noch ein politisches Lied »Preßfreiheit« in seiner Vertonung. Schrieb sonst zahlreiche Streichquartette, Violinsonaten, Tänze, Divertimenti, Serenaden, Symphonien, Lieder, Messen und Oratorien, Ballette, Opern und Singspiele.

III		Insgesamt mindestens 46, z. T. als Flötenquartette (ohne Klavier) überliefert, wohl von G. selbst übertragen; darunter:		
		Sonate F		*64*
		F, C, A	op. 34 (1801)	*64*
Fl, Vc		B, G	op. 21 (1798?)	*128*
		Divertissement A (= Notturno Nr. VII)	op. 50	*128*
Fl, V		6 Sonaten	op. 4 (1790)	
Klr, Vc		Es	op. 43 (1805)	

Haydn, Joseph

* 31. 3. 1732 Rohrau/Niederösterreich   † 31. 5. 1809 Wien

III		Zu den insgesamt 43 überlieferten Klaviertrios vgl. die Übersichten im Werkverzeichnis, *S. 51 ff.*		
	Fl, Vc	G, D, F	Hob. XV: 15–17 (1790)	*122*
IV	2 V, Vc	Divertimenti (Concertini) C, C, C, C, C, F, C	Hob. XIV: 2–4, 7–9, C 2 (um 1760)	
		C, C, G, F	Hob. XIV: 11–13, XVIII/F 2	*145* *145*
	Fl, V, Vc	Quartetto concertant F	Hob. XIV: F 1 (1777)	
V	V, Vc, 2 H	Divertimento Es	Hob. XIV: 1 (1760)	
	Ob, V, Va, Vc	Concertante F (von Joh. Chr. Bach?)	Hob. XIV: F 2 (vor 1782)	

Hensel, Fanny Cäcilia, geb. Mendelssohn

* 14. 11. 1805 Hamburg   † 14. 5. 1847 Berlin

Etwa drei Jahre ältere Schwester von Felix Mendelssohn-Bartholdy, der mit ihr zeitlebens in enger geistig-künstlerischer Verbindung stand; früh Klavierunterricht bei der Mutter, spielte angeblich mit 13 Jahren Bachs Wohltemperiertes Klavier auswendig; Studium der Komposition bei Zelter; heiratete 1829 den Maler Wilhelm H. Schrieb hauptsächlich kleinere Klavierstücke, Lieder und Kammermusik, darunter ein bis heute unveröffentlichtes Klavierquartett in As-Dur. Von ihren »Liedern ohne Worte« hat Felix M. einige in seine Sammlungen op. 8 und 9 übernommen; die meisten Kompositionen liegen ungedruckt im Mendelssohn-Archiv der Staatsbibliothek Preußischer Kulturbesitz Berlin, manches auch in Oxford, Washington und New York.

| III | | d | op. 11 (1850) | 80 |

Herzogenberg, Heinrich von

* 10. 6. 1843 Graz   † 9. 10. 1900 Wiesbaden

Zunächst Jura- und Philosophiestudium, dann Schüler von Dessoff am Wiener Konservatorium; gründete 1874 in Leipzig zusammen mit Ph. Spitta den (heute noch bestehenden) »Bach-Verein«; 1885 Nachfolger Kiels als Professor für Komposition an der Berliner Hochschule; über seine frühverstorbene Ehefrau, eine ausgezeichnete Pianistin, mit Brahms eng befreundet; zuletzt schwer leidend und von Helene Hauptmann (Tochter des Thomaskantors Moritz Hauptmann) gepflegt. Schrieb neben Kammermusik aller Art Klavier- und Gesangswerke, viel Kirchenmusik und zwei Symphonien.

III		c	op. 24 (1877)	
		d	op. 36 (1884)	
	Ob, H	D (auch V, Va/Vc)	op. 61 (1889)	
IV		e	op. 75 (1892)	170
		B	op. 95 (1897)	
V		C	op. 17 (1876)	
	Ob, Klr, H, Fag	Es	op. 43 (1888)	

Hoffmann, Ernst Theodor (Wilhelm)

* 24. 1. 1776 Königsberg   † 25. 6. 1822 Berlin

Nannte sich selbst aus Verehrung für Mozart E. Th. »Amadeus«; Jurastudium, Schüler von Reichardt neben Referendardienst am Berliner Kammergericht; Assessor in Posen, wegen kritischer Karikaturen nach Plock, später nach Warschau versetzt, durch die Kriegswirren ab 1806 ohne Amt, unterhielt sich notdürftig als Privatmusiklehrer und Musikkritiker (Pseudonym: »Kapellmeister Johannes Kreisler«, daher Schumanns »Kreisleriana« op. 16 nach derselben

Figur aus »Kater Murr«); zeitweise Theatermusikdirigent in Bamberg, Leipzig und Dresden; ab 1814 durch Vermittlung seines Freundes v. Hippel wieder Richter am Kammergericht, zuletzt Mitglied des Oberappellationssenats. Als Jurist damals angesehen, als Dichter genial, als Komponist eher epigonal. Schrieb außer Klavierwerken und Kammermusik (z. T. unvollendet, manches verloren oder auch nur geplant) vor allem Chorwerke, Singspiele und Opern. Über seine 1816 in Berlin uraufgeführte »Undine« (nach Fouqué) hat sich Weber sehr lobend geäußert.

III	E	(1809)	*73*
V	c (eig. m. Harfe)	(1803?)	*180*

Hoffmeister, Franz Anton

* 12. 5. 1754 Rottenburg am Neckar   † 9. 2. 1812 Wien

Kantor, Musikalienhändler und Verleger in Wien, gründete 1800 in Leipzig das »Bureau de musique« (später von C. F. Peters weitergeführt), verlegte u. a. Bach, Albrechtsberger, Dittersdorf, Haydn, Mozart und Beethoven. Komponierte neben Opern, Serenaden und Symphonien sehr viel Kammermusik, hauptsächlich mit Flöte, die zu ihrer Zeit sehr beliebt war. Riemann erwähnt 11 Klaviertrios und 5 Klavierquartette; außerdem scheinen noch 3 Klavierquintette (mit Flöte und Streichtrio) überliefert zu sein.

III	Fl, Vc	Nr. III D	*124*

Huber, Hans

* 28. 6. 1852 Eppenberg/Solothurn   † 25. 12. 1921 Locarno

Mit zehn Jahren Sängerknabe in Solothurn, Musikstudium am Leipziger Konservatorium, Schüler u. a. von C. Reinecke, später Musiklehrer im Elsaß und in Basel, dort ab 1896 Direktor der Allgemeinen Musikschule, prägend für die Entwicklung des schweizerischen Musiklebens seiner Zeit. Gilt als der bedeutendste Komponist der Schweiz im 19. Jahrhundert; schrieb neben Klavier- und Kammermusik auch symphonische Werke, Opern und Oratorien.

III		Es	op. 20 (1877)	
		E	op. 65 (1883)	
		8 Phantasien	op. 83 (1885)	
		F	op. 105 (1890)	
		Bergnovelle B	op. 120 (1903)	*103*
	2 V	Sonate B	op. 135 (1913)	
IV		B	op. 110 (1893)	*174*
		Waldlieder E	op. 117 (1902)	
		G	op. 125	
V		g	op. 111 (1896)	
		Divertimento G	op. 125 (1907)	
	Fl, Klr, H, Fag	Quintett	op. 136 (1914)	
VI	Fl, Ob, Klr, H, Fag	B	WoO (1900)	

Hummel, Johann Nepomuk

* 14. 11. 1778 Preßburg   † 17. 10. 1837 Weimar

Schüler Mozarts, bereits mit zehn Jahren als Pianist mit seinem Vater auf Konzertreisen (Dänemark, England), weitere Studien bei Albrechtsberger und Salieri; 1804 Nachfolger Haydns beim Fürsten Esterházy, dann Privatmusiklehrer in Wien, Hofkapellmeister in Stuttgart, zuletzt in Weimar, unterbrochen von weiteren großen Konzertreisen, u. a. nach Rußland; engagierte sich für die Anerkennung des Urheberrechts. Schrieb neben Klavierwerken (auch Etüden und Konzerten) drei Streichquartette, Kirchenmusik, Opern und Ballette. Hans v. Bülow nennt das Septett op. 74 das »glücklichste Spezimen der Vermischung zweier Musikstile, nämlich des Konzert- und des Kammerstils, das die Musikliteratur aufzuweisen hat«.

III		Es	op. 12 (1803?)	*73*
		F	op. 22 (1807?)	
		G	op. 35 (1811)	
		G	op. 65 (1815)	
		E	op. 83 (1819)	
		Es	op. 93 (1821)	*74*
		Es	op. 96 (1822?)	
	Fl, Vc	B	op. 2/I (1792)	*129*
		Adagio, Variationen und Rondo über		
		»Schöne Minka«	op. 78 (1818?)	*130*
IV		G	op. posth.	
V	Kb	Es	op. 87 (1821)	*198*
	V, Git, Klr, Fag	Grande Sérénade	op. 63 (1815?)	
		Grande Sérénade	op. 66	
VI		Variationen (Air russe)		
		(+ 2 H, 2 Fl ad lib.)	op. 97	
VII	Fl, Ob, H, Va, Vc, Kb	d	op. 74 (1816)	
	Fl, Klr, Trp, V, Vc, Kb	»militaire« C	op. 114 (1829)	

d'Indy, Vincent

* 27. 3. 1851 Paris   † 2. 12. 1931 Paris

Aus altem südfranzösischem Adel, schon ein Onkel komponierte nebenbei; erster Musikunterricht bei der Großmutter, einer Schülerin von Pixis und Kalkbrenner; neben einigen juristischen Studien Schüler von C. Franck; machte viele Reisen, traf Liszt in Weimar, Brahms in Tutzing; war von Wagners Werken sehr beeindruckt, studierte die Lohengrin-Chöre bei der Erstaufführung in Paris ein; war zeitweise auch als Organist und Paukist tätig; seit 1912 Lehrer der Orchesterklasse am Conservatoire als Nachfolger von Paul Dukas, 1896 Mitbegründer der

Schola Cantorum. Bis ins hohe Alter aktiv als Dirigent, Lehrer und Komponist. Schrieb Klavier-
und Orchestermusik, Lieder, Chöre, Kirchenmusik und Bühnenwerke. Auch als Theoretiker
und Musikschriftsteller von Bedeutung.

III	Suite G	op. 98 (1929)	
Klr, Vc	B	op. 29 (1887)	*143*
IV	a	op. 7 (1878)	
	Scherzo D	(1871)	
V	g	op. 81 (1924)	

Jelínek, Josef (= Gelinek, Joseph)

* 3. 12. 1758 bei Tábor/Böhmen   † 13. 4. 1825 Wien

Theologe und geweihter Priester, Musikstudien in Prag und Wien (bei Albrechtsberger); Musiklehrer und Kaplan im Hause des Grafen Kinsky, befreundet mit Haydn, Mozart und Beethoven;
als Lehrer, Modekomponist und Arrangeur in Adelskreisen beliebt; komponierte hauptsächlich
Variationenwerke sowie Klavier- und Violinsonaten.

III	Es	op. 10 (1798)	*64*
	Grand Trio	op. 21 (1802)	
	Sonata	(1805)	

Juon, Paul

* 8. 3. 1872 Moskau   † 21. 8. 1940 Vevey

Familie stammte aus Graubünden; Schüler von Arenskij und Tanejew in Moskau, von Bargiels
in Berlin, Musiklehrer am Konservatorium in Baku, ab 1897 wieder in Berlin; J. Joachim berief
ihn als Theorielehrer an die Musikhochschule; verfaßte auch bedeutende musiktheoretische
Schriften; lebte zuletzt in der Schweiz. Schrieb sonst noch Streichquartette, Klaviermusik,
Lieder und einige Orchesterwerke; wird auch der »russische Brahms« genannt und mit Stra-
winskij verglichen.

III	Trio-Miniaturen (Suite)		*107*
	a	op. 17 (1901)	
	Trio-Caprice nach Gösta Berling		
	(Lagerlöf)	op. 39 (1908)	
	G	op. 60 (1915)	
	Litaniae cis	op. 70 (1920/29)	
	Legende d	op. 83 (1930)	
	Suite C	op. 89 (1932)	
2 V	Silhouetten (auch V, Va)	op. 9 (1899)	
	Silhouetten (auch V, Va)	op. 43	

	7 Kleine Tondichtungen	op. 81	
IV	Rhapsodie nach Gösta Berling		
	(Lagerlöf)	op. 37 (1908)	
	G	op. 50 (1912)	
V	d (auch V, 2 Va, Vc)	op. 33 (1906)	
	F	op. 44 (1909)	*195*
VI 2 V, Va, 2 Vc	c	op. 22 (1902)	
Fl, Ob, Klr, H, Fag	Divertimento F	op. 51 (1913)	
VIII Ob, Klr, H, Fag, V,	B (auch als Septett m. je 2 V, Va, Vc)	op. 27a (1905)	
Va, Vc			

Kalkbrenner, Friedrich

* Anfang November 1785 zwischen Kassel und Berlin   † 10. 6. 1849 Enghien-les-Bains

Kam auf der Reise zur Welt; frühreifes Wunderkind, mit 14 Jahren auf dem Pariser Conservatoire, Preisträger in Klavier und Komposition, weitere Studien in Wien bei Clementi und Albrechtsberger, von Haydn gefördert, mit Beethoven gut bekannt, soll bis zu zwölf Stunden täglich geübt haben; Konzertreisen nach Süddeutschland, ab 1806 in Paris als Lehrer und Komponist, ab 1814 in London; galt nach Cramer und Clementi als der bedeutendste Klaviervirtuose der »alten Schule«; zuletzt sehr vermögend, führte ab 1824 wieder in Paris ein großes Haus mit eigener Gemäldesammlung; förderte junge Talente, Chopin nahm einige Stunden bei ihm; wohl auch Verdienste um die Entwicklung der Klaviermechanik (zusammen mit Vater und Sohn Pleyel). Schrieb neben Kammermusik fast ausschließlich Klavierwerke (auch konzertant mit Orchester). Ein Zeitgenosse nannte seine zahlreichen Variationen über fremde Themen »Geselligkeitsmusik einer guten Unterhaltung, die das verweilende Vertiefen im ernst ausgearbeiteten Gegenstand nicht zur Mühe werden lassen will«; Schumann meinte: »Und wenn er sich eine diabolische Maske vorbände, man würde ihn an den Glacéhandschuhen kennen, mit denen er sie hält.«

III	e	op. 7 (1810)	
	As	op. 14 (1814)	
	B	op. 26 (1817)	
	D	op. 84 (1827)	
	Marche, interrompue par une orage	op. 93	
	As	op. 149 (1841)	
Fl, Vc (ad lib.)	Sonate B	op. 39	
IV	D	op. 2 (1808)	*155*
	E	op. 176 (1845)	
V	C (+ Kb ad lib.)	op. 30 (1817)	*182*
Klr, H, Vc, Kb	a (auch V, Va, Vc, Kb)	op. 81 (1826)	
VI	G	op. 58 (1821)	
2 H, Fag, Vc, Kb	f	op. 135 (1838)	

VII	2 V, 2 Va, 2 H	Es	op. 15 (1814)	
	Ob, Klr, H, Fag, Vc,			
	Kb	A	op. 132 (1835)	

Kiel, Friedrich

> * 7. 10. 1821 Puderbach bei Laasphe/Westfalen † 13. 9. 1885 Berlin

Sohn eines Lehrers, der sein musikalisches Talent früh erkannte; Ausbildung durch Albrecht I.
von Sayn-Wittgenstein gefördert, zunächst bei ihm Hauskapellmeister und Musiklehrer; weiteres Studium in Berlin bei S. Dehn, dann selbst dort Pianist und Klavierlehrer (u. a. von
Schumanns Tochter Elise), später auch Professor für Komposition; lebte zurückgezogen, blieb
unverheiratet, machte gern Hochgebirgstouren; mit H. v. Bülow befreundet, von Brahms sehr
geschätzt. Schrieb außer Klavier- und Kammermusik (auch Duosachen und Streichquartette)
größere geistliche Vokalwerke in Anlehnung an Bachs polyphonen Stil. Gilt heute als vorneh-
mer Epigone von großer formaler Meisterschaft, die aber neben Brahms rasch verblaßt ist.

III	D	op. 3 (1850)	
	A	op. 22 (1861)	
	Es	op. 24 (1862)	
	cis	op. 33 (1863)	
	G	op. 34 (1864)	*89*
	A, g	op. 65 (1871)	
IV	a	op. 43 (1866)	*163*
	E	op. 44 (1866)	
	G	op. 50 (1867)	
V	A	op. 75 (1874)	*185*
	c	op. 76 (1874)	*185*

Klengel, Julius (der Jüngere)

> * 24. 9. 1859 Leipzig † 27. 10. 1933 Leipzig

Mit 15 Jahren bereits Cellist im Gewandhausorchester, mit 22 am ersten Pult, erlebte dort
Reinecke, Nikisch, sogar noch Furtwängler; viele Konzertreisen als gefeierter Solist und Mit-
glied des Gewandhausquartetts; gesuchter Cellolehrer (zu seinen fast tausend Schülern zählen
z. B. L. Hoelscher und G. Piatigorsky); befreundet mit Brahms, J. Joachim, A. Rubinstein und
Reger. Kompositorisch ein Eklektiker, der stilistisch wenig Originelles bot. Schrieb Werke für
Cello in den verschiedensten Kombinationen sowie viele Unterrichts- und Studienwerke.

III	D	op. 25 (1890)	
	Kindertrios C, G	op. 35 (1900)	*104*
	Kindertrios F, D	op. 39 (1902)	
	Kindertrios e, g	op. 42 (1904)	

Klughardt, August

* 30. 11. 1847 Köthen † 3. 8. 1902 Rosslau bei Dresden

Komponierte schon als Gymnasiast in Dessau, weitere musikalische Ausbildung in Dresden, ab 1867 Kapellmeister nacheinander in Posen, Neustrelitz, Lübeck; Musikdirektor am Hoftheater in Weimar, 1882 Hofkapellmeister und Leiter der Singakademie in Dessau. Stark von Wagner beeindruckt, dessen »Ring« er in Dessau aufführte. Gehört in die Reihe der »Circumpolaren, mit denen er das großenteils gültige Charakteristikum des latenten Nichtvermögens teilt« (W. Pfannkuch in MGG). Schrieb hauptsächlich Opern, Orchester- und Chorwerke, auch Lieder und Kammermusik für Streicher allein.

III		B	op. 47 (1886)	
	Ob, Va	Schilflieder (nach Gedichten von		
		N. Lenau)	op. 28 (1872)	*117*
V		g	op. 43 (1884)	

Koželuch, Leopold Anton

* 26. 6. 1747 Welwarn † 7. 5. 1818 Wien

Sohn eines Schusters, hatte 15 Geschwister; studierte zunächst humanistische Fächer in Prag, brach dann ein Jurastudium zugunsten der Musik ab; Schüler seines Vetters Johann Anton K. und Franz Xaver Duscheks; bald gesuchter Pianist und Musiklehrer in Adelskreisen, seit 1778 in Wien; dort zuletzt Kammer-Kapellmeister und Hofkompositeur; bei den Privat-Akademien in seinem Hause wirkten u. a. Wanhal und Dittersdorf mit. Schrieb zahlreiche Opern, sonstige Vokalmusik, Ballette, Orchester- und Klavierwerke, auch einige Streichquartette. Seine Klaviertrios (insgesamt sind 63 überliefert!) waren damals sehr beliebt und weit verbreitet, möglicherweise haben sie sogar Beethoven beeinflußt, der allerdings den »Hofdiener« K. heftig ablehnte; in neueren Ausgaben sind lediglich erschienen:

III	3 Sonaten B, A, g	op. 12 (1778)	*56*

Kraus, Joseph Martin

* 20. 6. 1756 Miltenberg/Main † 15. 12. 1792 Stockholm

Schüler von Abbé Vogler in Mannheim, studierte Jura und Philosophie in Mainz, Erfurt und Göttingen, ging dann mit einem schwedischen Studienkollegen, dem Textdichter seiner ersten Oper, für immer nach Schweden, abgesehen von größeren Studienreisen durch halb Europa (Rom, Florenz, Neapel, Paris, London, Wien, dort Bekanntschaft mit Haydn, Gluck und Albrechtsberger); zuletzt vor allem Operndirigent als Hofkapellmeister in Stockholm; auch durch literarische Arbeiten des »Sturm und Drang« hervorgetreten. Schrieb sonst hauptsächlich Kammermusik für Streicher, Sinfonien, Chöre, Opern und Bühnenmusik.

III	D	(1787)	*61*

Kreutzer, Conradin

* 22. 11. 1780 Meßkirch   † 14. 12. 1849 Riga

Schulzeit in der Benediktinerabtei Zwiefalten, sollte ein »achtbares Studium« absolvieren, immatrikulierte sich als Jus-Student in Freiburg, widmete sich aber nach Vaters Tod (1800) ganz der Musik; 1804 Privatmusiklehrer in Wien, vermutlich dort Schüler Haydns und Albrechtsbergers, Beethoven lehnte ihn ab. Ausgedehnte Konzertreisen nach Frankreich, Österreich, Niederlande; 1812/14 Kapellmeister in Stuttgart (Nachfolger Danzis), dort Begegnung mit Uhland, schrieb daraufhin viele Vokalwerke und Opern aus der romantischen Sagenwelt (am bekanntesten: Das Nachtlager von Granada, 1834); weitere Stationen seines Wirkens: Donaueschingen, Wien, Köln, Frankfurt/Oder, Graz, Detmold. Starb an einem Gehirnschlag, nachdem seiner Tochter Marie (aus zweiter Ehe), in Riga als Sängerin engagiert, wegen Versagens auf der Bühne gekündigt worden war. Relativ wenig Instrumentalmusik, hauptsächlich als charakteristischer Liederkomponist des Biedermeier bis heute von gewisser Bedeutung.

III		2 Sonaten B, G (auch Fl, Vc)	op. 23	*130*
	Klr, Fag	Es (auch Klr, Vc)	op. 43	*137*
IV		E		
	Klr, Va, Vc	Fantasie	op. 55	
V	Fl, V, Va, Vc	Fantasie	op. 76	
	Fl, Klr, V, Vc	A		
	Fl, H, Fag, Kb	Divertimento	op. 37	
VII	H, Fag, V, Va, Vc			
	Kb	Es	op. 62	

Krommer, Franz Vinzenz (= Kramář, František Vincenc)

* 27. 11. 1759 Kamenitz/Böhmen   † 8. 1. 1831 Wien

Lernte Geigen- und Orgelspiel bei seinem Onkel Anton Matthias K., einem damals bekannten Kirchenmusiker in der Nähe von Brünn; dann Konzert- und Kapellmeister bei verschiedenen Adligen zunächst in Ungarn, seit 1795 in Wien auch als Musiklehrer tätig; 1810 musikalischer Direktor des Hoftheaterballetts, begleitete als »kaiserlicher Kammertürhüter« Franz I. 1815/16 auf Reisen nach Paris, Padua, Verona, Mailand, Venedig; zuletzt Nachfolger von Koželuch als Kammer-Kapellmeister und Hofkompositeur. Schrieb Symphonien, Konzerte, Bläserquintette, im Alter auch Kirchenmusik, sehr viel Kammermusik, hauptsächlich ohne Klavier. Galt als der führende Streichquartettkomponist nach Haydn; seine Werke wurden von Beethoven zwar abgelehnt, aber als seinerzeit beliebte Konkurrenz durchaus ernstgenommen. Ein zeitgenössisches Musiklexikon bescheinigt ihm immerhin »Reichtum ungeborgter Ideen, Witz, Feuer, neue harmonische Wendungen und frappante Modulationen«.

III		Es	op. 84 (1808)	
		F	op. 87 (1811)	
	Va, Vc	F	op. 32 (1802)	*112*

IV	Es	op. 95 (1817)
	B	WoO

Kuhlau, Friedrich

* 11. 9. 1786 Uelzen   † 12. 3. 1832 Kopenhagen

Frühe Ausbildung im Flöten- und Klavierspiel, Enkelschüler von C. Ph. E. Bach in Hamburg, dort auch erste Erfolge als Pianist und Komponist; wich vor dem Militärdienst nach Dänemark aus, dort später eingebürgert; setzte sich in Kopenhagen für Beethoven ein, dort am Hoftheater tätig; viele Konzert- und Geschäftsreisen, wird als trinkfester Naturbursche und Wanderfreund geschildert; traf 1825 in Wien mit Beethoven zusammen, mit dem er in Weinlaune wechselseitig Kanons improvisierte; kurz vor seinem Tod war sein Haus bei Kopenhagen mit vielen Manuskripten abgebrannt. Schrieb neben Opern und Chorwerken vor allem Flöten- und Klaviermusik; wird manchmal – etwas hochgegriffen – auch »Beethoven der Flöte« genannt; noch heute werden seine Sonatinen gern im Klavierunterricht verwendet.

III	2 Fl	Grand Trio G (auch Fl, Vc)	op. 119 (1831)	*132*
IV	c		op. 32 (1820)	
	A		op. 50 (1822)	*156*
	g		op. 108 (1833)	

Labor, Josef

* 29. 6. 1842 Horschowitz/Böhmen   † 26. 4. 1924 Wien

Von Kindheit an blind, trotzdem zum ausgezeichneten Pianisten und Orgelspieler ausgebildet, erhielt ein kaiserliches Stipendium, unternahm Konzertreisen; der ebenfalls blinde König Georg V. von Hannover ernannte ihn zum kgl. Kammerpianisten; seit 1866 dauernd in Wien, gesuchter Lehrer (seine bekanntesten Schüler: A. Schönberg und P. Wittgenstein); erhielt auch Kompositionsaufträge. Schrieb überwiegend Orgel- und Kirchenmusik, auch einige Klavier- und Orchesterwerke.

IV		C	op. 6	
			op. 9	
V	Kb	e	op. 3	*202*
	Klr, V, Va, Vc	D	op. 11	

Lachner, Franz

* 2. 4. 1803 Rain am Lech   † 20. 1. 1890 München

Lernte vom Vater (Uhrmacher und Organist) Klavier- und Orgelspiel, ging 1822 nach München, dort kümmerliche Existenz als Privatlehrer und Musiker am Isartortheater; gewann die Konkurrenz um eine Organistenstelle in Wien, dort weitere Studien; gehörte zum Kreis der Schubertianer, Bekanntschaft auch mit Beethoven, eng befreundet mit Moritz v. Schwind; rasche Karriere als Theaterdirigent, von Weigl gefördert; zwei Jahre als Kapellmeister in Mannheim, seit 1836 als Opern- und Konzertdirigent wieder in München, zuletzt hochdekorierter Ehrenbürger, von Wagner und H. v. Bülow allmählich ins künstlerische Abseits gedrängt; zu seinen freundschaftlichen Verehrern zählten Eduard Mörike und Felix Dahn. Schrieb auch viel Kammermusik für Streicher und Bläser ohne Klavier, außerdem Symphonien, Konzerte, Kirchenmusik, Opern. Schumann nannte ihn den »talentiertesten und kenntnisreichsten unter den süddeutschen Komponisten«. Seine Klaviertrios liegen bisher ungedruckt als Manuskripte in der Bayerischen Staatsbibliothek, München.

III		E	(1828)	
		c	(1829)	
	Klr, H	B	(1830)	
V		c	op. 139 (1868)	*183*
		a	op. 145 (1869)	*183*

Lachner, Ignaz

    * 11. 9. 1807 Rain am Lech   † 24. 2. 1895 Hannover

Studierte bei Molique in München und bei seinem älteren Bruder Franz L. in Wien, war dessen Nachfolger als Organist, dann Geiger und 2. Kapellmeister an der Hofoper, ab 1831 Hofmusikdirektor in Stuttgart, dann wieder in München, seit 1842 als 2. Opernkapellmeister neben seinem Bruder; weitere Kapellmeisterposten nacheinander in Hamburg, Stockholm, schließlich in Frankfurt/M. bis zu seiner Pensionierung 1875. Schrieb auch Kammermusik für Streicher allein, Klaviersonaten, volkstümliche Lieder und Opern; bekannt wurden vor allem seine »Alpenszenen«. Wagner war mit seiner Lohengrin-Einstudierung in Frankfurt unzufrieden und beschimpfte ihn als einen »vorzüglich elenden Dirigenten und Stümper«.

III	V, Va	B	op. 37	*115*
		G	op. 45	*115*
		D	op. 58	*115*
		d	op. 89	*115*
		Es	op. 102	*115*
		C	op. 103	*115*

Lachner, Vinzenz

    * 19. 7. 1811 Rain am Lech   † 22. 1. 1893 Karlsruhe

Mit Bruder Ignaz L. Gymnasiast in Augsburg, Musiklehrer in Posen, Nachfolger seines Bruders Franz sowohl als Kapellmeister am Kärntnertortheater in Wien als auch später in Mannheim;

vorübergehend auch als Operndirigent in London und Frankfurt, zog sich im Ruhestand nach Karlsruhe zurück, dort noch Lehrer am Konservatorium. War als tüchtiger Orchestererzieher sehr angesehen; schrieb auch Kammermusik für Streicher ohne Klavier, Klavier- und Vokalwerke (Männerchöre, Kinderlieder).

IV	g	op. 10	*162*

Lalo, Edouard

    * 27. 1. 1823 Lille   † 22. 4. 1892 Paris

Vorfahren spanischer Herkunft, erster Musikunterricht bei einem deutschen Cellisten, später Violinstunden, Harmonielehre, Studium der Komposition am Pariser Conservatoire, machte die Musik gegen den Willen des Vaters zu seinem Beruf; Einkünfte durch Quartettspiel als Bratschist, hatte als Komponist zu Lebzeiten wenig Erfolg, außer mit seiner Oper »Le Roi d'Ys« (1888). Schrieb neben weiteren Opern vor allem Orchesterwerke (am bekanntesten seine »Symphonie espagnole«) und Konzerte, Kirchenmusik und Lieder (»Mélodies«). »In all seiner Musik ist Licht und Maß ... Selbst der Traum und die Schwermut haben etwas Genaues und Umrissenes, das auf seltsame Weise ihre Zauberwirkung erhöht« (Gaston Carraud, 1908).

III	c	op. 7 (1851)	
	h	(1852)	
	a	op. 26 (1880)	*90*

Lannoy, Heinrich Eduard Josef von

    * 3. 12. 1787 Brüssel   † 28. 3. 1853 Wien

Altflandrischer Adel, Schule in Graz, verschiedene Studien in Brüssel und Paris, seit 1806 vorwiegend in Österreich, abwechselnd auf dem elterlichen Schloß bei Marburg/Drau und in Wien, dort als Dirigent, Musikkritiker und im Vorstand des Konservatoriums tätig; befreundet u. a. mit Donizetti, F. Lachner, Liszt, Moscheles und Tomaschek. Steht mit seinen Opern und Melodramen in der Tradition Rossinis und Webers; schrieb außerdem Chor- und Orchesterwerke sowie Lieder und Klaviermusik.

III	Klr, Vc	B	op. 15	*139*
		(auch V, Vc)	op. 16	
V	Ob, Klr, H, Fag	Quintett (auch als Quartett m. Str.)		

Le Beau, Luise Adolpha

    * 25. 4. 1850 Rastatt   † 2. 7. 1927 Baden-Baden

Tochter eines badischen Offiziers, der selbst musikausübend war; improvisierte und komponierte schon mit acht Jahren, erhielt Musikunterricht in Gesang, Geige und Klavier (bei Kalliwoda) in Karlsruhe, war später Schülerin von Franz Lachner und Rheinberger in München; durch die vermögenden Eltern in gesicherter Existenz, wirkte neben ihrer Kompositionstätigkeit als Solistin und gelegentlich als Musikkritikerin, lebte 1885/90 in Wiesbaden, dann drei Jahre in Berlin, zuletzt in Baden-Baden. Schrieb neben sonstiger Kammermusik, Klavierstücken und -konzerten auch Orchesterwerke, eine Oper, Lieder und dramatische Kantaten sowie autobiographisch die für den »Musikbetrieb« der Gründerjahre aufschlußreichen »Lebenserinnerungen einer Komponistin« (1910).

III	d	op. 15 (1882)	*102*
2 V	Canon	op. 38	
IV	f	op. 28 (1884)	

Lindblad, Adolf Fredrik

* 2. 1. 1801 Skänninge † 23. 8. 1878 Löfvingsborg bei Linköping

Zunächst kaufmännische Lehre bei einem Verwandten in Norrköping; lernte Flöte, ein heimlich komponiertes Flötenkonzert wurde 1816 von einem Liebhaberensemble aufgeführt; Fortsetzung der Lehre in Hamburg, dort Berührung mit deutscher Musik und Dichtung; in Dresden Bekanntschaft mit Weber; studierte Komposition bei Zelter in Berlin; Freund Mendelssohns; gründete und leitete viele Jahre eine Musikschule in Stockholm, zu deren Schülern die später berühmte Sängerin Jenny Lind gehörte, die seine Lieder verbreitete. Hauptsächlich als Liederkomponist bekannt und oft mit Schubert verglichen; schrieb aber auch mehrere Opern, Sinfonien, Streichquartette, Violinsonaten und Klavierstücke. Seine große Verehrung für Beethoven zeigt sich in dem überlieferten Ausspruch, das Menuett aus dessen Klaviersonate D-Dur op. 10 Nr. 3 sei »das erste Möbel im Raum meiner Seele«.

III	V, Va	g	op. 10 (1843)	*114*

Ljapunow, Sergej Michailowitsch

* 18. 11. 1859 Jaroslaw † 11. 11. 1924 Paris

Aufgewachsen in Nischny-Nowgorod, Kompositionsschüler u. a. von Tanejew in Moskau, stark von Liszt und der russischen Volksmusik beeinflußt, seit 1885 in Petersburg, dort mit Balakirew befreundet und ab 1894 dessen Assistent bei der Leitung der kaiserlichen Kapelle als Nachfolger von Rimsky-Korssakow, später Lehrer für Klavier und Komposition am Petersburger Konservatorium; 1923 nach Paris emigriert, organisierte und leitete dort eine neue, von russischen Emigranten gegründete Musikschule. Vollendete Balakirews 2. Klavierkonzert und gab dessen Briefwechsel mit Tschaikowsky heraus. Schrieb Orchesterkompositionen, Klaviermusik, Chöre, Lieder. Sein einziges Kammermusikwerk:

VI	b	op. 63 (1916)	*207*

Louis Ferdinand, Prinz von Preußen

* 18. 11. 1772 Friedrichsfelde bei Berlin   † 10. 10. 1806 bei Saalfeld

Neffe Friedrichs des Großen, der ihn als aufgewecktes Kind besonders liebte; früher Klavierunterricht führte zu ausgezeichnetem pianistischen Können, sogar von Beethoven anerkannt (der ihm sein 3. Klavierkonzert widmete); private Studien, Improvisationen und Kompositionen während seines Militärdienstes, ab 1804 von L. Dussek als Lehrer und Freund ständig begleitet; fiel im Krieg gegen Napoleon als Anführer der preußischen Vorhut in der Schlacht bei Saalfeld. Schrieb ausschließlich Werke für Klavier in verschiedenen kammermusikalischen Besetzungen sowie zwei Konzertrondos mit Orchester. Nach einem treffenden Wort Schumanns der »Romantiker der klassischen Periode«.

III		As	op. 2 (1806)	*70*
		Es	op. 3 (1806)	*71*
		Es	op. 10 (1806)	*71*
IV		Variationen B	op. 4 (1806)	*152*
		Es	op. 5 (1806)	*153*
		f	op. 6 (1806)	*153*
V		c	op. 1 (1803)	*180*
	Kb	Variationen G	op. 11 (1806)	
	Fl, V, Va, Vc	Notturno F (+ 2 H ad lib.)	op. 8 (1808)	
VIII	Klr, 2 H, 2 Va, 2 Vc	F	op. 12 (1808)	

Mahler, Gustav

* 7. 7. 1860 Kalischt/Böhmen   † 18. 5. 1911 Wien

IV	Quartettsatz a	(1876)	*175*

Marschner, Heinrich August

* 16. 8. 1795 Zittau   † 14. 12. 1861 Hannover

Jurastudium in Leipzig zugunsten der Musik abgebrochen; Musiklehrer und Kapellmeister in Preßburg, dann Musikdirektor an der Dresdner Oper, Konzertreisen u. a. nach Berlin, dort Bekanntschaft mit Mendelssohn; zuletzt Hofkapellmeister in Hannover. Wichtigster Opernkomponist zwischen Weber und Wagner, rief in Abwendung von Spontini und Meyerbeer dazu auf, eine deutsche Nationaloper zu begründen; kurze Zeit berühmt mit seinen Opern wie »Hans Heiling«, später völlig von Wagner verdrängt. Schrieb auch Klaviermusik, Lieder und Chöre.

III	a	op. 29
	g	op. 111
	f	op. 121
	D	op. 135

	d	op. 138	
	c	op. 148	
	F	op. 167	
	Scherzi F, A, f	op. 50	
	Romanze B		
IV	B	op. 36	
	G	op. 158 (1853)	*158*

Mendelssohn-Bartholdy, Felix

* 3. 2. 1809 Hamburg † 4. 11. 1847 Leipzig

III		d	op. 49 (1839)	*80*
		c	op. 66 (1845)	*80*
	Klr, Fag	Konzertstücke f, d (eig. m. Bassett-horn, auch 2 Klr)	op. 113, 114	
IV		c	op. 1 (1822)	*159*
		f	op. 2 (1823)	*159*
		h	op. 3 (1825)	*159*
VI	V, 2 Va, Vc, Kb	D	op. 110 (1824)	*205*

Mozart, Franz Xaver

* 26. 7. 1791 Wien † 29. 7. 1844 Karlsbad

Schon als kleines Kind von der Mutter zum Musiker bestimmt und wie der wenige Monate nach seiner Geburt gestorbene Vater »Wolfgang Amadée« genannt; gründliche musikalische Ausbildung u. a. bei Hummel, Albrechtsberger und Salieri; ab 1808 in Galizien als fürstlicher Hauslehrer und freier Komponist; größere Konzertreisen durch Ost- und Südeuropa, auch Schweiz und Süddeutschland, dann wieder in Lemberg und Wien; bemühte sich mit Hilfe seiner Mutter vergeblich um die Stelle als Direktor am 1841 neu gegründeten Mozarteum in Salzburg. Galt als guter Pianist und verdienter Lehrer; gerühmt wird auch sein Fleiß und sein lauterer Charakter; war mit Schumann, Grillparzer und Josef Spaun, dem Freund und Gönner Schuberts, befreundet. Schrieb auch Klavierkonzerte, -sonaten und -Variationen sowie Lieder und Chorwerke.

IV	g	op. 1 (1802)	*157*

Mozart, Wolfgang Amadeus

* 27. 1. 1756 Salzburg † 5. 12. 1791 Wien

III	6 Sonaten B, G, A, F, C, B	K 10–15 (1764)	*57*

	Divertimento B		K 254 (1776)	*57*
	G		K 496 (1786)	*58*
	B		K 502 (1786)	*58*
	E		K 542 (1788)	*58*
	C		K 548 (1788)	*60*
	G		K 564 (1788)	*60*
	d, G, D (3 Fragmente, aus dem Nach-			
	laß zusammengestellt und ergänzt von			
	Abbé M. Stadler)		K 442	*60*
IV	Klr, Va	Es (»Kegelstatt«)	K 498 (1786)	*135*
		g	K 478 (1785)	*147*
		Es	K 493 (1786)	*147*
		Es (nach dem Quintett mit Bläsern)	(K 452)	*147*
	2 V, Vc	3 Kleine Konzerte nach Klaviersona-		
		ten von Joh. Chr. Bach		
		D, G, Es	K 107 (1765)	
V		Kammerkonzerte F, A, C	K 413–415	*179*
			(1782/83)	
		Es	K 449 (1784)	*179*
	Ob, Klr, H, Fag	Es	K 452 (1784)	*147*
	Fl, Ob, Va, Vc	c/C (mit Glasharmonika)	K 617 (1791)	

Naumann, Ernst

* 25. 8. 1832 Freiberg/Sachsen † 15. 12. 1910 Jena

Sohn eines Mineralogen und Vetter des Musikschriftstellers und Wagner-Gegners Emil N.; studierte Musikwissenschaft in Leipzig, war Schüler von M. Hauptmann und E. F. Richter; seit 1860 als Universitätsmusikdirektor und Organist in Jena tätig. Schrieb außer einer Viola-Sonate sonst nur Kammermusik ohne Klavier und eine Serenade mit Bläsern. Schumann hat ihn in seinem berühmten Aufsatz »Neue Bahnen« zu den wenigen vielversprechenden Talenten jener Zeit gezählt.

III	V, Va	f	op. 7 (1863)	*116*

Onslow, Georges

* 27. 7. 1784 Clermont-Ferrand † 3. 10. 1853 Clermont-Ferrand

Vater stammte aus englischer Adelsfamilie; Klavierschüler von Hüllmandel, Dussek und Cramer, studierte später bei Reicha Musiktheorie und Komposition, spielte selbst Cello; komponierte fast ausschließlich Kammermusik, meist zurückgezogen auf seinem Landsitz in der Auvergne, und führte sie in den Wintermonaten in den Pariser Salons vor; 1842 Nachfolger

Cherubinis in der Académie des Beaux Arts. Schrieb auch komische Opern, sonst nur Klavierwerke und Duosonaten sowie Streichquartette und -quintette (auch mit Kontrabaß).

III		a, C, g	op. 3	
		e, Es, D	op. 14	
		d	op. 20	
		c	op. 26	75
		G	op. 27	
		f	op. 83	
V	Kb	h	op. 70	
		G	op. 76	
		B (nach Septett mit Bläsern)	op. 79b	
VI		Es (auch mit Fl, Klr, H, Fag, Kb)	op. 30	
	Fl, Klr, H, Fag, Kb	a (nach dem Nonett für Bläser und Streicher)	op. 77b	
VII	Fl, Ob, Klr, H, Fag, Kb	B	op. 79	200

Pfitzner, Hans

* 5. 5. 1869 Moskau † 22. 5. 1949 Salzburg

III		F	op. 8 (1898)	106
		Duo für Violine und Violoncello mit Begleitung eines kleinen Orchesters (auch mit Klavier)	op. 43	106
V		C	op. 23 (1908)	194
VI	Klr, V, Va, Vc, Kb	g	op. 55 (1945)	208

Pleyel, Ignaz Josef

* 18. 6. 1757 Ruppersthal/Niederösterreich † 14. 11. 1831 bei Paris

Schüler Wanhals und Haydns, mit 20 Jahren Kapellmeister des Grafen L. Erdödy in Wien;
Studienreisen nach Italien; befreundet mit Paisiello, Cimarosa, Nardini; Münster-Kapellmeister
in Straßburg; nach der Revolution Gründung eines eigenen Verlags und einer Klavierfabrik in
Paris; lebte zuletzt naturverbunden und zurückgezogen auf einem Landgut. Schrieb hauptsächlich Streichquartette, aber auch einige Opern, Orchesterwerke, Lieder und Klaviermusik. Die
Vertonung einer Hymne auf die Revolution, unter Bewachung komponiert, bewahrte ihn vor
der Guillotine.

| III | | Insgesamt 48 Klaviertrios bzw. Trioso-naten mit V/Fl, Vc; im einzelnen: C, F (fälschlich Haydn zugeschrieben) | Hob. XV: 3 u. 4 | 63 |

	V, Va	G, B, c (auch 2 V)	op. 44	*111*
	Fl, Vc	G, C, e (3 von 6 Sonaten)	op. 16	*126*
		Grand Trio D	op. 29 (1795)	*126*
IV		Trios D, B, a (bearb. v. Lachnith)		*148*
V	Ob, Klr, H, Fag	C		

Ravel, Maurice

* 7. 3. 1875 Ciboure/Basses Pyrénnées   † 28. 12. 1937 Paris

III		a	(1914)	*108*

Reger, Max

* 19. 3. 1873 Brand/Oberpfalz   † 11. 5. 1916 Leipzig

III		e	op. 102 (1908)	*108*
	V, Va	h	op. 2 (1891)	*120*
IV		d	op. 113 (1910)	*176*
		a	op. 133 (1914)	*177*
V		c	op. 64 (1902)	
		c	op. posth. (1898)	*195*

Reinecke, Carl

* 23. 6. 1824 Altona   † 10. 3. 1910 Leipzig

Schüler seines Vaters, komponierte schon als Kind, trat mit elf Jahren erstmalig als Solist auf; später Konzertreisen nach Kiel und Kopenhagen, Danzig, Riga; befreundet mit Gade und Schumann, gefördert von Mendelssohn und Liszt (dessen Töchter er unterrichtete); Lehrer und Dirigent in Köln, Barmen und Breslau; seit 1860 ständig in Leipzig als Leiter der Gewandhauskonzerte und Professor am Konservatorium; Lehrer u. a. von Grieg, Riemann, Sinding, Weingartner. Schrieb außer Klavier- und Kammermusik Lieder, Opern- und Bühnenmusiken sowie Märchendichtungen (auch für häusliche Aufführungen gedacht). R. wollte selbst »nicht dagegen opponieren, wenn man mich einen Epigonen nennt«, und wurde schon bald als »Ludwig Richter der deutschen Musik« bezeichnet.

III		D	op. 38 (1853)	*91*
		2 Serenaden C, A	op. 126 (1874)	
		3 leichte Trios C, e, F	op. 159 (1880)	*92*
		c	op. 230 (1895)	
	Klr, Va	A	op. 264 (1903)	*142*
	Klr, H	B (auch V, Va)	op. 274 (1905)	*142*

Ob, H	a (auch V, Vc)	op. 188 (1887)
IV	Es	op. 34 (1853)
	D	op. 272 (1905)
V	A	op. 83 (1866)

Reissiger, Karl Gottlieb

* 31. 1. 1798 Belzig bei Wittenberg † 7. 11. 1859 Dresden

Als Thomaner in Leipzig Chorpräfekt; gab sein Theologiestudium zugunsten der Musik auf; frühe Erfolge als Sänger, Pianist und Komponist; weitere Musikstudien als Stipendiat in Wien (bei Salieri) und München; Kompositionslehrer in Berlin; Nachfolger Webers an der Dresdener Hofoper. Galt zu seiner Zeit als hohe musikalische Autorität. Schrieb neben Opern, Chören und Liedern auch Klavierstücke und sehr viel Kammermusik, darunter allein 27 Klaviertrios, die hier nicht alle aufgezählt werden können. Erwähnt seien nur die folgenden drei, von denen op. 97 von Schumann recht positiv beurteilt und op. 175 von Altmann empfohlen wurden.

III	E	op. 85	79
	F	op. 97 (1835)	
	d	op. 175	
IV	a	op. 29	
	c	op. 70	
	D	op. 108	
	Es	op. 138	
	Es	op. 141	
	H	op. 173 (1844)	
	a	op. 199 (1853)	
V	Es	op. 20	
	G	op. 191 (1850)	
	F (auch als V, Kb)	op. 209 (1857)	

Rheinberger, Joseph

* 17. 3. 1839 Vaduz/Liechtenstein † 25. 11. 1901 München

Erster Musikunterricht mit vier Jahren, mit sieben bereits Organist; Musikstudium in München (u. a. bei F. Lachner); dort seit 1859 selbst Klavier- und Theorielehrer, später Professor für Orgel und Kontrapunkt an der königlichen Musikschule, daneben Organist an St. Michael, Leiter des Oratorienvereins, zeitweise auch Repetitor an der Hofoper. Besonders als Musikpädagoge bedeutend (unter seinen vielen Schülern z. B. E. Humperdinck, E. Wolf-Ferrari, L. Thuille, A. Sandberger, A. Beer-Walbrunn, G. S. Chadwick, H. Neal); hieß als Meister des Kontrapunkts bei seinen Schülern auch der »Fugen-Sepp« und steht mit seinen Kompositionen in der Tradition der Klassik und Frühromantik. Schrieb neben Klavier- und Orgelwerken auch Opern, Messen, weltliche Chöre und Lieder, Orchestermusik und Konzerte.

III		d	op. 34 (1867)	
		A	op. 112 (1878)	
		B	op. 121 (1880)	
		F (auch als Sextett mit Bläsern)	op. 191 (1898)	
IV		Es	op. 38 (1870)	*167*
V		C	op. 114 (1878)	*188*
VI	Fl, Ob, Klr, H, Fag	F	op. 191b	

Ries, Ferdinand

*28. 11. 1784 Bonn † 13. 1. 1838 Frankfurt/M.

Sein Vater Franz Anton R. war Musikdirektor in Bonn, dort auch Beethovens Geigenlehrer und väterlicher Freund; er selbst später in Wien Klavierschüler Beethovens, der ihn stark förderte, ihm auch eigene Werke zur Aufführung und Bearbeitung überließ; Unterricht in Musiktheorie bei Albrechtsberger; etwa seit 1808 als erfolgreicher Konzertpianist häufig auf Reisen, seit 1813 in London; heiratete eine reiche Engländerin, lebte aber seit 1824 wieder in Deutschland (Godesberg, Frankfurt), leitete zahlreiche niederrheinische Musikfeste, setzte sich stark für Beethovens Werke ein, war zuletzt Dirigent des Frankfurter Cäcilienvereins. Als Komponist sehr fruchtbar, weitgehend epigonal, oft routiniert dem Zeitgeschmack angepaßt. Schrieb Opern, Oratorien, Symphonien, Konzerte, viel Klaviermusik, Lieder, Streichquintette und -quartette, auch mit Flöte. Als Schriftsteller verdanken wir ihm wertvolle »Biographische Notizen über L. van Beethoven«'.

III		Es	op. 2	
		f	op. 95	
		c	op. 143	*74*
	Fl, Vc	Es	op. 63	*131*
	Klr, Vc	B	op. 28	*138*
IV		f	op. 13	*154*
		Es	op. 17	*155*
		e	op. 129	
V	Kb	h	op. 74	*199*
VI		C	op. 100	
	V, 2 Va, Vc, Kb		WoO 76	
	Klr, H, Fag, Kb, Hrf	(auch als V m. V, Va, Vc Hrf)	op. 142	
VII	Klr, 2 H, V, Vc, Kb	Es (auch als Quintett)	op. 25	
VIII	Klr, H, Fag, V, Va, Vc, Kb	As	op. 128	

Rubinstein, Anton

* 16. 11. 1829 Wychwatinetz/Podolien   † 8. 11. 1894 bei Petersburg

Klavierschüler seiner Mutter, erstes Konzert als Pianist in Moskau mit neun, in London mit zwölf Jahren (I. Moscheles: »Ein Russenjunge, dessen Finger leicht wie Federn und doch kräftig wie die eines Mannes sind«), auch von Liszt gelobt; bald erfolgreiche Konzertreisen durch Europa und Amerika, weitere Musikstudien in Berlin; als Pianist gefeiert, auch als Dirigent und Komponist vorwiegend in Westeuropa anerkannt; Lehrer von Tschaikowsky; er und sein Bruder Nikolai (Konservatoriumsdirektor in Moskau) waren Gegner der nationalen Komponistenschule um Rimskij-Korssakow, obwohl seine eigene Musik vielfach auf russischen Folklore-Motiven beruht. Schrieb Opern, Oratorien, Symphonien, Lieder, Klavier- und sonstige Kammermusik.

III		F, g	op. 15 (1851)	
		B	op. 52 (1857)	
		a	op. 85 (1870)	
		c	op. 108 (1883)	
IV		C	op. 66 (1864)	*163*
V		g	op. 99 (1876)	*186*
	Fl, Klr, H, Fag	F (auch als Quartett m. Str.)	op. 55 (1855)	

Rudolph Johann Joseph Rainer, Erzherzog von Österreich

* 8. 1. 1788 Florenz   † 23. 7. 1831 Baden bei Wien

Jüngster der zwölf Söhne des späteren deutschen Kaisers Leopold II. (1790–92), sollte zunächst Offizier werden, trat jedoch in den geistlichen Stand und wurde 1819 Erzbischof von Olmütz und Kardinal. Seit 1804 Schüler Beethovens, dem er immer als Freund und Gönner verbunden blieb; gewährleistete 1809 zusammen mit den Fürsten Lobkowitz und Kinsky eine Jahrespension von 4000 Gulden, um Beethoven in Wien zu halten. Komponierte unter dessen Anleitung hauptsächlich Variationen für Klavier und Duosonaten. Beethoven hat ihm zahlreiche Werke gewidmet (u. a. das Trio op. 97) und brieflich seine »wahre innige Anhänglichkeit« ausgedrückt.

| III | Klr, Vc | Es | | *139* |

Saint-Saëns, Camille

* 9. 10. 1835 Paris   † 16. 12. 1921 Algier

III		F	op. 18 (1863)	*95*
		e	op. 92 (1892)	
	V, Org	Romance	(1868)	
IV		B	op. 41 (1875)	*166*
	Fl, Ob, Klr	Caprice über dänische und russische Melodien	op. 79 (1887)	

V, Vc, Org	Sérénade (auch Va, Hrm)	op. 15 (1865)	
V, Vc, Hrm	Barcarolle	op. 108 (1898)	
V	A (auch VI, Kb ad lib.)	op. 14 (1855)	*206*
	Wedding Cake	op. 76 (1886)	
VII Trp, 2 V, Va, Vc, Kb	Es	op. 65 (1881)	

Sandberger, Adolf

* 19. 12. 1864 Würzburg † 14. 1. 1943 München

Vater Mineraloge; studierte Komposition und Musikwissenschaft in München und Berlin, Promotion über P. Cornelius; Studienreisen in Italien, Frankreich, Österreich, Rußland; als Konservator um den Aufbau der Musikabteilung der Bayerischen Staatsbibliothek verdient; zuletzt Universitätsprofessor in München (Arbeiten über Lasso, Haydn, Beethoven) mit vielen musikwissenschaftlichen Ehrenämtern. Schrieb als Komponist hauptsächlich Lieder und Chöre, auch sinfonische Dichtungen und Opern.

III	a	op. 20 (1921)	
V, Va	Sonate c	op. 4 (1890)	*120*

Scharwenka, Philipp

* 16. 2. 1847 Samter/Posen † 16. 7. 1917 Bad Nauheim

Vater Baumeister; musikalisch weitgehend Autodidakt; Gymnasiast in Posen; Musikstudien in Berlin, später dort Theorielehrer am Konservatorium seines berühmteren Bruders Xaver und dessen Vertreter, zuletzt Professor und Senator der Akademie. Schrieb hauptsächlich kleinere Klavierstücke für Schule und Haus, auch Duosonaten und Streichquartette, sowie Orchesterwerke, Chöre und Lieder.

III	cis	op. 100 (1897)	
	G	op. 112 (1902)	
V, Va	A	op. 105 (1898)	*118*
	e	op. 121 (1915)	*118*
V	h	op. 118 (1910)	*191*

Schmitt, Aloys

* 26. 8. 1788 Erlenbach/Main † 25. 7. 1866 Frankfurt/Main

Schüler u. a. von Joh. Anton André, dem Komponisten und bekannten Verleger in Offenbach/ Main, seit 1816 angesehener Klavierlehrer in Frankfurt, unterrichtete wiederum die André-Söhne; um 1820 mehrjähriger Aufenthalt in Berlin; 1825–29 Hofpianist des Herzogs von

Cambridge in Hannover. Sonstige Werke: Opern, Messen, Oratorien, Klavierkonzerte, viel
instruktive Klaviermusik, auch Streichquartette.

III		f	op. 35	
		Es	op. 105 (1844)	
		Es	op. 122 (1856)	
V		Variationen	op. 22	
		Variationen	op. 25	
	2 H, Vc, Kb	Waidmanns-Lust. Musikalischer		
		Scherz	op. 111	
VI		C	op. 104 (1841)	*203*

Schubert, Franz

* 31. 1. 1797 Liechtenthal bei Wien   † 19. 11. 1828 Wien

III		Allegro B	D 28 (1812)	*77*
		Notturno Es	D 897/op. 148	*79*
			(1828)	
		B	D 898/op. 99	*78*
			(1828)	
		Es	D 929/op. 100	*78*
			(1827)	
IV		Adagio und Rondo F	D 487 (1816)	*158*
V	Kb	A (»Forellenquintett«)	D 667/op. 114	*200*
			(1819)	

Schumann, Clara

* 13. 9. 1819 Leipzig   † 20. 5. 1896 Frankfurt/M.

Tochter aus erster Ehe des Klavierhändlers und Musiklehrers F. Wieck, von dem sie seit ihrem
5. Lebensjahr Klavierunterricht erhielt; erstes öffentliches Spiel schon mit neun Jahren im
Gewandhaus; Kompositionsstudien bei Thomaskantor Th. Weinlig und bei K. G. Reissiger in
Dresden; später zahlreiche Konzertreisen mit großen Erfolgen, z. B. 1837/38 in Wien (Grillparzer widmete ihr ein Gedicht, der Kaiser ernannte sie zur k. k. Kammervirtuosin); Paganini und
Spohr bewunderten Technik und Ausdruck ihres Spiels. Heiratete 1840 gegen den Willen ihres
Vaters Robert Schumann; aus der Ehe gingen sieben Kinder hervor; weitere Konzerttätigkeit
mit Reisen nach Dänemark, Rußland, Holland, Österreich-Ungarn, Belgien und England, auch
nach dem frühen Tod ihres Mannes; beide waren mit dem Geiger J. Joachim und mit Brahms
eng befreundet. Seit 1878 auch Klavierlehrerin am Dr. Hoch'schen Konservatorium in Frank-
furt/M. Schrieb meist kleinere Klavierwerke und einige Lieder; bearbeitete u. a. Robert Schumanns Klavierquintett op. 44 für Klavier vierhändig. Chopin lobte ihr Talent auch als Komponistin.

| **III** | | g | op. 17 | *87* |

Schumann, Robert

* 8. 6. 1810 Zwickau   † 29. 7. 1856 Endenich bei Bonn

III		d	op. 63 (1847)	*82*
		F	op. 80 (1847)	*83*
		Phantasiestücke	op. 88 (1842)	*82*
		g	op. 110 (1851)	*84*
	Klr, Va	Märchenerzählungen	op. 132 (1853)	*141*
IV		c	op. V (1829)	*160*
		Es	op. 47 (1842)	*161*
V		Es	op. 44 (1843)	*184*
	Klv, 2 Vc, H	Andante mit Variationen	op. 46 (1843)	

Sinding, Christian August

* 11. 1. 1856 Kongsberg/Norwegen   † 3. 12. 1941 Oslo

Lernte zunächst Geige, studierte u. a. bei C. Reinecke und S. Jadassohn in Leipzig, wandte sich bald ganz der Komposition zu, erhielt vom norwegischen Staat Stipendien und später Ehrensold und -wohnung im Schloßpark von Oslo. Galt als der größte Komponist Norwegens seit Edvard Grieg. Schrieb hauptsächlich Werke mit Klavier und Lieder, aber auch Orchestermusik, Konzerte und eine Oper; strebte nach der Umsetzung von Poesie in musikalische Stimmungsschilderungen; am bekanntesten wurde sein (später viel verschrieenes) Klavierstück »Frühlingsrauschen« op. 32 Nr. 3.

III		D	op. 23 (1893)	
		a	op. 64 (1902)	
		C	op. 87 (1908)	
	2 V	Serenade G	op. 56 (1903)	
		Serenade A	op. 92 (1909)	
V		e	op. 5 (1884)	*193*

Sixt, Johann August

* 3. 1. 1757 Gräfenhausen bei Calw   † 30. 1. 1797 Donaueschingen

Wie der Vater zunächst Organist, vermutlich in Geislingen, Heilbronn und Straßburg, seit 1784 Hofmusicus in Donaueschingen, zugleich Theaterdirektor, Musiklehrer der fürstlichen Familie und Gesangsbegleiter der Fürstin Maria Antonia von Fürstenberg; war oft krank und erhielt wenig Anregungen von außerhalb. Galt als tüchtiger Organist, mit seinen Kompositionen als Nachahmer Mozarts. Schrieb Klaviermusik, Violinsonaten, Arien, Lieder und Tänze; gedruckt ist nur weniges überliefert.

III	Sonaten D, G, Es	op. 8 (1795)	*62*

Škroup, František

* 3. 6. 1801 Osice/Ostböhmen † 7. 2. 1862 Rotterdam

Studierte in Prag neben Musik auch Philosophie und Jura, war Sänger und Korrepetitor am Ständetheater, später Kapellmeister an der Prager Oper, studierte dort 1854 Wagners Tannhäuser ein, 1856 Verdis Troubadour, setzte sich auch für Spohr, Berlioz und Smetana ein, gründete eine Gesangsschule, war zuletzt Kapellmeister in Rotterdam. Schrieb Opern (»Drahtbinder«, eine der ersten mit tschechischem Text), Ouvertüren, Kirchenmusik, Lieder, drei Streichquartette. Ein Lied von ihm wurde 1918 zur tschechischen Nationalhymne.

III	Fl, Vc	Trio facile	op. 28 (1847)	
		G	op. 30 (1849)	
	Klr, Vc	Es (auch V, Vc)	op. 27 (1846)	*140*

Smetana, Bedřich (Friedrich)

* 2. 3. 1824 Litomyšl/Böhmen † 12. 5. 1884 Prag

| III | | g | op. 15 (1855) | *91* |

Spohr, Louis

* 5. 4. 1784 Braunschweig † 22. 10. 1859 Kassel

Schon mit 15 Jahren als Kammermusiker beim Herzog von Braunschweig; Studienreise nach Petersburg; debütierte als zwanzigjähriger Violinist im Leipziger Gewandhaus; Leiter der Hofkapelle in Gotha; 1812 Theaterkapellmeister in Wien, mit Beethoven befreundet; 1817 als Opernspielleiter nach Frankfurt/M.; viele Konzertreisen, u. a. nach Paris und London, sein Ruf als Violinvirtuose wurde nur von Paganini übertroffen; auf Empfehlung Webers seit 1822 Hofkapellmeister in Kassel, führte dort mehrere Opern Wagners erstmalig auf; zuletzt wegen seiner liberalen, heimlich sogar republikanischen Einstellung bei Hof in Ungnade. Galt zu seiner Zeit als Komponist mehr als Beethoven oder Schumann und wurde Mendelssohn gleichgestellt. Schrieb eine der ersten romantischen Opern (»Faust«, 1816 von Weber in Prag uraufgeführt), außerdem konzertante Musik für Geige und Orchester, viel Kammermusik für Streicher ohne Klavier, eine berühmte Violinschule und eine Selbstbiographie in zwei Bänden.

III		e	op. 119 (1841)	
		F	op. 123 (1842)	
		a	op. 124 (1842)	
		B	op. 133 (1846)	*75*
		g	op. 142 (1849)	
V		d	op. 65	
		Es	op. 77 (1837)	

	d	op. 130 (1845)	*181*
Fl, V, Va, Vc	C (nach dem Notturno)	op. 34	
Fl, Klr, H, Fag	c (auch 2 V, Va, Vc, als op. 53)	op. 52 (1820)	
VII Fl, Klr, H,			
Fag, V, Vc	A	op. 147 (1855)	

Strauss, Richard

* 1. 6. 1864 München † 8. 9. 1949 Garmisch-Partenkirchen

IV	c	op. 13 (1884)	*175*

Tanejew, Sergej Iwanowitsch

* 13. 11. 1856 Wladimir † 6. 6. 1915 Djudkowa bei Swenigorod

Musikstudium in Moskau, Schüler u. a. von Tschaikowsky und N. Rubinstein, erster Preisträger für Klavier und Komposition; zunächst Konzertpianist; in Paris Bekanntschaft mit Gounod, Saint-Saëns, d'Indy, Fauré; später Lehrer für Harmonielehre und Instrumentation am Moskauer Konservatorium (zu seinen Schülern gehörten Skrjabin und Rachmaninow), schloß sich aber als liberaler Intellektueller aus politischen Gründen 1906 dem neugegründeten Volkskonservatorium an und reiste auch wieder als Pianist, z. T. mit Kammermusikensembles. Versuchte als Komponist durch kontrapunktische Arbeit mit dem russischen Liedgut zu neuen, der westlichen Musik vergleichbaren Formen zu gelangen. Schrieb auch Kammermusik für Streicher ohne Klavier, Klaviermusik, Lieder, große Chorwerke und Symphonien.

III	D	op. 22 (1907)	*104*
IV	E	op. 20 (1906)	
V	g	op. 30 (1911)	*193*

Tschaikowsky, Peter Iljitsch

* 25. 4. 1840 Wotkinsk † 25. 10. 1893 Petersburg

III	a	op. 50 (1882)	*98*

Volkmann, Robert

* 6. 4. 1815 Lommatzsch † 29. 10. 1883 Pest

Zunächst Schüler seines Vaters, der Kantor war; Gymnasiast in Freiberg, Musikstudent in Leipzig; lebte später als Musiklehrer, Pianist und Komponist die meiste Zeit in Ungarn, zuletzt als Professor in Budapest. Gilt als der bedeutendste Symphoniker zwischen Schumann und

Brahms; besonders mit seiner Klaviermusik und den Streicherserenaden bis heute bekannt. Schrieb auch Streichquartette, Lieder und Motetten.

III	F	op. 3 (1854)	*84*
	b (auch V, Va)	op. 5 (1850)	*85*
	Musikalisches Bilderbuch	op. 11	

Wanhal, Johann Baptist (= Vaňhal, Jan Křtitel)

* 12. 5. 1739 Neu Nechanitz/Böhmen   † 20. 8. 1813 Wien

Entstammte einer leibeigenen Bauernfamilie; erster Musikunterricht beim Dorfschullehrer, mit 18 Jahren bereits Organist und wenig später Chorregent; in Wien Schüler von Dittersdorf; als Musiklehrer in Adelskreisen und als Komponist so erfolgreich, daß er sich aus der Leibeigenschaft freikaufen konnte; auf einer Italienreise Begegnung mit Gluck und Gaßmann; vorübergehende religiös-wahnhafte Psychosen führten zu zurückgezogenem Leben auf den ungarischen und kroatischen Gütern des Grafen Erdödy; seit 1780 endgültig wieder in Wien. Besonders als Sinfoniker damals hoch angesehen; seine Kompositionen wurden oft mit denen Haydns verwechselt. Schrieb auch sehr viel Konzerte, Kirchenmusik, Klavierwerke und Kammermusik, vor allem für Streicher. Für die Klaviertriobesetzung (meist Vc ad lib.) gibt es annähernd 50 Sonaten und Divertissements; wieder neu aufgelegt wurde unlängst in Prag (ohne nähere Identifizierbarkeit):

III		Thema mit Variationen A	*56*
IV	2 V, Vc	6 favorite Sonatas	op. 27 (1782)
V		3 Sonaten	op. 12

Weber, Carl Maria von

* 18. 11. 1786 Eutin/Holstein   † 5. 6. 1826 London

III		6 Variationen B über ein Thema von		
		Abbé Vogler aus »Samori«	(1805)	*76*
	Fl, Vc	g	op. 63 (1820)	*132*
IV		B	op. 8 (1809)	*156*

Weingartner, Felix von

* 2. 6. 1863 Zara/Dalmatien   † 7. 5. 1942 Winterthur

Von Liszt gefördert, als Dirigent in Mannheim, Berlin, München, Wien (dort Nachfolger Gustav Mahlers) zunehmend anerkannt und gefeiert; weitere Stationen seines Wirkens: Hamburg, Boston, Darmstadt, Basel; zuletzt (1935/36) nochmals Leiter der Wiener Staatsoper. Als Opernkomponist in der Tradition Wagners; schrieb sonst hauptsächlich Orchesterwerke, kleine-

re Klavierstücke und Lieder; in seinen Aufsätzen und Lebenserinnerungen auch als Musikschriftsteller interessant.

V	Klr, V, Va, Vc	g	op. 50 (1911)	
VI		e	op. 33 (1906)	*208*
VIII	Klr, H, Fag, 2 V,			
	Va, Vc	G	op. 73 (1925)	

Wölfl, Joseph

*24. 12. 1773 Salzburg   † 21. 5. 1812 London

Als Kapellknabe am Salzburger Dom, Schüler von Leopold Mozart und Michael Haydn; mit 18
Jahren von W. A. Mozart als gräflicher Kapellmeister nach Warschau vermittelt, dort auch als
Musiklehrer beim Adel beliebt; in Wien später anerkanntester Pianist neben Beethoven, mit
dem er bei einem Wettstreit sogar vierhändig improvisierte; ausgedehnte Konzertreisen über
Prag, Dresden, Leipzig, Berlin nach Hamburg, anschließend mehrere Jahre in Paris, zuletzt in
London als angesehener Pianist und Komponist, als solcher gerade auch von Liebhabern
geschätzt. Schrieb neben Klavier- und sonstiger Kammermusik (Duosonaten, Streichquartette)
auch Opern und Orchesterwerke.

III		G, Es, C	op. 5 (1798)	
		3 Sonaten	op. 16	
		D, E, c	op. 23 (1803)	*72*
		3 Sonaten	op. 25 (1803)	
	Fl, Vc	3 Sonaten	op. 48 (1810)	
		Trio	op. 66	
VI	Fl, 2 V, Va, Vc	Concerto da Camera		

Wranitzky, Paul (= Vranický, Pavel)

*30. 12. 1756 Neu-Reisch/Mähren   † 26. 9. 1808 Wien

Lernte Gesang, Orgel und Geige; Theologiestudium in Olmütz und Wien, dort zugleich Schüler
von J. M. Kraus und Haydn; Musikdirektor beim Grafen J. N. Esterházy von Galantha, später
Hoftheaterdirigent und eine wichtige Persönlichkeit im Wiener Musikleben; dirigierte neben
A. Gyrowetz die »Adeligen Liebhaber- oder Cavalier-Konzerte«; gehörte als Freimaurer der-
selben Loge an wie Mozart, sorgte als Sekretär der Tonkünstler-Sozietät für die ehrenhalber
erfolgte Aufnahme Haydns; persönliche Verbindungen auch zu Beethoven; korrespondierte mit
Goethe, der seine Fortsetzung der Zauberflöte von ihm vertont haben wollte. Schrieb für Kaiser
Franz II. eine Krönungssymphonie und komponierte z. T. exklusiv für dessen zweite Frau Maria
Theresia. Eine »Grande Sinfonie Caracteristique pour la paix avec la République Françoise«
durfte wegen des bei Hofe als provokativ empfundenen Titels nicht öffentlich aufgeführt

werden. Seine Kammermusik ist überwiegend – wie die seines jüngeren Bruders Anton, der damals ein bekannter Violinvirtuose war – für Streicher ohne Klavier geschrieben.

III	3 Sonaten	op. 1 (1792)	
	(daraus?) Trio G	= op. 21	*62*
	Sonate D	op. 2 (1793)	
	Divertissement	op. 32 (1799)	
IV	3 Divertissements	op. 34 (1800)	

„Bücher zur Musik" bei Artemis

Ernst Heimeran/Bruno Aulich:
Das stillvergnügte Streichquartett

Mit Vorworten, Sach- und Personenregister. 19. Auflage 1982. 216 Seiten, Pappband ISBN 3-7608-1981-8

Dieses jetzt in 19. Auflage vorliegende Buch von Ernst Heimeran und Bruno Aulich gehört zu den populärsten Musikbüchern, die es für Hausmusikanten gibt. Der leicht lesbare feuilletonistische, gleichzeitig jedoch äußerst sachkundige Text hat bis heute nichts von seinem Reiz verloren, was sein von 1936 bis heute andauernder Erfolg beweist.

Bruno Aulich: Alte Musik für Liebhaber

Mit zahlreichen Notenbeispielen und 20 historischen Abbildungen. 3. überarbeitete Auflage 1981. 320 Seiten, Pappband ISBN 3-7608-1970-2

Die Entwicklung der Musik und die Praxis der Musikausübung in der Zeit von 1500 bis 1770 werden von dem Autor in fundierter aber keineswegs akademischer Weise dargestellt und gliedern sich in drei Kapitel: die Zeit vor 1650, die Generalbaßzeit und die Vorklassik.
Bei der Würdigung der einzelnen Epochen wird besonders ausführlich auf die damalige Aufführungspraxis eingegangen und der selbst spielende Musikliebhaber wird auf die stilistisch richtige Wiedergabe hingewiesen. Ein weiterer Teil dieses Buches ist ein Verzeichnis aller im Handel erhältlichen Neudrucke instrumentaler Musik aus dem behandelten Zeitraum, soweit sie dem Autor für den heute musikausübenden Leser wichtig erscheinen.

Howard Schott: Cembalo Spielen

Cembalomusik, Spieltechnik, Instrumentenkunde. Aus dem Englischen
übertragen von Gerhard Röthler. Mit einer Bibliographie von Anthony
Spiri und einem Register. 1983. 264 Seiten, 16 Abbildungen und 157 Noten-
beispiele. Pappband ISBN 3-7608-1985-0

„Cembalo Spielen" von Howard Schott ist ein Buch, das den musizierenden Laien ohne übermäßige theoretische Befrachtung in Technik und
Benutzung dieses heute immer populärer werdenden Instruments ein-
führt.

Die Voraussetzungen, um dieses Buch mit Gewinn zu lesen, sind denkbar
gering: Wer das Notenlesen beherrscht und bereits einige Erfahrungen im
Umgang mit einem Tasteninstrument gesammelt hat, wird der Faszination
des Cembalos, die sich in seiner besonderen Bauweise und Klangfarbe
dokumentiert, nicht entgehen, zumal sich die Musik des Rokoko und des
Barock in jüngster Zeit in immer breiteren Bevölkerungskreisen besonderer Beliebtheit erfreut.

Dieser Entwicklung trägt der Autor dieses Buches auch dadurch Rechnung,
daß er einen ausführlichen Überblick über die klassischen und zeitgenössischen Werke gibt, die speziell für das Cembalo geschrieben wurden. Das
zuerst in England erschienene Buch wurde von der dortigen Presse mit
Begeisterung aufgenommen. Die „Times" schrieb: „Mit diesem Buch wird
eine Lücke in der Cembaloliteratur geschlossen. Es gibt dem Spieler viele
praktische Ratschläge, einen Abriß der barocken Aufführungspraxis und
eine sachkundige Einführung in die Geschichte dieses historischen Instruments und seiner heutigen Wiederbelebung."

„Wie eine Insel in der Brandung ... Dieses Buch gehört in die Hand jedes
Cembaloliebhabers, -studenten und -fachmanns."

Gerhard Kirchner, MUSICA 4/84

Bitte fordern Sie unseren Sonderprospekt „Bücher zur Musik" an:
Artemis Verlags GmbH, Martiusstr. 8, 8000 München 40
Limmatquai 18, CH-8024 Zürich